古代歷史文化研究輯刊

九 編

王明蓀 主編

第 5 冊

周秦漢出土法律文獻研究（下）

詹今慧 著

國家圖書館出版品預行編目資料

周秦漢出土法律文獻研究(下)／詹今慧 著 — 初版 — 新北市：
花木蘭文化出版社，2013〔民 102〕
目 4+194 面；19×26 公分
（古代歷史文化研究輯刊 九編；第 5 冊）
ISBN：978-986-322-187-6（精裝）
1. 簡牘學　2. 研究考訂
618　　　　　　　　　　　　　　　　102002666

ISBN-978-986-322-187-6

古代歷史文化研究輯刊
九 編　第 五 冊　　　　　　　ISBN：978-986-322-187-6

周秦漢出土法律文獻研究（下）

作　　者　詹今慧
主　　編　王明蓀
總 編 輯　杜潔祥
出　　版　花木蘭文化出版社
發 行 所　花木蘭文化出版社
發 行 人　高小娟
聯絡地址　235 新北市中和區中安街七二號十三樓
　　　　　電話：02-2923-1455／傳真：02-2923-1452
網　　址　http://www.huamulan.tw 信箱 sut81518@gmail.com
印　　刷　普羅文化出版廣告事業
初　　版　2013 年 3 月
定　　價　九編 27 冊（精裝）新台幣 45,000 元

周秦漢出土法律文獻研究（下）

詹今慧　著

目

次

第四章 封建體制與郡縣體制在行政制度上的雙軌現象

　　本章開始將論述內容提升至「國家」政治建構的層次。因為「周秦漢出土法律文獻」，除了反應中國古代「人」，在「家庭」或「宗族」內的情感狀態與倫理規範外；由於「家國同構」之故，「家庭」、「宗族」又不可避免地與「國家」之「政治」、「經濟」等結構性因素相互關聯。「家」是「國」的縮影，「國」是「家」的放大，故對中國傳統社會，本章是既自然又必然的延伸。本章主要關注「國家政治格局」從「封建體制」至「郡縣體制」的歷史演變，以《包山楚簡》法律文書的「地方行政權屬」，與「戰國秦漢簡牘」所載「舍人」的身分歸屬，觀察上述兩種「國家政治格局」於轉型期間所展示的各式中間樣貌。

　　西周天子統治區域為「王畿」，諸侯統治區域為「封國」。廣義的「封建」，包括「王畿」內的「采邑」與「王畿」外的「封國」。狹義的「封建」，僅包括「王畿」外的「封國」。本論文上章討論〈琱生三器〉時，提及大宗召伯虎對其所轄土地、人民，具有「法律審判權」與「土地分配權」，召伯虎所轄的土地、人民，便是歸屬於「王畿」內的卿大夫「采邑」。西周王朝對「王畿」內由各貴族領有的「采邑」，已很難對其進行實質、有效的控制；遑論本章所提「王畿」外的諸侯「封國」。周王對封建諸侯的的權力行使模式可能相當複雜，先秦史學界傳統多認為他們僅有「個別的封建臣屬」，並無「行政階層的統隸關係」。西周地方封國可算是完整的政治社會實體，諸侯在其封國內，擁有民政、軍務，以及司法懲處權，可行使中央政府所受與的全部職能。但可

惜地方封國各是如何內部自主管理，由於缺乏銘文材料，尚無法細究。〔註1〕

　　春秋、戰國年間，列國專制君王為因應時局多變法圖強，將分散於封建貴族的權力，改集中於專制帝王；為落實此變革，只好將袪除世卿、世祿的封建理念，貫徹於建立一套完善的地方行政體系。君王將不再通過以周王為頂部的宗族結構，委派權力給諸侯，而是轉由君王直接支配諸侯，如將地方封國「郡縣化」，從地理空間重構中央集權官僚政治的基本規模。但世家大族長期在地方累積的政治實力，也非專制君王於短期內可透過郡縣制斬草除根。面對此政治局勢，本章的書寫策略，擬側重於現實層面的「權力結構」分析，揭櫫國家「權力」如何透過地方行政體系，滲透社會結構的每位組成分子；而封建貴族，在國家「權力」有形無形的蔓延下，是否仍保有獨立自主，甚至可與國家「權力」相幹旋的空間。下文將分別以秦、楚二國為例，說明政治格局轉型所必經的歷程。

　　秦國，可參工藤元男《睡虎地秦簡所見秦代國家與社會》，〈第二章　秦的都官和封建制度〉，通過秦簡「都官」，探討秦國在中央集權化時，將如何處理宗室貴族舊邑。春秋時的「都」，為分封諸侯家族的「邑」。商鞅二次變法時，「集小都、鄉、邑、聚為縣，置令、丞，凡三十一縣」（《史記・商君列傳》），這些「都」是秦「耕戰制」的基礎。雖然當國家權力進入「都」，必會遭受以「都」為依靠的宗室貴族等暗中勢力的阻撓，但秦在中央集權化時，還是必須排除萬難，將「都」編入「郡縣制」管理。〔註2〕另外同書的〈第十章　戰國時代秦國的嗇夫制和縣制〉，則從《日書》記載秦國、楚地基層社會間的關係，探討秦國如何將春秋以來基層性質的「縣邑」，及其主管「縣嗇夫（大嗇夫）」，納入「縣」的體制。商鞅「縣制」施行後，縣由「縣令」統治，但以往舊縣仍由「縣嗇夫（大嗇夫）」統治，為了將此類「縣邑」編入「令、丞體制」，在某一時期，會形成中央派出「令、丞」，與「縣嗇夫（大嗇夫）、丞」共治的型態，「縣嗇夫」至少殘存至高祖晚年。〔註3〕從秦國「都官」與

〔註1〕 杜正勝，《編戶齊民 傳統政治社會結構之形成》（臺北：聯經出版事業股份有限公司，1990 年 3 月初版，2004 年 6 月初版 3 刷），頁 110～111、210。呂文郁，《周代的采邑制度（增訂版）》（北京：社會科學文獻出版社，2006 年），頁 12～19。李峰，《西周的政體：中國早期官僚制度和國家》（北京：三聯書店，2010 年 8 月），頁 25～26、158、244、267。

〔註2〕 工藤元男，《睡虎地秦簡所見秦代國家與社會》（上海：上海古籍出版社，2010 年 11 月），頁 50～72。

〔註3〕 工藤元男，《睡虎地秦簡所見秦代國家與社會》，頁 323～341。

「縣嗇夫（大嗇夫）」的官制演變，可知政治格局的轉型的確需要一段時間慢慢醞釀。故戰國秦漢期間，地方行政制度呈現「封建」、「郡縣」共治的雙軌現象，也就不難理解了。

　　楚國，於西周成王分封楚王熊繹時，被確立爲「諸侯」。楚國在西周、春秋時的政治體制以「采邑」爲主，楚王並未根除「世族」控制「王權」的可能，保存「宗族國家」的傳統。雖然楚靈王曾試圖變革，其舉措有二，一是滅國、置縣。分別於楚靈王七年與十年，滅陳、蔡並縣之，對原有政治、宗族體系的破壞最大。二是對信任近臣委以重任或授以采邑。如楚靈王分封公子棄疾爲陳蔡縣公，伍舉食采於椒等。但楚平王即位後，爲平息楚靈王改革所引發的諸多不滿，旋即「封陳、蔡」，讓陳、蔡復國。到了戰國時期，楚國的「采邑制」改往「封君制」發展，此可從「曾侯乙墓」大量出土的「封君」材料獲得證明。〔註4〕縱使當時楚國已確乎步入以「官僚行政體制」爲主的「中央集權」時代，其境內「封君」卻仍擁有若干政治自主權，與秦漢「封君」僅能「衣食租稅」相較，簡直判若雲泥。

　　總之，封建體制的權力比較分散，官職多由貴族世襲；郡縣體制的權力比較集中，國君可直接或間接任命官員。但爲何時至春秋、戰國，除君王外的「權力客體」，會自願讓渡權力給君王（唯一的「權力主體」）重新分配，實因「權力主體」與「權力客體」皆有體悟，徒循此模式，他們之間共有的「集體目標」才有實踐的可能。〔註5〕本章即研擬探究「國家」如何透過「權力支配結構」，對共有的「集體資源」先「統一」再「分配」，讓原本分散於「社會」的「法律主體」，產生集體目標，以利「國家」的政治動員。但不可忽略，「社會」本身也是個權力競技場，故「社會」中的個體與集團，也會忙著鞏固自己的地位、利益和權力。是以「權力結構」的分析模式，得同時兼顧「國家」所代表的「一體性權力」，與「社會」所代表的「分割性權力」。

　　本章〈第一節　包山楚簡法律文書的地方行政權屬〉，以戰國楚懷王時的《包山楚簡》法律文書作爲「權力結構」的分析文本。此份法律文書正處西周封建體制「分割性權力」，向戰國秦漢郡縣體制「一體性權力」轉型的臨界

〔註4〕蒲百瑞，〈春秋時代楚國政體新探〉，《中國史研究》，1998年4期，頁18～27。鄭威，〈西周至春秋時期楚國的采邑制與地方政治體制〉，《江漢考古》，2009年3期，頁95～101。

〔註5〕丹尼斯・朗（Dennis H.Wrong），《權力：它的形式、基礎和作用》（臺北：桂冠圖書股份有限公司，2000年3月2刷），頁194、363～367、371～373。

點，非常適合作爲探討楚國政權如何將「封君」、「郡縣」這兩種看似衝突的體制，在楚國境內揉合成一狀似和諧的範例。在程序上，得先將楚國境內的地方行政單位，包括「郢」、「郡」、「縣」、「窀（域）」、「敔」、「宮」、「賤（列）」、「里」、「邑」、「封邑」、「州」等，透過詳細的釋文考證與文義理解，探賾索隱每個行政單位在「權力競技場」中，各是如何定位自己的身分屬性；且權力主體間的關係應隸屬於上級對下級的權力支配，或是同一層級的權力競爭。冀望從具體案例所載的「權力行使模式」，重新描繪當時楚國政權的權力結構圖像。

　　若要觀察戰國秦漢年間「國家政治格局」從「封建體制」至「郡縣體制」的演變，「社會階層」之某些「角色」，其「身分隸屬」的轉變，也是個極佳的觀察點。將中國古代社會，以當今「社會階層」的概念劃分，會有諸多不同類型的等級結構，茲條列幾則出自《左傳》的例證：

1. 天子建國，諸侯立家，卿置側室，大夫有貳宗，士有隸子弟，庶人、工商，各有分親，皆有等衰。(〈桓公二年〉)

2. 天子有公，諸侯有卿，卿置側室，大夫有貳宗，士有朋友，庶人、工、商、皁、隸、牧、圉皆有親暱，以相輔佐也。(〈襄公十四年〉)

3. 天有十日，人有十等。下所以事上，上所以共神也。故王臣公，公臣大夫，大夫臣士，士臣皁，皁臣輿，輿臣隸，隸臣僚，僚臣僕，僕臣臺。(〈昭公七年〉)

周代禮制有天子、諸侯、卿、大夫、士和庶人的等級序列，「士」的上層屬於統治階級，爲世襲貴族，其存在是依靠血緣紐帶。「士」的下層屬於被統治階級，包括社會中佔廣大比例的庶人，還有身份名稱各異的奴隸。[註6] 或許可簡單地將古代社會概分成三層，一、貴族階級，包括天子、諸侯、卿大夫和士。二、平民階級，包括庶人和工商。三、奴隸階級。

　　錢賓四、余英時都贊同，春秋時的中國社會尚分作「貴族」、「平民」兩大階級；但自秦以後，封建貴族已然崩潰，「四民社會」於焉成立。[註7]「四

〔註 6〕 李學勤，《東周與秦代文明》(上海：人民出版社，2007 年 11 月)，頁 160～163。斯維至，《中國古代社會文化論稿》(臺北：允晨文化實業有限公司，1997 年 4 月)，頁 323。

〔註 7〕 錢穆，《中國歷史研究法》(北京：三聯書店，2007 年 2 月 8 刷)，頁 37。余英時，〈漢代循吏與文化傳播〉，《士與中國文化》(上海：人民出版社，1987)，頁 123。

民階級」之「工」、「商」階級，首見於「庶人工商遂」（《左傳·哀公二年》）、「工商食官」（《國語·晉語四》），和「商工之民」（《韓非子·五蠹》）。「士農工商」並列之例，可參下列文獻：

1. 古者有四民：有士民，有商民、有農民、有工民。（《穀梁傳·成公元年》）

2. 管子對曰：士農工商四民者。（《管子·小匡》）

3. 士農工商，四民有業學以居位曰士，闢土殖穀曰農，作巧成器曰工，通財鬻貨曰商。（《漢書·食貨志》）

《穀梁傳》將「商」排在次位，似乎突顯戰國重「商」的背景。「士農工商」的排序，則是漢代初年以後的事，士、農的地位，總體還是比商、工高些。〔註8〕

　　本章擬關注「四民階級」中介於「官」、「民」間的「士階層」。因為戰國時期各國變法，讓支撐西周宗法制的井田制、封建制、采邑制漸趨瓦解，世官、世祿慢慢流失主導性，代之而起的是國家授田制、郡縣制、俸祿制和官僚制等，社會不同等級間的流動性大增。此時身處「上層貴族」與「下層庶人」交匯處的「士階層」，即在此背景下漸次茁壯，形成一股不容小覷的勢力。

　　「士階層」是總類，「士」本身自古涵蓋多重身分，如下文所列：

……**知士**無思慮之變則不樂，**辯士**無談說之序則不樂，察士無凌誶之事則不樂，皆囿於物者也。**招世之士**興朝，**中民之士**榮官，**筋力之士**矜難，**勇敢之士**奮患，**兵革之士**樂戰，**枯槁之士**宿名，**法律之士**廣治，**禮教之士**敬容，**仁義之士**貴際……（《莊子·徐無鬼》）

或可將戰國之「士」，區分為武士、文士、吏士、技藝之士、商賈之士、方術之士和其他等七大類。〔註9〕「士」的身分認同，在春秋、戰國以後，對「社會角色」之「專業化」需求的推波助瀾下，更是五花八門，譬如可依照個人自視或道德評價，區分為「持道不仕的士」與「庸俗化的士」等，可說是不勝枚舉。

〔註8〕陳登原，《國史舊聞》，第一分冊（北京：三聯書店，1958年），頁228～229。余英時，〈古代知識階層的興起與發展〉，《士與中國文化》（上海：人民出版社，1987），頁85，注50。瞿同祖，《漢代社會結構》（上海：人民出版社，2007年4月），頁106。

〔註9〕劉澤華，〈戰國時代的士〉，《歷史研究》，1987年4期，頁42～55。

本章〈第二節　戰國秦漢出土法律文獻所載舍人身分的雙重歸屬〉，以戰國秦漢簡牘所載「舍人」，其「身分權屬」演變，作爲國家君王權力與社會貴族勢力交互對話的研究文本。「舍人」是流品日益複雜「士階層」總類中的一個小類，有時是王公貴族的侍從賓客，有時是國家官僚的編制屬官；有時是「私臣」，有時是「公職」；可謂身兼「私臣」與「公職」。由「私臣」轉化爲「公職」，是中國歷史上「官僚行政體制」的常態。本文想透過「舍人」身分權屬的雙重性，探討當國家權力企圖全面支配社會各階層人物的同時，社會上類似於封建諸侯的「中間力量」仍頑強地抵抗著，從戰國秦漢簡牘「主人──舍人」間的「權力結構」分析，可以證成這項假設。

第一節　《包山楚簡》法律文書的地方行政權屬分析〔註10〕

中國歷史向來具有高度連續性傳統，但自顧炎武以降史家，多認定春秋中晚期至西漢初年爲中國歷史上著名的轉型期，政治權力結構正從西周「封建」遞嬗爲秦漢「郡縣」，完全符合「國家」由「分割性權力」向「一體性權力」轉變的規律。〔註11〕但「歷史的變遷絕非線性的單行道，社會並不總是朝著中央集權的方向移動」，〔註12〕遑論正身處此轉型時局中的楚國，其政治權力結構更應呈現「封君／郡縣」雙方權力競逐的場面才是。本節擬參照《包山楚簡》法律文書，使用對比手法突顯「封君／郡縣」權力結構的差異；其次再申論此看似衝突的兩種體制，如何在楚國社會摶聚成表面和諧的樣貌。

《包山楚簡》法律文書是「封建／郡縣」權力結構並存的最佳例證，但尚未有人針對此「封建／郡縣」權力結構展開全面性論述。本文擬從文字考釋入手，先確定寏、敔、宮、戲、迖等字的釋讀，以確認此權力結構中的每個角色。再透過詳細的釋文考證和文義理解，探賾索隱每個行政單位在「權力競技場」中，各是如何定位自己的身分屬性，權力主體間的關係究竟屬於「上級對下級」的權力支配，或是「同一層級」各行其政的權力平衡。期盼能從

〔註10〕 本節初稿爲〈《包山楚簡》法律文書封建／郡縣權力結構初探〉，發表於「高明教授百歲冥誕紀念學術研討會」（臺北：政治大學中文系，2008 年 10 月 4 日～5 日）。

〔註11〕 丹尼斯‧朗（Dennis H.Wrong），《權力：它的形式、基礎和作用》（臺北：桂冠圖書股份有限公司，2000 年 3 月 2 刷），頁 16。

〔註12〕 彼得‧柏克（Peter Burke），《歷史學與社會理論》（臺北：麥田出版社，2002 年 8 月），頁 267。

具體案例的「權力行使」模式，重建戰國時期楚國的權力結構圖像。

一、《包山楚簡》法律文書所載之「郡縣」與「封建」

「郢」，楚國首都，但其地望是否爲「江陵紀南城」則有待商榷。〔註13〕除此，還有一些別都，如「𢆶（葴）〔註14〕郢」、「𨚗郢」、「𣢛（郴）〔註15〕郢」和「藍郢」等，以適應廣袤楚疆的統治需求。〔註16〕

「郢」，楚國「行政體系」和「司法組織」的最高單位，可直接支配「郡縣」和「封邑」，如下述案例：

> 九月己亥，𨛜（鄝）君之右司馬𨠶（均）臧受期，十月辛巳之日，
> 不𨕙（歸）板（版）於登（鄧）〔註17〕人以至（致）命於郢，𨸏（登）
> 門（聞）又（有）敗。　秀不孫。【包43】

本案爲九月己亥，「鄝君」之右司馬收到公文，要求他們在十月辛巳以前，歸還從「登（鄧）縣」徵收的黃金，若不歸還，則以「登聞有敗」上報國都「郢」的司法機構。因此案涉及「鄝君」與「登縣」間的「歸板（版）」糾紛（「板（版）」即「金版」，可參《周禮·秋官·職金》），所以得報請國都「郢」的司法機構處置。可見國都「郢」同時對「鄝君（封邑）」和「鄧縣（郡縣）」擁有支配權。

〔註13〕如顏世鉉贊成，見《包山楚簡地名研究》（臺北：臺大中文所碩士論文，1997年6月），頁50。谷口滿則反對，見〈包山楚簡受期類釋地三則〉，《簡帛》（第一輯），2006年10月，頁33～34。

〔註14〕黃錫全，〈包山楚簡部分釋文校釋〉，《湖北出土商周文字集輯證》（武漢：武漢大學出版社，1992年），頁191。何琳儀，〈長沙銅量銘文補釋〉，《江漢考古》，1988年4期，頁97～98。

〔註15〕《清華簡·楚居》簡3有「晉（巫）𪒠」，復旦大學讀書會認爲是「巫咸」。《清華簡·皇門》簡6有「𪒠祀天神」，今本作「咸祀天神」，所以我們認爲《包山楚簡》此字應讀爲「咸郢」。參復旦大學讀書會，〈清華簡〈楚居〉研讀札記〉，復旦大學出土文獻與古文字研究中心網，2011年1月5日，http://www.gwz.fudan.edu.cn/Srcshow.asp?Src_ID=1353。朱曉雪，《包山楚墓文書簡、卜筮祭禱簡集釋及相關問題研究》（長春：吉林大學古籍研究所，2011年6月8日），頁206～207。

〔註16〕劉彬徽、何浩，〈論包山楚簡中的幾處楚郢地名〉，《包山楚墓》（北京：中華書局，1991年），頁564～568。

〔註17〕「縣」的認定主要參考陳偉《包山楚簡初探》（武漢：武漢大學出版社，1996年8月），頁94～100；顏世鉉《包山楚簡地名研究》，頁114～115。和吳良寶，《戰國楚簡地名輯證》（武漢：武漢大學出版社，2010年3月），頁144～295。「縣」在本文皆以「（底線）」的格式呈現。

下文將分述楚國境內「郡縣」與「封建」間的權力版圖消長。

（一）「郡縣」

1. 縣

「縣」，最早出現於西周中期的〈免瑚〉和〈師旋毀〉，書寫作「還」，通讀作「縣」，爲國都或大城邑四周的廣大地區。〔註18〕但此時的「還（縣）」是「地理區域」，並非「行政單位」。〔註19〕與秦漢「郡縣」相仿的「縣」，從金文、《左傳》、《國語》、《戰國策》、《史記》等的記載推論，應產生於春秋，確立於戰國，如春秋初期的秦、楚、晉等國便已設「縣」。〔註20〕但此時的「縣」，作爲新興的組織形式，在不同地區、不同時間，往往出現不同特點，如晉是「內廢公族」，楚是「外滅人國」，其性質是否與秦漢「郡縣」相同，則引發一系列的論戰。

以「楚縣」爲例，增淵龍夫認爲春秋楚縣與戰國以後縣制明顯不同，因爲春秋楚縣仍具分封性質，楚縣長官雖由國君任命，但任命對象仍是強大世族，此「縣」雖是國君直轄地，但當國君力量削弱時，「縣」爲世族私屬的性質就會顯著。〔註21〕楊寬也認同春秋楚縣既保持原來的都鄙制，又採用原來的世族世官制。〔註22〕但平勢隆郎卻認爲楚縣除第一、二任申公鬬班、鬬克爲父子相繼外，其他縣公皆非世襲。〔註23〕陳偉綜合認爲春秋楚國縣制，強調縣的地方政區性質，看重縣作爲邊防軍事重鎮的特點，與分封制有本質差異；《左傳》雖屢見楚王直接委派縣公的記載（官僚前身），且不世襲，但縣公一般都出自王族或其他大族。〔註24〕徐少華總結認爲楚縣公雖多由王公世

〔註18〕李家浩，〈先秦文字中的縣〉，《著名中年語言學家自選集・李家浩卷》（合肥：安徽教育出版社，2002 年 12 月），頁 15～34。

〔註19〕李峰，《西周的政體：中國早期的官僚制度與國家》（北京：生活・讀書・新知三聯書店，2010 年 7 月第一版），頁 152～161。

〔註20〕顧炎武著，黃汝成集釋，欒保群、呂宗力校點，《日知錄集釋》（上海：上海古籍出版社，2007 年 9 月 2 刷），〈卷二十二・郡縣〉，頁 1238～1245。顧頡剛，〈春秋時代的縣〉，《禹貢》第七卷 6～7 合期，1937 年 6 月，頁 169～195。

〔註21〕增淵龍夫，〈說春秋時代的縣〉，《日本學者研究中國史論著選譯・第三卷上古秦漢》（北京：中華書局，1993 年 11 月），頁 189～213。

〔註22〕楊寬，〈春秋時期楚國縣制的性質問題〉，《中國史研究》，1981 年 4 期，頁 19～30。

〔註23〕平勢隆郎，〈楚王和縣君〉，《日本中青年學者論中國史》（上海：上海古籍出版社，1995 年 12 月），頁 212～245。

〔註24〕陳偉，《楚東國地理》（武漢：武漢大學出版社，1992 年 11 月），頁 188、192～193。

族出任，然既不世襲，而是由楚王直接任命，再加上楚縣本身就是分封制的對立物；與他國相較，楚國政治相對穩定，不曾出現三氏專魯、三家分晉和田氏代齊，當與楚國推廣縣制，加強集權密切相關。〔註25〕

《包山楚簡》法律文書並無「縣」字，陳偉提出「司法職權」、「名籍管理」和「職官設置」三項判準最為可靠；顏世鉉擴充成八項；雖然吳良寶認為或有疏誤，譬如楚簡稱為「公」者，並非全是「縣公」等，但整體而言，還是具有相當程度的參考價值。〔註26〕因為他們皆已有專文討論，故本文僅舉兩則「縣」名作說明。如《包山楚簡》之「魯易（陽）」（簡1），可參《史記‧楚世家》：「（肅王）十年，魏取我魯陽」，《集解‧地理志》云：「南陽有魯陽縣」。《正義‧括地志》云：「汝州魯山本漢魯陽縣也」。又如《包山楚簡》之「登（鄧）」（簡44、140），可參《史記‧秦本紀》：「（昭襄王）十六年，左更錯取軹及鄧」，《集解‧地理志》云：「河內有軹縣，南陽有鄧縣」。說明《包山楚簡》之「魯陽」和「鄧」，雖皆無標註為「縣」，但經傳世文獻的地望考證，其「行政等級」應近似於「縣」。再依照前賢的研究成果，可與「縣」歸併的「行政單位」甚夥，包括「裛」、「敔」、「宮」、「酸」、「里」和「邑」等，下文擬逐項討論。

2. 郡

「郡」，春秋末年的吳、晉兩國，和戰國時代的楚國已有設置。〔註27〕春秋、戰國之際的戰爭愈發激烈，原本負責保護地方的「縣」已不足以發揮禦敵作用，政府需要集中數「縣」的力量，才能抵禦外敵，因此，「郡」便在「縣」上，成為一個集合數「縣」的地方軍事單位。與「縣」相比，「郡」擁有更強的戰鬥力，如甘茂與秦武王論「攻韓之宜陽」時說：「宜陽，大縣也，上黨、南陽積之久矣，名為縣，其實郡也」（《戰國策‧秦策‧秦武王謂甘茂》），「宜陽縣」雖非「郡」，但其防禦、戰鬥能力，卻已相當於當時的「郡」。

《包山楚簡》法律文書亦無「郡」字，陳偉解釋此乃因「楚國郡主要設於邊地，不是所有縣都由郡統攝，且楚國郡制可能沒有從縣制完全分離，它

〔註25〕徐少華，《周代南土歷史地理與文化》（武漢：武漢大學出版社，1994年），頁290。
〔註26〕陳偉，《包山楚簡初探》，頁94～100；顏世鉉，《包山楚簡地名研究》，頁114～115。吳良寶，《戰國楚簡地名輯證》，頁144～295。
〔註27〕楊寬，《戰國史》（上海：上海人民出版社，1991年11月），頁536。

的組織和運作還不夠正式、系統和完善」，且推論《包山楚簡》之「萯間」和「郙（宛）」可能爲「郡」。前者從貸金簡「萯間出現的順序」和「金額總數」推測。〔註28〕後者從「權力位階」、「子的尊稱」還有「宛的地望」推測。〔註29〕顏世鉉也依照「權力位階」，提出「下鄰（蔡）」可能是「郡」。〔註30〕但「萯間」、「郙（宛）」和「下鄰（蔡）」是否爲「郡」，僅以「萯間」爲例作說明（簡 103、115）。「萯間」，湯餘惠認爲是縣級以下的地名；陳偉認爲是縣級以上的地名；李零則認爲是包括許多楚縣在內的地區名。但楊樹達讀爲「櫜棶」，義爲箭桿；李家浩讀爲「郊閈」，義爲郊裡；李學勤讀作「郊間」，指農民；劉信芳以爲墓區，包括陵寢管理人員居住區及耕作區；許學仁認爲或與楚簡中習見之「萯」、「萯祭」相涉；〔註31〕迄今仍無定論。所以《包山楚簡》法律文書中的「郡」比「縣」更難認定。

（二）「封建」

戰國時期的楚國「封君」，對外和「楚縣」一樣直屬「楚中央」，其「封君」數量一向高居戰國群雄之最。如戰國楚悼王時的吳起變法，與「楚國之俗」的「封君太眾」密切相關，故吳起建議楚悼王「使封君之子孫三世而收爵祿，絕滅百吏之祿秩，損不急之枝官，以奉選練之士」，可惜楚吳起變法並不如秦商鞅變法成功，「悼王行之期年而薨矣，吳起枝解於楚」（《韓非子·和氏》）。又如戰國楚懷王時的《包山楚簡》，共紀錄了二十多位以地名爲號的「封君」，證明楚「封君」並不因秦國崛起，和楚國「郡縣」的推行而減弱。在秦將白起攻佔楚郢之前，楚「封君」的封地只是逐步東移，何浩甚至推測楚懷

〔註28〕陳偉，《包山楚簡初探》，頁 101。

〔註29〕陳偉，〈包山楚簡中的宛郡〉，《武漢大學學報》，1998 年 6 期，頁 105～108。

〔註30〕顏世鉉，《包山楚簡地名研究》，頁 239。

〔註31〕湯餘惠，〈包山楚簡讀後記〉，《考古與文物》，1993 年 2 期，頁 69～79。陳偉，《包山楚簡初探》，頁 181。李零，〈讀《楚系簡帛文字編》〉，《出土文獻研究》5，1999 年 8 月，頁 145。楊樹達，《積微居金文說·曾姬無卹壺跋》（北京：中華書局，1997 年），頁 195。李家浩，〈從曾姬無卹壺銘文談楚滅曾的年代〉，《文史》33，1990 年 10 月，頁 13。劉信芳，〈萯宮、萯嫌與萯里〉，《中國文字》，新 24，1998 年 12 月，頁 116。李學勤，〈楚簡所見黃金貨幣及其計量〉，《中國錢幣論文集》第 4 輯（北京：中國金融出版社，2002 年），又見《中國古代文明研究》（上海：華東師範大學出版社，2005 年 4 月），頁 279～282。許學仁，〈楚地出土文獻與《楚辭》研究之「宏觀」與「微觀」考察〉，《先秦兩漢學術》6，2006 年 9 月，頁 99～101。

王、襄王之世，國勢由盛轉衰，與「封君」群的惡性膨脹有關。〔註32〕

　　西周典型封建制度下的諸侯，不僅可世襲封地，且在其封地內與國君一樣，擁有經濟、政治和徵兵的權利，並有家宰、邑宰掌其封土，可算是獨立的小國家；但西漢武帝時「封君」，「惟得衣食租稅，不與政事」（《漢書‧諸侯王表》）。從「西周」至「西漢」間的「封君」權力差距頗大，以致於使身處其間的「楚國封君」，他們在自己的封地內，擁有多少自治權，會引發學者爭議。如何浩認為楚封君直接掌管各自封邑內的行政、經濟和財政大權。〔註33〕但徐少華卻認為楚境內封邑固然眾多，但並無太多獨立性。〔註34〕陳偉也認為戰國早期封邑近似於西周封國，戰國晚期則與西漢侯國與景帝後的諸侯王國較為接近，封君之於封邑，並無特別的政治權力。〔註35〕下文擬逐項討論「封君」的兩大權利──「土地」與「臣民」。

　　先論「土地」，《包山楚簡》法律文書本案紀錄楚王將「❖（啻）蔽（苴）之田六邑」賞賜給「新大廐」，其土地分別與「郲君」、「薩君」、「鄝昜（陽）縣」和「鄙君」的所轄地交接，原文為：

1. ❖（啻）蔽（苴）之田，南與郲君歫（距）疆，東與薩君歫（距）疆，北與鄝昜（陽）歫（距）疆，西與鄙君歫（距）疆。　其邑：笑一邑，郒一邑，竝（並）一邑，鄁一邑，余為一邑，鄭一邑，凡之六邑。【包153】

2. 王所舍新大廐以❖（啻）蔽（苴）之田，南與郲君執疆，東與莜（薩）君執疆，北與鄝昜（陽）執疆，西與鄙君執疆。【包154】

「歫（距）疆」和「執疆」皆指「到界」，〔註36〕雖無法依此推測楚「封君」對土地支配的權限，但至少印證了「郲君」、「薩君」和「鄙君」等「封君」，皆可擁有專屬於自己的土地。

　　再以《包山楚簡》法律文書為例，本案為「登（鄧）人」起訴「剔君之人」和「畢之人」，因為「剔君」和「畢」不應向「登（鄧）」徵收木材

〔註32〕何浩，〈論楚國封君制的發展與演變〉，《江漢論壇》，1991年5期，頁72～77。
〔註33〕何浩，〈戰國時期楚封君初探〉，《歷史研究》，1984年5期，頁101～111。
〔註34〕徐少華，〈包山楚簡釋地五則〉，《江漢考古》1996年4期，頁64。
〔註35〕陳偉，《包山楚簡初探》，頁107、110。
〔註36〕何琳儀，〈包山竹簡選釋〉，《江漢考古》，1993年第4期，頁61。劉樂賢，〈楚文字雜識七則〉，《第三屆國際中國古文字學研討會論文集》（香港：香港中文大學，1997年10月），頁613～617。

稅：

1. 九月己亥，**鄴**君之右司馬均臧受期，十月辛巳之日，不**逯**（歸）板（版）於登（鄧）人以至（致）命於郢，**阩**（登）門（聞）又（有）敗。〔註 37〕　秀不孫。【包 43】
2. 九月己亥之日，**鄴**（畢）右**仔**尹李**拡**受期，十月辛巳之日，不**逯**（歸）登（鄧）人之金，**阩**（登）門（聞）又（有）敗。　秀不孫。【包 44】
3. 東周之客**鄦**（許）**絽逯**（歸）作（胙）於**葳**郢之**戢**（歲），十月辛巳之日，畢（畢）□（賍）尹**栖精**與**剌**君之司馬奉爲皆告城（成）。言胃（謂）：小人各政（征）於小人之**墬**（地），無□。〔註 38〕登（鄧）人所漸（斬）木四百，□〔註 39〕於**鄴**君之**墬**（地）蘘溪之中，其百又八十，□於畢（畢）**墬**（地）**郕**（滕）中。【包 140 正、反】

依照李家浩對全案的理解，簡 43～44 分別記錄九月己亥這一天，「□〔註 40〕君之右司馬」和「鄴（畢）右仔尹」，分別收到司法機構的公文，要求他們在十月辛巳以前，歸還從鄧人那徵收的黃金，若不歸還，將以「登聞有敗」報請國都「郢」的司法機構論處。而簡 140 正反則是記錄十月辛巳這一天，「畢

〔註 37〕參見詹今慧，〈《包山楚簡》法律文書「平等意識」試探〉，《逢甲人文社會學報》18 期，2009 年 6 月，頁 29～30；或是本論文第五章第二節〈包山楚簡法律文書所載「司法」層面之平等〉。

〔註 38〕陳偉隸定作「諍（爭）」，參《包山楚簡初探》，頁 227。李家浩認爲「嘉」所從「壴」省成「木」字形，所從「加」因爲「言」旁佔據「口」的位置，而省去「口」，同墓 216 號簡「嘉」所從「壴」省成「禾」形，「無訕」就是「無誣」，被告所說的話都是眞實的，參〈談包山楚簡「歸鄧人之金」一案及其相關問題〉，《出土文獻與古文字研究》第一輯（上海：復旦大學出版社，2006 年 12 月），頁 16～33。
徐少華，〈包山楚簡釋地五則〉，頁 64。

〔註 39〕陳劍釋讀作「𡵂（枚）」，轉引自朱曉雪，《包山楚墓文書簡、卜筮祭禱簡集釋及相關問題研究》（長春：吉林大學古籍研究所，2011 年 6 月 8 日），頁 460。因爲《上博四・采風曲目》簡 2 有「□」字，整理者釋讀爲「𡵂（媺）」。陳偉等編引《左傳・哀公十六年》：「其徒微之」，杜預《注》：「微，匿也」，指把砍伐的樹木隱藏在某處。參《楚地出土戰國簡冊（十四種）》（北京：經濟科學出版社，2009 年），頁 69。

〔註 40〕本文還是贊成將這類從「□」之字，直接依形隸定作「□」。

（畢）🔲（賠）尹」與「鄝君之司馬」向司法機構報告說，他們是在各自的轄區內向鄧人徵收黃金。經過調查，他們的話並非誣妄不實。鄧人所伐的四百株木材，是取自鄝君封地的蘘溪之中；另外一百八十株木材，是取自畢地的卷之中。〔註41〕其中「小人各征於小人之地」，說明楚「封君」可擁有其封邑內的賦稅權。但本案所揭露封君的權限不僅於此，「鄝君」還擁有專屬的「右司馬」，若非此案涉及「畢」、「鄝」二縣，或許不需上報楚中央「左尹」，「封君」所轄的司法機關即可處理。

　　再論「臣民」，包括「屬臣」和「屬人」。「屬臣」，戰國「封君」可在其封地委任官吏，包括司馬、少司馬、司敗、正婁、州加公等，如：

　　八月己丑之日，弽（射）㠯君之司敗臧舸受期，癸巳之日不遲（將）

　　弽（射）㠯君之司馬駕與弽（射）㠯君之人南輊、登（鄧）敢以廷，

　　陟（登）門（聞）又（有）敗。　疋臂。【包38】

「弽（射）㠯君」之「封君屬臣」包括「司敗臧舸」和「司馬駕」。當時「封君屬臣」一般比照「縣公職官體系」設置，但據徐少華統計，楚中央及縣邑常見的攻尹、莫囂、連囂等職官，不見於封邑。〔註42〕說明「封君」和「郡縣」的職官體系仍有區別，楚國「封君」不設置莫囂、連囂等，表示「封君」沒有軍事權。

　　「封君」下還有「屬人」，如：

　　曶（荊）屍之月戊戌之日，鄝易（陽）君之菜🔲（陲或阮）〔註43〕

　　邑人紫訟羕陵君之墜（陳）泉邑人迻塙，胃（謂）殺其弟。　嬴迻（路）

　　公角，宵阩爲李（理）。【包86】

「鄝易（陽）君」之「封君屬人」爲「菜🔲（陲或阮）邑人紫」，而「羕陵君」之「封君屬人」爲「陳泉邑人迻塙」等。陳絜舉銅器銘文的「邑人」爲例，西周「邑人」可分爲三類，一是邑族之人，二是某城邑中的居民，三是「爲邑者」，即《國語・齊語》的「邑有司」，等級爲「士」，甚至屬於「庶人在官」

〔註41〕陳偉，《包山楚簡初探》，頁107、110。李家浩，〈談包山楚簡「歸鄧人之金」一案及其相關問題〉，頁16～33。

〔註42〕徐少華，〈包山楚簡釋地五則〉，頁64。

〔註43〕吳振武釋「陲」，參（〈鄂君啟節「鞁」字解〉，《第二屆國際中國古文字學研討會論文集》（香港：香港中文大學，1993年10月），頁183。但近來陳劍將一系列戰國文字從「🔲」部件的字，都改釋爲「亢」，參〈試說戰國文字中寫法特殊的「亢」和從「亢」諸字〉，《出土文獻與古文字研究（三）》（上海：復旦大學出版社，2010年7月），頁152～182。

的基層管理人員。〔註44〕本案的「䓛𡘳（陣或阬）邑人紫」和「陳泉邑人逆塙」，應屬於第二類「某城邑中的居民」，分別爲「鄡昜（陽）君」和「萊陵君」的「封君屬民」。因爲若是第三類的「爲邑者」，依照《包山楚簡》慣例，應該會清楚標示其職官名稱。

且「封君屬人」大批地出現在〈所詎簡〉中，如：

> 周惕（惕）之人脽，鄒邑人䢷佊、陸（隋）晨；酉（丙）寅，邸昜（陽）君之人臧塙、墜君之人隋惕（惕）、臧燭。｜言（享）月己巳，宀（中）廄戲豫，邟（邟）〔註45〕思公之州里公虍、邾人戲慶、下鄰（蔡）人競（景）頗（履）；辛未，楚斨族倀徚（動或阬）〔註46〕、鄭戲（列）連囂（敔）䰍；壬申，李敔于……【包163】

「所詎」之「詎」，較具信度的釋讀有二，一是「訴」，屬上行文書；二是「屬」，爲下行文書。〔註47〕本文焦點爲「封君之人」的屬性，如「邸昜（陽）君之人臧塙」，和「墜君之人隋惕、臧燭」。所謂「封君屬人」，應是「封君的家庭附屬人口」，其依附目的不外是通過主人謀求出仕機會和躲避沉重賦役，〔註48〕近似戰國「食客」。雖然豢養他們的楚「封君」，權勢無法與齊孟嘗君、趙平原君、魏信陵君、楚春申君等戰國四公子，甚至是秦相呂不韋匹敵，但仍有一定的地方權勢。

總之，本文認爲不能因強調「楚封君」和「楚縣」直屬「楚中央」，就忽略「楚封君」對內所擁有的獨立管轄權。因爲楚「封君」自治所形成的一個個次級權力中心，會分散楚國政權的一體性。至於楚「封邑」的等級規模，目前仍很難評估，只是當時存在與「縣」同名的「封邑」，如「陰侯的封邑」

〔註44〕陳絜，〈周代農村基層聚落初探〉，《新出金文與西周歷史》（上海：上海世紀出版股份有限公司，2011年5月），頁150～151。

〔註45〕徐少華，《周代南土歷史地理與文化》（武漢：武漢大學出版社，1994年），頁322。徐少華，〈包山楚簡釋地八則〉，《中國歷史地理論叢》，1996年4期，頁91～93。

〔註46〕吳振武釋「陣」，參（〈鄂君啓節「舿」字解〉，頁183。但近來陳劍將一系列戰國文字從「𡉚」部件的字，都改釋爲「元」，參〈試說戰國文字中寫法特殊的「元」和從「元」諸字〉，頁152～182。

〔註47〕劉釗，〈包山楚簡文字考釋〉，首發於1992年第九屆中國古文字研究會，後收入《東方文化》，1998年1～2期，頁49。陳偉，〈包山楚司法簡131～139號考析〉，《江漢考古》，1994年4期，頁67～71、66。

〔註48〕裘錫圭，〈戰國時代社會性質試探〉，《古代文史研究新探》（南京：江蘇古籍出版社，1992年初版，2000年1月2刷），頁402～408。

可能由「陰縣」改封，或是由「陰縣」劃出部分地域，〔註 49〕如是「封邑」勢必不大；但因楚國「郡縣」、「封邑」分治，所以「陰侯」對其封邑仍享有獨立的「土地所有權」和「人事任命權」。而其他與「縣」異名之「封邑」大小，更是無法推測，不過楚國封邑，最大可如春申君黃歇「轄有淮北十二縣」，如此權勢，實在無法等閒視之。

最後，參考諸家對於楚國「郡縣」以及「封邑」的地理位置考證，著實很難為其分布作出區隔。但據譚黎明考證，在楚國眾多「封君」中，其封邑地望可考者共有 47 處，從現行行政區域看，包括河南 18 處，湖北 16 處、湖南 3 處、江蘇 2 處，和江西 2 處。只能說楚國「封君」封邑，絕大多數分布在開發較早、人口較密、比較富庶的北部地區。〔註 50〕

二、《包山楚簡》法律文書所載之「郡縣」權力結構分析

《包山楚簡》法律文書之「郡縣」權力結構特色，在於「郡縣」與基層「里邑」間夾有「或」、「敓」、「宮」、「戔」、「迠」等中介階級，下文將分別討論：

（一）「郡縣」權力結構之「或（域）」

「或」字，《包山楚簡》作「劵」（簡 10），多數釋「域」，但劉信芳認為「或」、「滿」音近義通。〔註 51〕羅運環參考《郭店楚簡・緇衣》「誰秉國成，不自為貞」之「劵」（簡 9），今本《詩經・小雅・節南山》作「國」。〔註 52〕藤田勝久、陳偉也贊成將此字釋為「國野」之「國」，指以某一大邑為中心的地域。〔註 53〕宋華強也贊成釋「國」，古代的「國」可指城邑，「大邑之國」應都可兼城外所轄四郊以內的區域。〔註 54〕

〔註 49〕 何浩、劉彬徽，〈包山楚簡封君釋地〉，《包山楚墓》，頁 570～571。何浩，〈魯陽君、魯陽公及魯陽設縣的問題〉，《中原文物》，1994 年 4 期，頁 50。徐少華，〈包山楚簡釋地五則〉，頁 64。陳偉，《包山楚簡初探》，頁 106。

〔註 50〕 譚黎明，《春秋戰國時期楚國官制研究》（長春：吉林大學中國古代史博士論文，2006 年 12 月），頁 131～132。

〔註 51〕 劉信芳，〈包山楚簡解詁試筆十七則〉，《中國文字》新 25，1999 年 12 月，頁 158。

〔註 52〕 羅運環，〈釋包山楚簡或敓宮三字及相關制度〉，《簡帛研究》二〇〇二、二〇〇三，2005 年 6 月，頁 7～8。

〔註 53〕 陳偉等編，《楚地出土戰國簡冊（十四種）》（北京：經濟科學出版社，2009 年），頁 9。

〔註 54〕 宋華強，《新蔡葛陵楚簡初探》（武漢：武漢大學出版社，2010 年 3 月），頁 337。

「彧」雖然常與「邑」或「田事」相關，如《包山楚簡》「左駍（御）番（潘）戍飤（食）田於邨彧□（噬）邑城田，一索畔（半）□（畹）」（簡 151）；又如「李剝耴以□（賺）田於章彧□（儞）邑」（簡 77）等。但仍無法確認「彧」爲水邊由堤防形成之耕種、居住區域之「淢」。且大西克也認爲先秦「或」系字仍應釋「域」，因爲先秦「國家」仍由「邦」字表現，《包山楚簡》共有 39 個「邦」字都作「國家」義解釋，如「楚邦」（簡 226），「或」系字尚未成爲「國家」通稱。〔註55〕且即使釋「國」，也是指城邑，或是城外所轄四郊以內的區域。〔註56〕故本文還是將這類「□」字，釋讀作「彧（域）」，避免與後代的「國」混淆。

「彧」，徐少華認爲是某一地區的泛稱，或是某種特別區域。〔註57〕陳偉認定「彧」的層級在「縣」之下。〔註58〕顏世鉉認爲「彧」的層級不可能在「縣」之下，譬如簡 143「鄝彧礦敔□（郢）君之泉邑人黃欽」，若依陳偉解釋，「封君」的地位變得較爲低下，所以贊成「鄝彧」爲鄝地地區。〔註59〕朴俸柱認爲「縣、彧、敔、邑」爲四層組織，其中「彧」、「敔」的地位似相當於「鄉」。〔註60〕本文贊成楚國採行「縣──彧」支配模式，如簡 83「羅之廪彧之圣者邑人邶女」之「羅之廪彧」，爲「羅縣」下之「廪彧」。又如：

1. 司□（禮或俸）〔註61〕之蠡（夷）邑人程甲受沨昜（陽）之酷官黃齊、黃□。黃齊、黃□皆以甘臣之戠（歲）夐（爨）月死於郉彧東敔卲戉之笑邑。【包 124】

2. 宋客盛公鸚夐（聘）楚之戠（歲）屈栾之月戊寅之日，沨昜（陽）公命郉彧之客、葦戲（列）尹癸譯（察）之。東敔公睮（舒）捭、敔司馬陞牛皆言曰：沨昜（陽）之酷官黃齊、黃□皆以甘臣之夐（爨）

〔註55〕 大西克也，〈論古文字資料中的「邦」和「國」〉，《古文字研究》23，2002 年 6 月，頁 186～194。

〔註56〕 宋華強，《新蔡葛陵楚簡初探》（武漢：武漢大學出版社，2010 年 3 月），頁 337。

〔註57〕 徐少華，〈包山楚簡釋地十則〉，《文物》，1996 年 12 期，頁 60～66。

〔註58〕 陳偉，《包山楚簡初探》，頁 74～75、97～98。

〔註59〕 顏世鉉，《包山楚簡地名研究》，頁 246～250。

〔註60〕 朴俸柱，〈戰國楚的地方統治體制〉，《簡帛研究》二 00 二、二 00 三，2005 年 6 月，頁 13～23。

〔註61〕 因爲古文字「豐」、「豊」同形，故可依照劉信芳通讀作「司豊（禮）」，參《周禮・秋官・司儀》。亦可依照陳偉通讀作「司豊（俸）」，司掌俸祿。參劉信芳，《包山楚簡解詁》，頁 34。陳偉等編，《楚地出土戰國簡冊（十四種）》，頁 22。

月死於小人之敔邵戉之𥬬邑。既發𥬬（契），廷疋易（陽）之酷倌
之客。坴倚爲李（理）。【包 125 正、反】

本案記載「浧易（陽）縣」之酷官黃齊、黃𩖊死於異鄉「郙𡍬東敔邵戉之𥬬邑」，
「浧易（陽）縣」並非「郙𡍬東敔邵戉之𥬬邑」的直轄範圍，但是從「郙易（陽）
公命郙𡍬之客」之「命」，和「東敔公悆（舒）瘇」、「敔司馬墜牛」對「浧易
（陽）公」自稱「小人」等，皆證明「縣──𡍬──敔──邑」中隱藏著行政
權力支配。

而「郪」、「鄝」、「𨙔（邔）」此類「縣／𡍬」同名例。《包山楚簡》法律
文書屢見「同名」例，如「宛郡」和「宛縣」、〔註62〕「陰縣」和「陰侯封邑」、
「灘陵縣」和「灘陵君封邑」等。但「縣／𡍬」同名和「縣／封邑」同名的規
模不同，「縣──𡍬」有權力支配，而「縣／封邑」則是各行其政。故本文「郪𡍬」、
「鄝𡍬」和「邔𡍬」，既呈現「郪」、「鄝」、「邔」之「縣／𡍬」同名，又包含
「縣──𡍬」行政權力支配意味。

（二）「郡縣」權力結構之「敔」

「敔」字，《包山楚簡》作「𢾅」（簡143），湯餘惠、劉信芳讀「圄」，指
牢獄。〔註63〕顏世鉉讀「圉」，作邊境。〔註64〕徐少華認爲是敔縣。〔註65〕羅
運環讀「虞」，與山林川澤相關。〔註66〕宋華強認爲「敔」當讀爲鄉里之「鄉」。
〔註67〕

「敔」字通讀，除了上述《包山楚簡》簡124～125正反之外，還可參考
「郙𡍬之闌（關）哉（敔）公周童耳」（簡34）、「付𡍬之闌敔公周童耳」（簡
39），和「筐（匡）敔公若駃（雄）」（簡70）。可見「敔」字除「行政區」外，
還有從「行政區」引申而出的「官名」義「敔公」。雖然簡34的「敔」作「哉

〔註62〕陳偉，〈包山楚簡中的宛郡〉，頁105～108。
〔註63〕湯餘惠，〈包山楚簡讀後記〉，首發於1992年第九屆中國古文字研究會，後收
　　　入《考古與文物》，1993年第2期，頁72。劉信芳，〈包山楚簡司法術語考釋〉，
　　　《簡帛研究》2，1996年9月，頁26～27。
〔註64〕顏世鉉，《包山楚簡地名研究》，頁250。
〔註65〕徐少華，〈包山楚簡地名數則考釋〉，《武漢大學學報》，1997年4期，頁105
　　　～106。
〔註66〕羅運環，〈釋包山楚簡𡍬敔宣三字及相關制度〉，頁8～9。
〔註67〕宋華強，《新蔡葛陵楚簡初探》（武漢：武漢大學出版社，2010年3月），頁
　　　340～341。

〈🔲〉」，但原釋文已釋讀作「敔」。〔註68〕「邖鹽」，徐少華認爲即「符離之塞」（《戰國策・秦策》）；史傑鵬認爲可能是「柏舉」（《左傳・定公四年》），或是「無假之關」（《史記・越世家》）。〔註69〕「筐（匡）」，劉信芳認爲即鄭地，在今河南扶溝西。〔註70〕

「敔」之等級，陳偉認爲是介於「寞」、「邑」間的地域概念。〔註71〕朴俸柱認爲「縣、寞、敔、邑」四層組織之「敔」，其地位和規格似相當於傳統大聚落的「鄉」。〔註72〕羅運環認爲「敔」是少數封國、大關口特設的虞官體制。〔註73〕《包山楚簡》法律文書之「敔」字，見於簡 124～125「郮寞東敔邵戊之笶邑」，和簡 143～144「鄝寞礜敔🔲（郹）君之泉邑人黃欽」。上文討論「寞」時，已論證「縣、寞、敔、邑」之權力結構大致不誤，「縣——敔」和「縣——寞」一樣，隱含著權力支配。即本文僅能將「敔」視爲「郡縣權力結構」下的「行政單位」，尚無法確認其通讀。

（三）「郡縣」權力結構之「宼」

「🔲」字，多隸定作「宼」。〔註74〕但李家浩隸定作「序」，因爲古文字「邑」、「予」形近，且「序」、「舍」古音相近。〔註75〕趙平安則釋讀作「宛（縣）」，認定《侯馬盟書》「🔲」（105.3），《上博一・緇衣》「🔲」、「🔲」（簡6），和「🔲」（簡12）等字形，與《包山楚簡》「🔲」字相類，皆釋讀作「宛」。〔註76〕

其實，《包山楚簡》「🔲」字，還是隸定作「宼」比較穩妥。「🔲」字非「序」，因爲《包山楚簡》「邑」、「予」部件不易訛混，如「舒」字作「🔲」（簡76），

〔註68〕劉彬徽等，〈包山二號楚墓簡牘釋文與考釋〉，《包山楚墓》，頁43。

〔註69〕徐少華，〈包山楚簡地名數則考釋〉，頁105。史傑鵬，〈關於包山楚簡中的四個地名〉，《陝西歷史博物館館刊》第5輯，1998年6月，頁138～139。

〔註70〕劉信芳，《包山楚簡解詁》，頁69。

〔註71〕陳偉，《包山楚簡初探》，頁74～75。

〔註72〕朴俸柱，〈戰國楚的地方統治體制〉，頁13～23。

〔註73〕羅運環，〈釋包山楚簡寞敔宼三字及相關制度〉，頁8～9。

〔註74〕黃盛璋，〈包山楚簡中若干重要制度發覆與爭論未決朱關鍵字解難、決疑〉，《湖南考古輯刊》第6輯，1994年4月，頁197。羅運環，〈釋「宼」〉，《古文字研究》24，2002年，頁345～346。

〔註75〕湖北省文物考古研究所、北京大學中文系編，《九店楚簡》（北京：中華書局，2000年），頁114～115。

〔註76〕趙平安，〈戰國文字中的「宛」及其相關問題研究——以與縣有關的資料爲中心〉，《第四屆國際中國古文字學演討會論文集》（香港：香港中文大學，2003年），頁529～540。

「豫」字作「**豫**」（簡 7），「**疑**」字作「**疑**」（簡 85）；僅「豫」字作「**豫**」（簡 52），有訛混的可能。〔註77〕且《包山楚簡》「**予**」字所從「邑」部件，並無和「予」部件相混的例證。〔註78〕所以「**予**」字爲「序」的可能性較小。

「**予**」字非「宛（縣）」，因爲學者論證「**予**」字爲「宛（縣）」，所據《侯馬盟書》、《上海博物館藏戰國楚竹書（一）・紂衣》的相關字形，分別作「**多**」、「**令**」等；與《包山楚簡》「**予**」字，無論就「文字構形」或是「書寫筆勢」，都差距頗大。和《上博一・紂衣》「**多**」、「**令**」對應之《郭店楚墓竹簡・緇衣》分別作「**旹**」（簡 10）和「**暈**」（簡 22），辭例爲「日暑雨，小民亦惟日△」和「君不與小謀大，則大臣不△」，對照今本《禮記・緇衣》必讀「怨」。〔註79〕學者多將《郭店楚墓竹簡》這類從「肙／肙」部件之字，隸定作「情」，「情」字右半的「肙」部件應爲「宛」，方能將「情」通讀作「怨」，季旭昇已有專文檢討楚簡此類從「肙／肙」部件之字。〔註80〕既然楚簡已有特定通讀作「宛」的從「肙」部件之字，如「郒」字，分別作**郒、郒、郒、郒、郒、郒**（《包山楚簡》簡 92、93、133～134、139 反、183、164），除簡 164 可能爲姓，其他所指不是「宛縣」，就是「宛郡」。又如「情」字作「**暈**」（簡 138 反），辭例爲「與其仇、又（有）情（怨）不可諍（證）」。所以「**予**」字，應該很難釋讀作「宛（縣）」。

「宮」的位階，劉信芳認爲是「縣」的下級行政單位。〔註81〕羅運環認爲此「大邑」應是一種比「州」大的「食稅大邑」和「中等邑」。〔註82〕趙平安認爲「縣」、「宮」是同級組職。〔註83〕朴俸柱認爲「宮」是「縣」的別稱。〔註84〕

〔註77〕滕壬生，《楚系簡帛文字編》（武漢：湖北教育出版社，1995 年 7 月），頁 329～330、750、770。

〔註78〕張光裕、袁國華，《包山楚簡文字編》（臺北：藝文印書館，1992 年），頁 393～394。

〔註79〕荊門市博物館編，《郭店楚墓竹簡》（北京：文物出版社，1998 年 5 月），頁 133～134。

〔註80〕季旭昇，〈由上博詩論「小宛」談楚簡中幾個特殊的從肙的字〉，《漢學研究》，20 卷 2 期，2002 年 12 月，頁 377～397。

〔註81〕劉信芳，〈包山楚簡職官與官府通考上〉，《故宮學術季刊》，15 卷 1 期，1997 年 9 月，頁 54、56。

〔註82〕羅運環，〈釋包山楚簡宨敔宮三字及相關制度〉，頁 9～11。

〔註83〕趙平安，〈戰國文字中的「宛」及其相關問題研究——以與縣有關的資料爲中心〉，頁 529～540。

〔註84〕朴俸柱，〈戰國楚的地方統治體制〉，頁 13～23。

　　《包山楚簡》法律文書的「宮」字辭例，目前以「宮＋大夫」爲大宗，其
次爲「宮＋其他官名」，和一則「名動用法」，無法從中辨析「縣／宮」位階。
但可以確定的是「宮」與「縣名」皆同時出現，「宮」所屬職位應皆爲「縣」
官。至於本文爲何將下列辭例斷句作「縣名＋宮大夫」和「縣名＋宮職官名」，
因爲《包山楚簡》「漾陵之宮大夫」（簡 126）和「臨昜（陽）之宮司馬」（簡
53），中間有「之」字，將「縣名」與「官名」作區隔。或者有人會質疑根本
不用區分，因爲「宮」最可能既是「行政區」、又是「官名前綴」，但可惜《包
山楚簡》並無出現必是「行政區名」，絕非「官名」的辭例，故本文還是保守
地加以區分。

　　《包山楚簡》「漾陵宮大夫」之「漾陵」（簡 12～13、126～127），和「顥宮
大夫」之「顥」（簡 47），分別有「漾陵」、「郲陵」和「鄺」、「喜」兩種異
體。雖然「漾陵」和「鄺」皆可同時代表「封邑」和「縣」，但「漾陵宮大
夫」、「漾陵大宮庝」和「顥宮大夫」皆無依照慣例標註「君」字，應皆可歸
屬「縣」治。其他「宮大夫」辭例，如「鄔宮大夫」（簡 157 正反），「柊（柊）
〔註85〕宮大夫」（簡 129～130 正反），和「鄟昜（陽）宮大夫」（簡 26），只
有「鄟昜（陽）」無其他辭例可確認爲「縣」，其他「鄔」與「柊」皆爲「縣」
級單位。

　　「宮大夫」的屬性，目前有「專稱」〔註 86〕和「通稱」〔註 87〕二說。以
下列案件爲例：

是戠（歲）也，互（巫）思少司馬屈𨟻以足金六匀（鈞）聖（聽）命
於𣏟（柊），柊宮大夫左司馬郖（越）𧆑（虢）弗受。鈇公鄴之戠（歲），
互（巫）思少司馬𡏖勅（勝）或（又）以足金六匀（鈞）舍𣏟（柊），
柊宮大夫集昜（陽）公鄴（蔡）逯𢾣（弗）〔註 88〕受。【包 130】

「宮大夫」若是「專稱」，「柊宮大夫左司馬郖（越）𧆑（虢）弗受」之「柊宮
大夫」，和「左司馬郖（越）𧆑（虢）」即必須斷開；「柊宮大夫集昜（陽）公鄴

〔註85〕白於藍，〈包山楚簡零拾〉，《簡帛研究》2，1996 年 9 月，頁 41～42。
〔註86〕陳偉，《包山楚簡初探》，頁 100。文炳淳，《包山楚簡所見楚官制研究》（臺北：
　　　　台大中文所碩士論文，1998 年 1 月），頁 148～151、199～200。
〔註87〕黃盛璋，〈包山楚簡辨證、決疑與發復〉，頁 197～199。劉信芳，〈包山楚簡職
　　　　官與官府通考（上）〉，頁 55。陳宗棋，《出土文獻中所見楚國官制研究》（南
　　　　投：暨南大學中文所碩士論文，2000 年 6 月），頁 140～141。
〔註88〕陳劍，〈楚簡「𢾣」字試解〉，「中國簡帛學國際論壇」，芝加哥大學東亞語言
　　　　與文明系，2008 年 10 月 30 日～11 月 2 日，頁 24～25。

（蔡）逸」之「柊㝬大夫」，和「集易（陽）公鄒（蔡）逸」也必須斷開，以區分「㝬大夫」和其他官員之異。

但本案爲「期思縣」和「柊縣」間的賒金案，兩縣代表理應對等。故首次收受雙方當爲「期思縣少司馬屈篸」和「柊縣㝬大夫左司馬邨（越）麕（虢）」，「柊㝬大夫」即「左司馬邨（越）麕（虢）」，兩者不應斷句，如此雙方代表皆爲「司馬」，等級才相當。第二次收受雙方當爲「期思縣少司馬勅」和「柊縣㝬大夫集易（陽）公鄒（蔡）逸」，同理「柊縣㝬大夫」即「集易（陽）公鄒（蔡）逸」，也不宜斷句。但比較令人困惑的是「集易（陽）公鄒（蔡）逸」，是否因爲出現「公」字，而當歸類爲「縣公」呢？如是便無法與「期思縣少司馬勅」相對等。其實「集易（陽）公」，與「敔公遬（魯）异（期）」、「朝易（陽）公穆呴」（簡 47）一樣，並無其他釋文可證明它們爲「縣」級單位，僅從「公」字判斷是相當薄弱的佐證。且依照文義進行理解，本案爲「期思縣」賒金給「柊縣」，無理由請和兩造（「期思縣」與「柊縣」）皆不相關的「集易（陽）公鄒（蔡）逸」（若爲縣公）代爲接受。

反之，「㝬大夫」若是「通稱」，如：

　……子左尹命漾陵㝬大夫𧵣（察）郚室人某〔註 89〕瘳之典之在漾陵
　之厽（參）鈢。漾陵大㝬疢、大駇（駒）〔註 90〕尹帀（師）、䣜（鄁）
　公丁、士帀（師）墨、士帀（師）郘（楊）慶吉啓漾陵之厽（參）
　鈢而才（在）〔註 91〕之，某（梅）瘳才（在）漾陵之厽（參）鈢聞
　御（甘臣）〔註 92〕之典匱……【包 12～13】

「漾陵㝬大夫」爲「漾陵大㝬疢、大駇尹師、郚公丁、士師墨、士師楊慶吉」。

再如：

　……子左尹命漾陵之㝬大夫𧵣（察）州里人陽𩫏（鋌）〔註 93〕之與

〔註 89〕何琳儀讀「謀」，參見〈包山竹簡選釋〉，《江漢考古》，1993 年第 4 期，頁 55。
黃盛璋讀「梅」，參見〈包山楚簡辨證、決疑與發復〉，中國古文字第九屆學術研討會，1992 年 10 月，又見《湖南考古輯刊》，第六集，1994 年 4 月，頁 187。

〔註 90〕李家浩，〈南越王墓車駇虎節銘文考釋〉，《容庚先生百年誕辰紀念文集》（廣州：廣東人民出版社，1998 年 4 月），頁 662～671。

〔註 91〕陳偉引《爾雅·釋詁》：「在，察也」，指查看、查驗名籍，參見《包山楚簡初探》，頁 125。

〔註 92〕陳偉：甘臣之歲所記名籍，楚國名籍是按登記年份的不同分開存放於地方官府。參見《包山楚簡初探》，頁 127。

〔註 93〕朱曉雪：此字所從「𩫏」偏旁，見於朱家集銅器銘文，爲楚王名，歷來說法複

其父**陽**年同室與不同室。大宮痍、大駐（駔）尹帀（師）言胃（謂）：

陽綖不與其父**陽**年同室。……【包126～127】

「漾陵宮大夫」爲「大宮痍，大駔尹師」。

又如：

九月甲脣（辰）之日，**顥**司敗李**尹**[註94]受期，十月辛巳之日，不**遲**

（將）**顥宮**大夫**猷**公遊（魯）昇（期）、**㳚**[註95]易（陽）公穆疴與

周悃之分**鷞**（察）以廷，**阩**（登）門（聞）又（有）敗。【包47】

「**顥宮**大夫」爲「**猷**公遊（魯）昇（期）」，或是同時包括「**猷**公遊（魯）昇（期）」

和「朝易（陽）公穆疴」。

「**宮**＋其他官名」，除了「漾陵大宮痍」外，還有「郊（鄝）之兵**庫**（甲）

執事人宮司馬競（景）丁」（簡81），「臨易（陽）之宮司馬李**牁**」（簡53），「安

陝（陸）之下隓（隋）里人屈犬、少宮**陽**申」（簡62），和「**孰**（鄝或縳）**㺔**

（邸）大宮屈**㠪**（㐌）」（簡67），僅「鄝邸」無其他辭例互證「鄝邸」爲「縣」，

其他的「郊（鄝）」、「臨易（陽）」、「安陝（陸）」，皆和「漾陵」同爲「縣」級

單位。

最後，「**宮**」之名動用法，參「僕**宮**於郊（鄝）」（簡155），指我在「郊（鄝）

縣」擔任「宮大夫」這個職務。

本節論證「**宮**」皆與「縣名」搭配，故以「漾陵**宮**大夫」、「**顥宮**大夫」、「**郊**

（鄝）**宮**大夫」、「柊**宮**大夫」、「漾陵大**宮**痍」、「臨易（陽）之**宮**司馬」等方式，

說明「某縣＋**宮**職官」之「**宮**職官」必爲「縣」官。「**宮**」或許是「縣」的異

稱，但依照字形結構判定，暫時無法逕讀作「宛（縣）」。

雜，以「前」說影響最大，《上博五・弟子問》簡1～2兩見**㞍**字，辭例爲「**㞍**陵

季子」，即文獻的「延陵季子」，此亦見於《清華簡・楚居》簡6作「**㝃**」，爲楚

王名，即文獻中的「熊延」，因此《包山楚簡》此字可釋爲「綖（延）」。參馬

承源主編，《上海博物館藏戰國楚竹書（五）》（上海：上海古籍出版社，2005

年12月），頁268。劉洪濤，〈说《上博五・弟子問》「延陵季子」的「延」字〉，

簡帛網，2006年5月22日，http://www.bsm.org.cn/show_article.php?id=351。朱

曉雪，《包山楚墓文書簡、卜筮祭禱簡集釋及相關問題研究》，頁114。

〔註94〕黃錫全釋「聽」，參見〈包山楚簡部分釋文校釋〉，《湖北出土商周文字集輯證》

（武漢：武漢大學出版社，1992年），頁187。

〔註95〕劉樂賢讀「涅」，參〈楚文字雜識七則〉，《第三屆國際中國古文字學研討會論

文集》（香港：香港中文大學，1997年10月），頁630～631。何琳儀讀「慎」，

參《戰國古文字典》（北京：中華書局，1998年9月），頁1116。施謝捷釋「剪」，

參〈隨縣包山望山江陵郭店楚簡釋文〉（電子版），2003年。

（四）「郡縣」權力結構之「戲（列）」

「戲」字，黃錫全因為《說文》「湛」字古文作「𤃣」，疑為「戜」字別體。李天虹引《說文》「銳」字籀文作「𨨯」，疑為「銳」字異體。李運富認為「戲」、「剡」是同詞異構字。劉信芳贊成黃錫全隸定，但通讀作「沈」。〔註96〕

近來，《上海博物館藏戰國楚竹書》提供一些字例，可將「戲」字釋讀作「列」：

包山	上博三	上博三	上博二	清華簡	上博五	上博六	上博二
包3、 包10、 包125	周易45	周易49	容成氏16	楚居3	季康子問於孔子8 季康子問於孔子14	孔子見季趄子14 戲	魯邦大旱3

《上博三·周易》「萃：……九五，瑩，寒淲（泉）飤（食）」（簡45），和「艮：……剡其衛，礪（厲）同（痛）心……」（簡49），與《馬王堆漢墓帛書·周易》對照皆作「戾」，和今本《周易》對照則作「洌」和「列」。〔註97〕《上博簡》、《清華簡》整理者皆將此類字參照「列」、「烈」的音義作釋讀，如《上博二·容成氏》「戲（癘）役（疫）不至」之「戲（癘）」（簡16）。〔註98〕又如《清華簡·楚居》「姓戲」（簡3），趙平安推測是鬻熊的妻子，讀為「厲」，「姓戲」為古厲國女子。〔註99〕至於「戲」字本義，季旭昇分析從「焲」，會烈火燒「乚」，「乚」象一個區域或隱蔽之地，為「烈」之象意本字；若將此字誤以為《說文》「銳」是音近可通，「湛」則可能有不同

〔註96〕黃錫全，〈《包山竹簡》釋文校釋〉，頁191。李天虹，〈《包山楚簡》釋文補正35則〉，首發於1992年第九屆中國古文字研究會，後收入《江漢考古》，1993年第3期，頁85。李運富，《楚國簡帛文字構形系統研究》（長沙：嶽麓書社，1997年10月），頁106。劉信芳，〈包山楚簡解詁試筆十七則〉，頁155～157。

〔註97〕馬承源，《上海博物館藏戰國楚竹書三》（上海：上海古籍出版社，2003年12月），頁198、202。

〔註98〕馬承源，《上海博物館藏戰國楚竹書二》（上海：上海古籍出版社，2002年12月），頁262。

〔註99〕趙平安，〈姓佳、姓戲考〉，《清華大學藏戰國楚簡壹國際學術研討會論文集》，清華大學出土文獻研究與保護中心，2011年6月。

來源。〔註100〕趙平安則是推測「**歲**」字從「炎」、「戌」聲，「戌」是聲符，後訛變爲「戌」，字當爲「威」，「威」可與「列」、「厲」通用。〔註101〕

其次，參照《上博五‧季康子問於孔子》「**⿰**（艾）〔註102〕 **歲**含（今）」（簡 8）和「**歲**今」（簡 14），周鳳五將「**歲**」釋讀作「遂」。〔註103〕若此說可通，將可重新檢討《包山楚簡》這類「**歲**」字，是否能援引「鄉遂制度」作詮釋。但是「列（來紐月部）」、「遂（邪紐物部）」古音有隔，〔註104〕又遍尋不著其他通假例證，只好暫時擱置。再次，濮茅左還將《上博六‧孔子見季趄子》「**⿰**」字（簡 14）納入討論。〔註105〕陳偉略從其說，改讀作「厲」。〔註106〕但是陳劍認爲此字左半徒剩一個「火」旁，又與楚簡「火」旁寫法不同，反與《上博二‧魯邦大旱》「**⿰**」字（簡 3）接近。〔註107〕本文依照字形判斷，不將「**⿰**」字納入考慮。

若將《包山楚簡》法律文書上述待考「**歲**」字，依照《上博簡》辭例釋讀作「列」，古籍有例證可以說明「列」字爲某特定區域的代稱。如《漢書‧食貨志》：「商賈大者積貯倍息，<u>小者坐列販賣</u>」，顏師古《注》：「列者，若今市中賣物行也」。又如「<u>今弘羊令吏坐市列</u>，販物求利」，顏師古《注》：「市列，謂列肆」。再如《漢書‧食貨志》：「<u>工匠醫巫卜祝及它方技商販賈人坐肆列里區謁舍</u>，皆各自占所爲於其在所之縣官」，顏師古《注》引如淳曰：「居

〔註100〕季旭昇主編，《上海博物館藏戰國楚竹書三讀本》（臺北：萬卷樓圖書股份有限公司，2005 年 10 月），頁 129～130。季旭昇，〈說「烈」及其相關之字〉，《第二十屆中國文字學國際學術研討會論文集》（高雄：中山大學中文系，2009 年 5 月 1～2 日），頁 39～45。

〔註101〕趙平安，〈妣隹、妣歲考〉。

〔註102〕林清源釋「絞」讀「艾」。（〈釋「蒍」及其相關諸字〉，《中國文字》，新 34，2009 年 2 月，頁 27～49。

〔註103〕馬承源，《上海博物館藏戰國楚竹書五》（上海：上海古籍出版社，2005 年 12 月），頁 214、222。周鳳五，〈試說〈季康子問於孔子〉的榮駕鵝〉，《屈萬里先生百歲誕辰國際學術研討會》（臺北：國家圖書館主辦，2006 年 9 月 15～16 日），頁 1～8。

〔註104〕郭錫良，《漢字古音手冊》（北京：北京大學出版社，1986），頁 42、148。

〔註105〕馬承源，《上海博物館藏戰國楚竹書六》（上海：上海古籍出版社，2007 年 7 月），頁 212。

〔註106〕陳偉，〈讀上博六條記之二〉，簡帛網，2007 年 7 月 10 日，http://www.bsm.org.cn/show_article.php?id=602。

〔註107〕陳劍，〈上博六孔子見季桓子重編新釋〉，復旦大學出土古文獻中心網站，2008 年 3 月 22 日，http://www.gwz.fudan.edu.cn/SrcShow.asp?Src_ID=383。

處所在爲區。謁舍，今之客舍也」。凡此，皆傳達「列」或爲名詞「肆」，指古代市中不同行業排定的經營地區。最後以《史記・匈奴列傳》爲例：

> ……呴犁湖單于立，漢使光祿徐自爲出五原塞數百里，遠者千餘里，**築城郭列亭**至廬朐，而使游擊將軍韓說、長平侯衛(m)伉屯其旁，使彊弩都尉路博德築居延澤上。其秋，匈奴大入定襄、雲中，殺略數千人，敗數二千石而去，行破壞光祿所築**城列亭郭**……

「城郭列亭」即「城列亭郭」，「郭」乃山中小城。「亭」乃候望所居也。〔註108〕其中「所築城列亭郭」之「所」，經常放在「外動詞（及物動詞）」的前面組成定語，後面可接「名詞」或是「者」。〔註110〕故「所築城列亭郭」依語法分析，「所」後承接之「列」，應與「城」、「亭」、「郭」等同爲「名詞」並列，專指特定區域。

雖然簡文大部分「戲」字，可用「幼戲」、「𡕥戲」、「𡌏戲」的方式，與上文所述「𡌏寏」、「𡔚寏」、「𠦪寏」的「縣／寏」體例相當，既可呈現「縣／戲」同名，又可傳達「縣——戲」支配。

但「戲」字有些辭例，卻無法確認爲「縣」屬單位，如《包山楚簡》「子西戲尹」（簡166）、「遊戲黃愴」（簡187），和大批與「佶」同出之「戲」。此與「佶」同出之「戲」，如「佶大戲六」（簡91）、「佶戲邦軋」（簡167）、「大佶戲黃敼」（簡170）、「佶戲亢瘇」（簡174）、「佶戲邦遝」（簡175）、「审（中）佶戲少童羅角」（簡180），和「佶戲宎𨏫」（簡186）等。劉信芳將「佶」讀作「造」，指諸官府、職官，周官多官之屬。〔註110〕但此「佶」字，或許與「郜（或佶）室」（簡12、173和192）相關，如「漾陵宮大夫察郜室人某（梅）瘇之典」（簡12），在「漾陵縣」之「郜室」歸「宮大夫」管轄。又如「悢（威）王佶室」（簡173、192），「悢王」爲楚威王，「佶室」，周鳳五疑與祭祀相關，猶漢代「宣室」，爲君王齋戒之所；劉信芳讀如「告室」，告祖之室，亦即祖廟；文炳淳亦認爲是祭祖祈福之所。〔註111〕依照上文對「幼戲」、「𡕥戲」、「𡌏戲」

〔註108〕司馬遷著，楊家駱主編，《新校本史記三家注并附編二種》（臺北：鼎文書局，1984年），頁2916。

〔註109〕王力，《漢語史稿》（北京：中華書局，2001年2月4刷），頁294。

〔註110〕劉信芳，〈包山楚簡職官與官府通考下〉，《故宮學術季刊》，15卷2期，1997年12月，頁159。

〔註111〕周鳳五，〈包山楚簡〈集箸〉〈集箸言〉析論〉，《中國文字》，新21，1996年12月，頁48。劉信芳，〈包山楚簡職官與官府通考下〉，頁159。文炳淳，《包山楚簡所見楚官制度研究》，頁93～94。

之「戲」字考釋，「侜戲」或許爲「漾陵縣」內與「祭祀」相關的區域，「戲」依舊是「縣」下的某種特定區域。

另外，雖然《包山楚簡》「█陵之戲里人石█（紳）」（簡 150）之「戲＋里人」，提供如「漾陵之宮大夫」（簡 126）之「宮＋大夫」，和「臨昜（陽）之宮司馬」（簡 53）之「宮＋司馬」文例，證明「戲」與「宮」同爲「官名前綴」。但「戲」也與「宮」一樣，無法判定此「官名前綴」應被歸類爲「行政區域」或是「官名本身」。又如「剝戲上連囂」（簡 10）、「武陵戲尹」（簡 169）和「子西戲尹」（簡 166），此類「戲」字應被視爲「行政區域」，斷作「剝戲＋上連囂」、「武陵戲＋尹」、「子西戲＋尹」；或視爲「官名本身」，斷作「剝＋戲上連囂」、「武陵＋戲尹」、「子西＋戲尹」。此類例證還有「剝戲連囂（敖）鵬」（簡 163）、「剝戲尹敗」（簡 162）、「郊戲 尹饎之人」（簡 194）、「戲尹」（簡 125）和「膚〔註112〕戲連囂（敖）犚」（簡 191）等。

本節初稿爲〈《包山楚簡》法律文書封建／郡縣權力結構初探〉，發表於「高明教授百歲冥誕紀念學術研討會」（臺北：政治大學中文系，2008 年 10 月 4 日～5 日），當時即已完成將「戲」字釋讀作「列」的推論。爾後，陸續發現譚黎明將「剝尹」理解爲「環列之尹」，執掌宮廷保衛；引《左傳·文公元年》：「穆王立，以其爲太子之室與潘崇，使爲大師，且掌環列之尹」，杜預《注》：「環列之尹，宮衛之官，列兵而環王宮」爲證。〔註 113〕且陳偉等也將「戲」字釋讀作「列」，甚至認爲可再通讀作「連」，有行政區劃名的用法，參見《國語·齊語》：「四里爲連」。〔註 114〕凡此，皆可作爲本文將「戲」字釋讀作「列」的佐證。

其實歸屬「楚縣」支配的行政單位除了上述「寏」、「敔」、「宮」、「戲」，和下文即將討論的「里」、「邑」之外，還有「洛區」。《包山楚簡》「郢洛區湶邑」（簡 3）之「區」字相對單純，「洛」字比較複雜。因爲簡文「洛」同上述「宮」、「戲」，經常作爲「縣級官名前綴」，如「郊洛公蟲」（簡 81～82），「郊洛尹」（簡 128、141、143、179），和「郊洛公」（簡 94）等；但同時有「棄之於大洛」（簡 121），「大洛」即「大路」。所以石泉認爲「洛」是各地負責道

〔註112〕原考釋「膚」借作「盧」，古國名，湖北省南漳縣境內，後入楚，參〈包山二號楚墓簡牘釋文與考釋〉，頁 377。陳偉引《考工記·盧人》，爲製作長兵器秘柄的工匠，膚人之州爲盧工聚集之地，參《包山楚簡初探》，頁 93。
〔註113〕譚黎明，《春秋戰國時期楚國官制研究》，頁 50。
〔註114〕陳偉等編，《楚地出土戰國簡冊（十四種）》，頁 5～6。

路交通之官，〔註115〕但劉信芳卻認為是左尹官署的司法官。〔註116〕

綜上所述，楚國「郡縣權力結構」包含諸多次級單位，如「裛」、「敔」、「宮」、「戜」、「洛」等。由此可見楚國地方行政階級劃分之成熟，同時亦展現其分散楚國權力一體性之威力。雖然受「郡縣」支配的「裛」、「敔」和「戜」等，其領導者地位無法與「封君」比擬，但還是擁有不少自治權。若考慮此「中介階層」的存在，或許朴俸柱所言「楚國縣制直到戰國中後期，也難獲得與秦縣制一樣的一元性和直轄性」相當具有參考價值。〔註117〕戰國時代楚、秦二國的郡縣體制，楚國在各方勢力的牽制下，終至無法像秦國一樣貫徹始終、雷厲風行。

三、《包山楚簡》法律文書所載之「封建」權力結構分析

中國傳統行政體系的「里」、「邑」、「州」，一般皆歸「郡縣」管轄，但是《包山楚簡》法律文書的部分「里」、「邑」和全部的「州」，卻隸屬於「封建權力結構」，下文將分類討論。

（一）「封建」權力結構之「里」與「邑」

「里」、「邑」並無隸屬跡象，並列為中國古代社會的最基層行政單位。

一般認知，「里」通常分布於城市，「邑」通常分布於農村。但陳偉認為「里」的分布並不限於國都，甚至可與「邑」共存一地，如《包山楚簡》簡 83 和 150。〔註118〕但陳絜認為從《包山楚簡》看，楚國實施「城鄉二元」地方體系，城內置里，里上為縣，縣上是否設郡，還有諸多爭論；而鄉村的基層聚落為邑，邑上有敔，敔上置裛，裛轄於縣。〔註119〕宋華強認為「里」本來就專指居住區域，不像「邑」可包括居住區外的土地，所以包山簡中「里」沒有涉及土地內容是很自然，「里」屬於城外之鄉的可能性是不能排除的。〔註120〕

為判斷孰優孰劣，先徵引一些案例於下：

〔註115〕石泉，《楚國歷史文化辭典》（武漢：武漢大學出版社，1996 年），頁 308。
〔註116〕劉信芳，〈包山楚簡職官與官府通考下〉，頁 152。
〔註117〕朴俸柱，〈戰國楚的地方統治體制〉，頁 13～23。
〔註118〕陳偉，《包山楚簡初探》，頁 77～86。
〔註119〕陳絜，〈里耶「戶籍簡」與戰國末期的基層社會〉，《歷史研究》，2009 年 5 期，頁 23～40。
〔註120〕宋華強，《新蔡葛陵楚簡初探》（武漢：武漢大學出版社，2010 年 3 月），頁 345～346。

1. 冬柰之月壬戌之日，鄢（羅）之█（壜）〔註121〕里人湘疯訟羅之廐宭之圣者邑人邔女，胃（謂）殺嗌昜（陽）公會剔（傷）之妾占槩（與）。正泍昇（期）哉（識）之，旦坪爲李（理）。【包83】

2. 邔（正）昜（陽）之酷里人卲巽、𢽐（邦）𨏍（獵）、盤己，邔（正）昜（陽）之牢审（中）獸竹邑人宋贔，█陵之䣈（列）里人石𦅫（紳），貢（貸）徒𥾅（廩）之王金不賽。 徒𥾅（廩）之客苟𣆢内（入）之。白逄（路）公斱（慎），登（鄧）行。【包150】

例 1「羅縣」同時有「壜里」和「廐宭之圣者邑」。例 2「邔（正）昜（陽）縣」亦同時有「酷里」和「牢审（中）獸竹邑」。或許「羅縣」的「壜里」，和「邔（正）昜（陽）縣」的「酷里」，是位於縣內比較繁華的小城鎮；而「羅縣」的「廐宭之圣者邑」，和「邔（正）昜（陽）縣」的「牢审（中）獸竹邑」，是位於縣內比較偏遠的小鄉村；也或者楚國的「里」與「邑」，並無涇渭分明的區隔。

但可以確定的是戰國《包山楚簡》法律文書之「里」與「邑」，皆可同時劃歸於「郡縣權力結構」與「封建權力結構」。

「里」之「縣——里」權力支配例證，如「鄅之己里人青辛」（簡 31）、「安陵（陸）之下隓（隋）里人屈犬」（簡 62），和「緜（繁）丘之南里人葬愼、葬西」（簡 90），其中「鄅」、「安陵（陸）」與「緜（繁）丘」，皆爲「縣」級單位。

且「里」也可爲「封君封邑」的基層組織，如《包山楚簡》「秦競（景）夫人之人鍮（舒）慶坦，㞘（處）陰鄔（侯）之東郭之里」（簡 132），此或許是因爲「陰鄔（侯）封邑」剛從「陰縣」劃分出來，未及更名所致。

「邑」，通常是組織管理耕地和農業人口的最基本單位，黃盛璋分析有作爲行政區劃縣下之邑、邑人、封君之邑、其他單名之邑四種用法。〔註122〕朴俸柱說「楚國諸邑除屬於縣、宭、敔、邑的部份事例外，大體上舊采邑支配體制和舊宗族秩序，仍然殘存於戰國時代」。〔註123〕雖然本文對於「邑」的分類與他們略有不同，但他們分析楚國之「邑」，可同時歸屬於「郡縣」、「采邑」

〔註121〕徐在國引用《玉篇》壜字古文或作壝，參見〈讀楚系簡帛文字編札記〉，《安徽大學學報》，1998 年 5 期，頁 83。

〔註122〕黃盛璋，〈包山楚簡中若干重要制度發覆與爭論未決朱關鍵字解難、決疑〉，頁 198。

〔註123〕朴俸柱，〈戰國楚的地方統治體制〉，頁 13～23。

的立場，與本文完全相同，「邑」既可視爲國家直接控制的地產，亦可視爲貴族財產。

本文將「邑」劃分爲「縣──邑」、「官僚之邑」和「封君之邑」三種型式。

其一，「縣──寁──敔──戡──邑」的權力支配，單純的「縣──邑」支配，如「邾縣」下之「新易（陽）一邑、霝地一邑、礪一邑、鄪一邑、房一邑、佶楮一邑、新佶一邑」（簡149）；「縣──寁──邑」支配，如「羅縣」下之「廡寁之夆者邑」（簡83）；「寁──敔──邑」支配，如「聏寁東敔卲戉」之「笑邑」（簡124）；「戡──邑」支配，如「甝戡（列）」之「邽逪（路）區㴱邑」（簡3）。

其二，「官僚之邑」，如「鷙尹之鄭邑」（簡28）和「司登（禮或倴）之墾（夷）邑」（簡124）；「鄭邑」和「墾（夷）邑」，分別歸「鷙尹」和「司登（禮或倴）」這兩位「官員」所有。比較複雜的是「奮（啻）蘵（苴）之田」包括「六邑」（簡153～154），因此「六邑」皆是王賜給「新大廄」的田邑，故在「六邑」的邑名前皆可補上「大廄之」三字。此類「某官之邑」並非單純的「祿田」，因爲從「鷙尹之鄭邑公遠忻」（簡28）和「司登（禮或倴）之墾（夷）邑人桯甲」（簡124），可見此「官僚之邑」的性質比較近似於「采邑」，因爲「鷙尹」和「司登（禮或倴）」對「邑」具有「治以家宰私臣」的權力，他們可分別擁有自己的私臣「鄭邑公遠忻」和「墾（夷）邑人桯甲」。

其三，「封君之邑」，如「鄝易（陽）君之蒚峯（陞或阮）〔註124〕邑」（簡86）和「蒹陵君之陳泉邑」；「蒚峯（陞或阮）邑」和「陳泉邑」，分別歸「鄝易（陽）君」和「蒹陵君」這兩位「封君」所有。而「鄝寁（域）礪敔㪍（鄩）君之泉邑」（簡143）之「泉邑」，實際仍歸「㪍（鄩）君」所有，只是「㪍（鄩）君」的封邑「泉邑」，是從「鄝寁（域）礪敔」劃分出來。

（二）「封建」權力結構之「州」

「州」，羅運環認爲若是在「州」前冠上「人名」和「官名」，都是一種「食稅州」。食稅者沒有土地占有權及民政、司法權，因爲「州」直屬於中央

〔註124〕吳振武，〈鄂君啓節騎字解〉，頁 273～292；陳劍，〈試說戰國文字中寫法特殊的「元」和從「元」諸字〉，頁 152～182。

王朝，爲特別的民戶編制。〔註125〕陳偉繼而提出帶有官名的「州」，很可能就是官員俸祿，戰國封君往往任有官職，封君之州就是出任官職的俸邑，分部於楚都一帶，與《周禮》采邑之地似可類比。〔註126〕顏世鉉認爲這些州名前往往屬人不屬地，故也認定「州」爲這些人的俸邑。〔註127〕陳絜認爲楚都之「州」，是特殊形式的「里」；貴族之「州」，其實大部分是封君、官吏及普通貴族，在楚國王都京宅所在之社區，類似於漢代的「郡國邸」。〔註128〕

下文參照顏世鉉說法，將《包山楚簡》法律文書的「州」，區分爲「封君之州」、「地方官員之州」和「中央職官或機構之州」。「封君之州」，如《包山楚簡》「邸昜（陽）君之州」（簡27、32），以及「鄟君之耆州」（簡68）。「地方官員之州」，如「𨚔司馬之州」（簡22、30），和「𨚔司馬豫之州」（簡24）。「中央職官或機構之州」，如「宣王之𡥈（窀）州」（簡58），〔註129〕和「司衣之州」（簡89）。

但「州」僅爲「封君」、「地方官員」和「中央職官或機構」的「食稅州」或「俸邑」嗎？以「封君之州」和「地方官員之州」爲例，皆曾出現「州加公」、「州里公」和「州里人」等職官，如下述二例：

1. 八月癸栖（酉）之日，邸昜（陽）君之州里公登（鄧）嬰受期，乙亥之日，不以死於其州者之䇟（察）告，阩（登）門（聞）又（有）敗。　正邸塙。【包27】

2. 八月己巳之日，𨚔司馬之州加公李瑞、里公隋昋（得）受期，辛未之日，不䇟（察）墜（陳）㝵頡之剔（傷）之古（故）以告，阩（登）門（聞）又（有）敗。　羄（羅）悝（狂）。〔註130〕【包22】

〔註125〕羅運環，〈包山楚簡中的楚國州制〉，《江漢考古》，1991年3期，頁75～78。

〔註126〕陳偉，《包山楚簡初探》，頁87～93。

〔註127〕顏世鉉，《包山楚簡地名研究》，頁261～271。

〔註128〕陳絜，〈里耶「戶籍簡」與戰國末期的基層社會〉，《歷史研究》，2009年5期，頁23～40。陳絜，〈竹簡所見戰國時期楚地居民的里居形態〉，「楚簡楚文化與先秦歷史文化國際學術研討會」，武漢大學舉辦，2011年10月29日～31日。

〔註129〕李家浩，〈談清華戰國竹簡《楚居》的「夷𡨥」及其他——兼談包山楚簡的「埤人」等〉，《清華大學藏戰國楚簡壹國際學術研討會論文集》，清華大學出土文獻研究與保護中心，2011年6月；又見《出土文獻》第二輯（上海：中西書局，2011年11月），頁55～66。

〔註130〕白於藍，〈包山楚簡文字編校訂〉，《中國文字》，新25期，1999年12月，頁196。

顧久辛認爲「州加公」等是「州」的行政長官。〔註131〕陳偉將「里」讀爲「理」或「李」，爲「州」、「里」中司掌治安的官吏。〔註132〕劉信芳將「加」讀爲「家」，「家公」爲私官。〔註133〕陳絜認爲「加公」，可能爲「父老」的地方性稱謂，「州里公」與「里公」爲設於「州」、「里」的「里正」。〔註134〕

　　從「封君之州」和「地方官員之州」出現「州加公」和「州里公」等職官，依照陳偉、劉信芳的釋讀，「州加公」、「州里公」可分別釋讀作「州加（家）公」和「州里（理）公」，是「封君」和「地方官員」的私臣，皆負責審理司法案件。因爲「封君」和「地方官員」在其所轄「州」內，賦有「治以家宰私臣」的人事權，所以推測「封君之州」和「地方官員之州」，應非僅是單純的「俸邑」，反較近似於劉信芳所言「州絕大多數是貴族封邑」。〔註135〕

　　而「中央職官或機構之州」，如：

1. 東周之客膚（許）䢜遝（歸）作（胙）於藏郢之歲（歲），九月戊午之日，宣王之𡉚（宨）州人苛戅、登公𢽔（䠪）之州人苛瘉、苛𤶬以受宣王之𡉚（宨）市之客苛适。執事人早莫（暮）救〔註136〕适，三受不以出，陟（登）門（聞）又（有）敗。【包58】

2. 八月乙栖（酉）之日，逐乙訟司衣之州人苛䰞，胃（謂）取其妾嫰（嬿）。〔註137〕秀齊䜋（識）之，鄆是嬰（與）爲李（理）。【包89】

陳偉認爲例1是宣王王陵之俸邑；例2爲掌管楚王或王室服裝官員的俸邑。〔註138〕黃錫全、林澐、何琳儀等都認爲例1之「𡉚（宨）」，即「窀穸」之「窀」，爲厚葬大墓，可能是楚肅王等埋葬之地。但陳偉等讀爲「屯」，戍守義。〔註139〕

〔註131〕顧久辛，〈楚國地方基層行政機構探討〉，《江漢論壇》，1993年7期，頁59。

〔註132〕陳偉，《包山楚簡初探》，頁90～91。

〔註133〕劉信芳，〈包山楚簡職官與官府通考上〉，頁60。

〔註134〕陳絜，〈包山簡「州加公」、「州里公」身分述論〉，劉澤華編，《中國思想與社會研究》（北京：中國社會科學出版社，2009年），頁204～214。

〔註135〕劉信芳，〈包山楚簡職官與官府通考上〉，頁60。

〔註136〕陳偉讀爲「求」，參見《包山楚簡初探》，頁48。

〔註137〕劉釗，〈包山楚簡文字考釋〉，頁56。

〔註138〕陳偉，《包山楚簡初探》，頁93。

〔註139〕黃錫全，《湖北出土商周文字輯證》，頁194。林澐，〈讀包山楚簡箚記七則〉，《江漢考古》，1992年7期，頁83。何琳儀，〈包山竹簡選釋〉，頁56。陳偉等，《楚地出土戰國簡冊（十四種）》，頁32。

近來，李家浩認爲「坉人」，即《睡虎地秦簡‧法律答問》中的「旬人」，其職掌爲「守孝公、獻公冢者也」（簡190），他認爲「坉（從「屯」聲，定母文部）」和「旬（定母眞部）」都應讀爲「陵（來母蒸部）」，三字可通假，聲母都是舌音，韻母蒸部可與眞、文二部相通，例證如新出《清華簡‧楚居》的「夷
𠂤」，即古書中的「夷陵」。〔註140〕參照上述「宣王之坉（陵）州人」和「司衣之州人」，「中央職官或機構之州」皆可設置「州人」。故陳偉即便將「州」視爲「俸邑」，但也不反對「州」可與《周禮》之「采邑之地」相類比，因爲「封君」、「地方官員」、「中央職官或機構」，對其所管轄的「州」，皆擁有相對獨立之人事任命權。

綜上所述，楚國「里」、「邑」皆包含「郡縣」與「封建」兩種權力支配模式。而楚國部分的「里」、「邑」（不歸「郡縣體制」管轄的部分）和全部的「州」，雖然大部分學者將之歸爲「俸邑」，但其屬性似乎更近似於「采邑」或「封地」，即戰國時代楚「封君」並非如西漢武帝時的「封君」，「惟得衣食租稅，不與政事」（《漢書‧諸侯王表》）；楚「封君」仍保留一些西周封建諸侯王才有的自治權。

四、小 結

本文使用「封建／郡縣」相互辯證的敘述模式，首先闡明「封建／郡縣」各是如何實踐權力支配，其次再觀察上述兩種權力支配如何在競爭中取得平衡，讓整個楚國地方行政系統，於最終取得相對穩定的雙贏局面。

「權力」的概念，可概分成「從事……的權力」與「施諸……的權力」，前者重視「能力」，後者強調「關係」。〔註141〕本文無論是探討「封建／郡縣」之權力版圖消長，或是分述「縣——寏（域）——敔」、「縣——戡（列）」、「縣——邑」、「縣——里」、「封君——邑」、「封君——里」的權力支配模式，皆較傾向於以「施諸……的權力」之「關係」角度切入。其實闡述「權力」執行的目的，除了可採取賴特‧米爾斯（Wright Mills）的現代批判立場，認爲「權力支配」必犧牲「權力客體」利益，進而主張將「權力客體」地位提高

〔註140〕李家浩，〈談清華戰國竹簡《楚居》的「夷𠂤」及其他——兼談包山楚簡的「坉人」等〉，頁55～66。

〔註141〕史蒂芬‧路克斯（Steven Lukes），《權力——基進觀點》（臺北：商周出版社，2006年11月9日），頁111～112。郭秋永，〈權力概念的解析〉，《人文及社會科學集刊》，18卷2期，2006年6月，頁215～267。

至中心位置。〔註142〕或許還可重回《包山楚簡》法律文書所處的歷史情境，同時以「從事……的權力」之「能力」角度，闡釋當時楚國政權結構形成之必然。

換言之，我們並非否認社會學「衝突論」對「結構功能論」太過強調價值認同的批判。在權力取得過程中，武力還是位居決定性角色，但是「馬上得天下」後，就勢必參酌「結構功能論」以治理天下。譬如權力是用來贏得服從的一種符號式工具，讓「權力主、客體」間達到協同是必要的，此協同是建立在「集體資源」的基礎上，為使「集體目標」得以實現，權力資源只好集中於「權力主體」，此資源控制的不均等即是「權力關係」的基礎。以社會代理人角度而言，「權力」為系統財富，而非個人或集團間的不平等關係。〔註143〕上述將「權力」視為一種「能力」，或是當權者特有的「權利」，以今日民主眼光檢驗非常不當，但卻頗契合《包山楚簡》法律文書所處之時空背景，正值由「分割性權力」向「一體性權力」轉變的大時代趨勢。因為當時楚國「國君」若非如是行動，楚國「封君」何以願意妥協，讓出大部分權力與楚國王室，讓「郡縣」得以擴展其權力版圖。

當然本文在傳達楚國政權亟力邁向「權力結構一體化」時，同樣企圖展現楚國「封君」亦可作為「權力主體」，與「楚王」相互抗衡的深厚實力。一般認為秦漢帝國的建立是我國「郡縣結構一體化」的開端，但是如錢賓四所述「漢高初興，異性諸侯王國凡九國，外託君臣，內實為敵國，是經過一系列的改革，嗣武帝用主父偃謀推恩眾建，中央集權之基礎乃大定」。〔註144〕其實西漢初從劉邦至呂后的政權結構究竟如何？歷來眾說紛紜，近期陳蘇鎮推測漢朝是採用「郡國並行」，即在要求中央直轄郡縣奉漢法以治的同時，也允許或默許東方王國不用漢法，從俗而治。〔註145〕爾後，《張家山漢墓竹簡》為其立論提供佐證，譬如《二年律令·秩律》不見千石以下王國官，《奏讞書》也都出自漢朝直轄郡縣等，可推斷西漢初年的法律只在直轄地區普遍適用。〔註146〕漢初郡

〔註142〕丹尼斯·朗（Dennis H.Wrong），《權力：它的形式、基礎和作用》（臺北：桂冠圖書股份有限公司，2000 年 3 月 2 刷），頁 363。

〔註143〕丹尼斯·朗（Dennis H.Wrong），《權力：它的形式、基礎和作用》，頁 194、363～367、371～373。

〔註144〕錢穆，《秦漢史》（臺北：東大圖書公司，1985 年），頁 257～261、279～280。

〔註145〕陳蘇鎮，《漢代政治與春秋學》（北京：中國廣播電視出版社，2001 年），頁 66～98。

〔註146〕陳蘇鎮，〈漢初王國制度考述〉，《中國史研究》，2004 年 3 期，頁 27～40。

縣尚無法支配王國，遑論更早期戰國時的楚國。但封建王國之「中間力量」一定不好嗎？它雖然會分散「權力集體資源」，但托克維爾（Alexis de Tocqueville）也贊成此貴族階級存在，因為他們絕對是王權的制衡力量，相當民主制度的地方政府、政治社團或法律等。〔註147〕若以此說評價《包山楚簡》法律文書之「封君」勢力，和郡縣體制中的「㝬（域）、敔、宮、戲（列）」等「中介力量」，其重要性就不言可喻了。

第二節　戰國秦漢出土法律文獻所載「舍人」身分的雙重歸屬〔註148〕

　　我們熟知的許多文學家都曾擔任「舍人」，如唐代詩人白居易、元稹、杜牧，還有宋代大文豪蘇東坡等。但同為「舍人」，其在不同時代的社會地位和社會功能都大不相同，研究時不能僅以名稱出現為據，而應從其職務性質進行理解。本文將「舍人」的材料限定於戰國秦漢初年簡牘，包括戰國楚懷王時的《包山楚簡》法律文書、《上海博物館藏戰國楚竹書（四）‧柬大王泊旱》、戰國秦至秦帝國的《睡虎地秦墓竹簡》、以及漢初的《張家山漢墓竹簡》等等。

　　「舍人」，始見於先秦傳世文獻，戰國時期「士」的總量驟然劇增，且「士階層」的流品日益複雜，「舍人」即是其中一類。〔註149〕裘錫圭曾分析戰國時代家庭成員除「家長」外，還有「眷屬子弟」、「臣妾」、「徒役」和「賓客」，且在「封君」、「官僚」的家庭裡，還有一種稱作「舍人」的家臣。〔註150〕「舍人」，有時是王公貴族的侍從賓客，有時是國君、太子的親近屬官；有時是「私臣」，有時是「公職」；此即本文所謂的「雙重身份歸屬」。沈剛曾撰文推論「戰國時期舍人服務於私門具有私屬身分，不具有職官性質」、「到了秦代，一般的國家官吏也有舍人，地方郡縣兩級官吏均有自己的舍人」、「秦漢之際的混

〔註147〕黃維幸，《法律與社會理論的批判》（臺北：時報文化，1991年11月），頁53～54。

〔註148〕本節初稿為〈從戰國秦漢簡牘看「舍人」制度的演變〉，發表於「國科會97年度研究計畫——楚系簡帛文字字典基礎工程」成果發表會（新竹：玄奘大學中國語文學系，2009年6月27日）。

〔註149〕余英時，〈古代知識階層的興起與發展〉，《中國知識人之史的考察》（桂林：廣西師範大學出版社，2004年4月），頁73。

〔註150〕裘錫圭，〈戰國時代社會性質試探〉，《古代文史研究新探》（南京：江蘇古籍出版社，2000年1月2刷），頁388～409。

亂爲舍人從私屬家臣性質轉變爲國家官吏提供一個契機」等。〔註151〕說明戰國秦漢，「舍人」正逐漸由「私臣」轉型爲「公職」，與中國古代「官僚體制」的發展時程相契合。本節擬從「舍人身份之雙重歸屬」的角度切入，觀察中國古代的「家長制式統治」，如何透過郡吏與郡縣，完成向「家產制統御」的制度變遷。〔註152〕沈剛所歸納的結論，在考慮更多的新出材料後，是否仍有待斟酌的空間。

　　本文最要緊卻也是最困難的地方，乃是依照出土簡牘所提供的案例情境，判斷「舍人」應該歸屬於「私臣」或是「公職」。此可參考「周代家臣」的相關研究，因爲「家臣」無論從名稱或是職務考量，皆明顯具有仿效公室官吏設置的特點。且他們的職責不僅管理卿大夫家務和宗族事務，還要管理卿大夫的采邑領土和人民，後者明顯具有社會公共事務的管理職能。〔註153〕本文認爲「家臣」身分權屬的判定，除了「名稱」、「職掌」外，還應包括「舍人」自身或當時社會對「舍人」這個「角色或職位」的期待，如據「家臣不敢知國」（《左傳‧昭公二十五年》），推測家臣只受卿大夫支配，不聽命於國君，應判定爲「私臣」。但是春秋中晚期以後，情況開始轉變，如晉國卿大夫的「家臣」逐漸身兼「公職」，此乃導因於「公族的衰落」、「姬姓親族及異姓卿大夫的崛起」，和「縣制的推行以及縣制的不完善」。〔註154〕簡言之，春秋以降，王權下移，政在家門，少數卿大夫家室實力超過公室，他們與國家政權已無實質區別，何謂「私」？何謂「公」？「公」、「私」之間如何劃分？如國君直屬縣邑，隨著君權逐漸下移，縣邑公有色彩逐漸淡化，主政的卿大夫委託家臣擔任縣大夫，那這位升任縣大夫的家臣，便同時兼具卿大夫「私臣」和國家「公職」兩種身分。本文即是將「舍人」置於此歷史脈絡中，進行「身份權屬」的考察。

　　依照前人研究，「舍人」從「私臣」轉化爲「公職」的歷程中，可一併觀察的現象有二，一是「舍人」與「主人」間是否有血緣關係？因爲春秋戰國的重要變革之一，就是破除血緣身分制度，由官僚集團取而代之。官僚集團

〔註151〕沈剛，〈戰國秦漢時期舍人試探〉，《南都學壇》，第 24 卷第 5 期，2004 年 9 月，頁 5～8。

〔註152〕東晉次，〈秦漢帝國論〉，《日本學者研究中國史論著選譯二》（北京：中華書局，1993 年 10 月），頁 334。

〔註153〕邵維國，〈周代家臣制述論〉，《中國史研究》，1999 年 3 期，頁 39～50。

〔註154〕楊小召，〈春秋中後期晉國卿大夫家臣身分的雙重性〉，《中國史研究》，2009 年 1 期，頁 19～30。

看重的是行政能力，而非血緣出身。二是「舍人」和「主人」間的結合，是屬於何種權力結構？是西嶋定生提出的「家長式的家內奴隸制」；或是增淵龍夫、守屋美都雄所說的「任俠性的人際結合關係」。〔註155〕兩者的差別在於後者具有相互平等的信賴感，是以才能發揮職能。又或者其實他們之間僅是「主賣官爵，臣賣智力」（《韓非子‧外儲說右下》）的「契約關係」呢？〔註156〕

一、戰國秦漢簡牘所載「舍人」身分的雙重歸屬

（一）《睡虎地秦墓竹簡》之「舍人」

1. 邦中之繇及公事官（館）舍，其假公，假而有死亡者，亦令其徒、**舍人**任其假，如從興戍然。 工律【秦律十八種 101，44】

2. 使者（諸）侯、外臣邦，其邦徒及僑吏不來，弗坐。」可（何）謂「邦徒」、「僑使」？‧徒、吏與偕使而弗爲**私舍人**，是謂「邦徒」、「僑使」。【法律答問 180，136】

上述二例皆出自法律條文，可見當時「主人」和「舍人」間的法律關係獲得國家認同。〔註157〕從例1可知「主人」和「舍人」間有「連坐」責任，「舍人」得代替已故「主人」償還借用的公器或參加屯戍。更可貴的是例2「私舍人」一詞，證明當時與使臣出使諸侯國的隨從，除了「邦徒」、「僑使」之外，還包括使臣的「私舍人」，此乃隸屬於使臣的「私臣」，並非國家「公職」。

戰國秦與「舍人」相關的傳世文獻記錄，如縱橫家張儀手下的「私舍人」，竟可憑三寸不爛之舌阻止戰爭發生，見「……齊果舉兵伐之，梁王大恐。張儀曰：『王勿患，請令罷齊兵。』乃使其**舍人**馮喜之楚，藉使之齊……」（《戰國策‧卷九齊二‧張儀事秦惠王》）。且當時「主人」與「舍人」間相處考量的是「利益」，所以當張儀貧困時，舍人甚至想因此遠離其門下，見「張儀之楚，貧。**舍人**怒而歸」（《戰國策‧卷十六楚三‧張儀之楚貧》）。

而秦帝國與「舍人」相關的傳世文獻記錄，如李斯和嫪毐皆曾任呂不韋

〔註155〕西嶋定生，〈關於中國古代社會結構特質的問題所在〉；谷川道雄，〈中國社會構造的特質與士大夫的問題〉，二文皆出自《日本學者研究中國史論著選譯（二）》（北京：中華書局，1993年10月），頁18～25、178～179。

〔註156〕「契約關係」參考林啟屏，〈從五口之家的新社會基礎論商鞅韓非支配格局的建立〉，《臺大中文學報》，11期，1999年5月，頁38～39。

〔註157〕沈剛，〈戰國秦漢時期舍人試探〉，頁5～8。

門下的「私舍人」，參「呂不韋恐覺禍及己，乃私求大陰人嫪毐以爲**舍人**」（《史記・呂不韋列傳》）。且李斯和嫪毐門下的「私舍人」勢力龐大，如「諸客求宦爲嫪毐**舍人**千餘人」（《史記・秦始皇本紀》），比起當年權傾一時的呂不韋，可說是有過之而無不及，難怪日後秦始皇會對李斯、嫪毐及其門下舍人趕盡殺絕。

（二）《張家山漢墓竹簡》之「舍人」

1. 御史請諸出入津關者，皆入傳，書郡、縣、里、年、長、物色、疵瑕見外者及馬職（識）物關**舍人**占者，津關謹閱，出入之。縣官馬勿職（識）物。【二年律令・津關律498，312～313】

2. ……舉關求毋微物以得之，即收訊人豎子，及**貫市者舍人**、人臣僕、僕隸臣、貴大人臣不敬愿、它縣人來流庸（傭），疑爲盜賊者，**徧**（遍）視其爲謂即（節）薄（簿）、出入所以爲衣食者，謙（廉）問其居處之狀，弗得。……【奏讞書二十二205～207，377～382】

3. ……（擊長）蒼曰：故爲新郪信**舍人**，信謂蒼：武不善，殺去之。蒼即與求盜大夫布、**舍人**簪裊餘共賊殺武于校長丙部中。丙與發弩贅荷（苛）捕蒼，蒼曰爲信殺，即縱蒼，它如劾。

   ・信曰：五月中天旱不雨，令民**罫**，武主趣都中。信行離鄉，使**舍人**小簪裊**逪**守舍。武發**逪罫**。信來不說，以謂武，武据（踞）**不趣**（跪），其應對有不善。信怒，扼劍鷟（罵）詈，欲前就武，武去。居十餘日，信**舍人**萊告信曰：武欲言信丞相、大（太）守。信恐其告信，信即與蒼謀，令賊殺武，以此不窮治甲之它。它如蒼……【奏讞書十六80～84，354～358】

4. ・七年八月己未江陵忠言：醴陽令恢盜縣官米二百六十三石八斗。恢秩六百石，爵左庶長。恢曰：誠令從史石盜醴陽已鄉縣官米二百六十三石八斗，令**舍人**士五（伍）興、義與石賣，得金六斤三兩、錢萬五千五十，罪，它如書。……」【奏讞書十五69～71，352～354】

例1的「舍人」，楊建認爲是官員私屬，或指有官府事務者的隨從。「占」

是登記、申報。旨在陳述由御史奏請，對出入津關者進行檢查的規定。〔註158〕

例2～4是依照年代排列。

例2發生於秦王政六年，紀錄公士孔的士伍武竊盜傷婢，舉關破案的經過。舉關在案情膠著時，曾收訊「人豎子」、「賈市者舍人」、「人臣僕」、「僕隸臣」、「貴大人臣」，和它縣來的「流庸（傭）」等疑爲盜賊者。「豎子」，《國語·楚語》注：「豎，未冠者也」。「人臣僕」即私奴婢。「僕隸臣」是附屬於官府的官奴婢。「貴大人臣」爲貴大人（諸侯）的奴，大概是大戶人家的私人隨從。〔註159〕原釋文「乘庸（傭）」，依照蔡萬進改釋讀作「流庸」，《漢書·昭帝紀》：「**流庸**未盡還……」，顏師古《注》：「流庸，謂去其本鄉而行爲人庸作」。〔註160〕其中「賈市者舍人」一句，不從高恒斷讀作「賈市者、舍人」，〔註161〕而是斷句作「賈市者舍人」，「賈市者」即「舍人」。因若是將「賈市者」與「舍人」斷開，「賈市者」指的是商人，縱使社會地位不高，但仍爲四民階級，毫無與本案其他被收訊者，如「豎子」、「人臣僕」、「僕隸臣」、「貴大人臣」、「流庸（傭）」等「附屬人口」並置的道理。而本案「賈市者舍人」之「舍人」，推測乃地方上有勢力坐賈商販之私屬。

例3發生於漢高祖六年，紀錄關內侯信命其故舍人蒼殺獄史武。漢律記載舍人時，有時會加上爵稱，如本案的「舍人簪裊餘」和「舍人小簪裊造」。「簪裊」是二十等爵之一。〔註162〕「小簪裊」是小爵簪裊的簡略說法，「小爵」或許指未傅籍成人者佔有的爵位。〔註163〕本案「舍人」可幫主人殺人，如「關內侯信命其故舍人蒼殺獄史武」。幫主人看守房子，如「守舍信行離鄉，使舍

〔註158〕楊建，〈張家山漢簡《二年律令·津關令》簡釋〉，《楚地出土簡帛文獻思想研究》（武漢：湖北教育出版社，2002年12月），頁328～329。

〔註159〕飯島和俊，〈秦漢交替期の催傭關係〉，（日本）唐代史研究會編《唐代史研究》第3號，2000年6月，頁37。

〔註160〕張家二四七號漢墓竹簡整理小組編，《張家山漢墓竹簡》（北京：文物出版社，2001年11月），頁230。蔡萬進，《張家山漢簡奏讞書研究》（桂林：廣西師范大學出版社，2006），頁29。

〔註161〕高恒，《秦漢簡牘中法制文書輯考》（北京：社會科學文獻出版社，2008年9月），頁402。

〔註162〕二十等爵爲「侯（徹侯、關內侯）、卿（大庶長、駟車庶長、大上造、少上造、右更、中更、左更、右庶長、左庶長）、大夫（五大夫、公乘、公大夫、官大夫、大夫）、士（不更、簪裊、上造、公士）」。

〔註163〕劉敏，〈張家山漢簡「小爵」臆解〉，《中國史研究》，2004年3期；又見《張家山漢簡二年律令研究文集》（桂林：廣西師範大學出版社，2007年6月），頁94～104。

人小簪裊迿守舍」。幫主人通風報信,如「信舍人萊告信曰:武欲言信丞相、大(太)守。」

例 4 發生於漢高祖七年,紀錄體陽令恢,其官秩六百石,爵位左庶長,竟盜縣官米二百六十三石八斗,再令其舍人士五(伍)興、義與石賣,得金六斤三兩、錢萬五千五十。本案「舍人」興、義、石三人,皆為「士伍」,沒有爵位,〔註164〕其工作為幫主人將非法所得的米糧轉賣獲利。

漢初傳世文獻之「舍人」有多重身分歸屬,或歸屬於皇帝,如「高祖為沛公,以噲為<u>舍人</u>」(《史記・樊酈滕灌列傳》)。或歸屬於宰相,如「蕭何薨,參聞之,告<u>舍人</u>趣治行……」,顏師古《注》曰:「舍人猶家人也,一說私屬官主家事者也」(《漢書・蕭何曹參傳》)。或歸屬於地方郡守,如「南陽守欲自剄,其<u>舍人</u>陳恢曰:『死未晚也。』」顏師古《注》曰:「舍人,親近左右之通稱也,後遂以為私屬官號」(《漢書・高帝紀》)。

隨著西漢帝國體制的漸趨完善,國家對舍人的管理也應愈趨規範,如加強對私門舍人的管理,和開始在國家職官體系中安插舍人。沈剛認為此時舍人正逐漸從家臣性質演化成國家職官。〔註165〕但據上述漢初《張家山漢墓竹簡》所載「舍人」的分析結果,其為「私門舍人」的可能性仍大於「國家官吏」。其身份可能是二十等爵之一的「簪裊」,也可能是沒有爵位的「士伍」;負責工作相當多元,可幫主人提供生活服務,也可幫主人從事非法勾當。

二、戰國楚簡所載「舍人」身分的雙重歸屬

(一)戰國楚簡與「舍人」身分相關之「舍」字考釋

戰國楚簡與「舍人」相關之「舍」字,分見於《包山楚簡》法律文書和《上海博物館藏戰國楚竹書(四)・柬大王泊旱》。茲先將相關字形羅列於下表,文例中的「舍」字暫時以△代替:

字　形	文　例	出　處
𦥑	中△	包 18〔註166〕

<hr>

〔註164〕劉海年,〈秦漢「士伍」的身分與階級地位〉,《戰國秦代法制管窺》(北京:法律出版社,2006 年 3 月),頁 313～321。

〔註165〕沈剛,〈戰國秦漢時期舍人試探〉,頁 5～8。

〔註166〕本節所有表格中的「引用書目簡稱」,請參見本論文「簡稱表」的附錄。

(字形)	中△	包 145
(字形)	△人	包 145 反
(字形)	中△	柬 9
(字形)	中△	柬 10
(字形)	中△	柬 15

　　《包山楚簡》簡18，周鳳五認爲「中舍」即官名，楚王宮中的舍人之官。〔註167〕劉信芳也作「中舍」，但認爲「䣄」字，非原報告所隸定的「酴」，曾改釋作「䣄」、「餘」和「醾」。〔註168〕其實「䣄」，依照原釋文隸定作「酴」即可，因爲「䣄」字左部明顯從「酉」，可參考《包山楚簡文字編》1395號「酉」字。〔註169〕

　　《包山楚簡》簡145正、反，右半從「余」沒有爭議，左半有從「害」、「巫」、「舍」或「晉」諸說，從「舍」於字形無據，至於從「害」或從「巫」，則必須經過字形檢驗方能確認。此字曾疑從「害」，是因爲劉釗、何琳儀將《包山楚簡》「（字形）」（簡219）釋「害」；〔註170〕所以本文將《包山楚簡》與此部件相關之「（字形）」、「（字形）」、「（字形）」、「（字形）」、「（字形）」、「（字形）」諸字，同列下表「包山待考字」中一併考慮。

　　《包山楚簡》其他從「害」部件之字都作人名或地名使用，作爲證據比較薄弱，如「競（景）不割（害）」（簡121、122），「罕（字形）（賠）尹栖糖」（簡140），「顓宮大夫䜴公遽（魯）期」（簡47），「邵無戠（害）之州人鼓鼗、張怵」（簡95）等。故增列《郭店楚墓竹簡》和《上海博物館藏戰國楚竹書》確定從「害」部件之字作爲佐證。〔註171〕

〔註167〕周鳳五，〈包山楚簡〈集著〉〈集箸言〉析論〉，《中國文字》，新21，1996年12月，頁39～40。

〔註168〕劉信芳，〈包山楚簡職官與官府通考（上）〉，《故宮學術季刊》，15卷1期，1998年，頁63～64。劉信芳，〈竹書《柬大王泊旱》試解五則〉，簡帛研究網，2005年3月14日，http://www.jianbo.org/admin3/2005/liuxinfang001.htm。

〔註169〕張光裕、袁國華，《包山楚簡文字編》（臺北：藝文印書館，1992年11月），頁410。

〔註170〕劉釗，〈包山楚簡文字考釋〉，《東方文化》，1998年1～2期，頁60。何琳儀，〈包山竹簡選釋〉，《江漢考古》，1993年4期，頁60。

〔註171〕孫飛燕，〈害字小議〉，簡帛網，2008年4月22日，http://www.bsm.org.cn/show_article.php?id=821。

　　戰國楚簡從「巫」部件之字，則可參考《郭店楚簡・緇衣》子曰：「宋人有言曰：『卜{符}（筮）也，其古之遺言{與}（與）？龜{符}（筮）猷（猶）弗智（知），而皇（況）於人{啻}（乎）？』」之「{符}」和「{啻}」（簡45～46）。〔註172〕以及《上海博物館藏戰國楚竹書（三）・周易》：「比：備（邊）{符}（筮），元羕（永）貞，吉，亡（无）咎」之「{符}」（簡9）。〔註173〕

出　處	字　形
包山 待考字	{字}包145、{字}包145反、{字}包219、{字}包219、{字}包244、{字}包82、{字}包137反。{字}包125。{字}包118、{字}包132、{字}包牘1。
包山 從「害」部 件之字	{字}包121、{字}包122、{字}包140。{字}包47。{字}包95。
郭店「害」	{字}1.3.4、{字}16.21、{字}1.1.4、{字}9.30、{字}11.61、{字}12.33、{字}1.1.28
上博「害」 或從「害」 部件之字	{字}詩7、{字}詩8、{字}詩10、{字}詩16、{字}詩16、{字}詩17、{字}性31、{字}昔3、{字}中20、{字}中22、{字}東13、{字}曹9、{字}曹10、{字}競建1、{字}競建1、{字}競建5、{字}競建9、{字}競建13、{字}鮑6、{字}鮑8、{字}姑4、{字}姑6、{字}姑8、{字}弟13、{字}孔季6、{字}莊2
楚簡 從「巫」部 件之字	{字}、{字}3.46、{字}周9

　　經過上表字形比對，可知《包山楚簡》簡145正、反等「包山待考字」，應是「巫」字或從「巫」部件之字，因爲它們和《包山楚簡》、《郭店楚簡》以及《上海博物館藏戰國楚竹書》，確定從「害」部件之字的寫法迥然有別。若此，則「包山待考字」之「{字}」、「{字}」、「{字}」、「{字}」等，皆可隸定作「{字}」或「{字}」，辭例皆爲姓氏，分別是「{字}快」（簡82）、「東敓公{字}瘅」（125）、「攻尹{字}鹽」（118）、「{字}寅」（牘1），「{字}慶」（137反）。而「{字}」（簡219）和「{字}」

〔註172〕劉釗，《郭店楚簡校釋》（福州：福建人民出版社，2003年12月），頁51。
〔註173〕季旭昇主編，《上海博物館藏戰國楚竹書（三）讀本》（臺北：萬卷樓圖書股份有限公司，2005年10月），頁24～26。

（簡 244）則釋「巫」，辭例分別爲「叔（且）爲巫緟██，速巫之」，〔註174〕
和「██禱巫」。

　　《上博四・柬大王泊旱》簡 9～10、13+15 的「█」字可隸作「舍」，陳
斯鵬、劉信芳和周鳳五都認爲與上述《包山楚簡》辭例相類，釋讀作「中舍」。
〔註175〕但是陳偉、王准等卻釋讀作「中謝」或「中射」。〔註176〕

　　無論《包山楚簡》「中█」（簡 18）、「中█」（簡 145）、「█人」（簡 145
反），和《上博四・柬大王泊旱》的「中█」（簡 9～10、13+15），它們皆從
「余」部件。若能證明楚簡「余」、「舍」爲一字分化，或是從「余」部件
之字可通假作「舍」，則上述所舉楚簡辭例皆可逕作「舍人」或「中舍」理
解。

1. 「舍」、「余」之字形比對

　　爲證明古文字「余」、「舍」二字的關係，下表先依次羅列《金文編》、《包
山楚簡》、《郭店楚簡》、《上海博物館藏戰國楚竹書》等材料所提供「舍（舍或
奢）」字與「余」字的字形比對：〔註177〕

《金文編》857 號「舍」	《金文編》113 號「余」
█令鼎、█克鼎、█毛公層鼎、	█令鼎、█克鼎、█毛公層鼎
█居簋、██配兒鈎鑃	█居簋、██配兒鈎鑃

〔註174〕劉信芳，《包山楚簡解詁》（臺北：藝文印書館，2003 年），頁 232～234。

〔註175〕陳斯鵬，〈《柬大王泊旱》編聯補議〉，簡帛研究網，2005 年 3 月 10 日，
　　　　http://www.jianbo.org/admin3/2005/chensipeng002.htm。劉信芳，〈竹書《柬大
　　　　王 泊 旱 》 試 解 五 則 〉，簡 帛 研 究 網，2005 年 3 月 14 日，
　　　　http://www.jianbo.org/admin3/2005/liuxinfang001.htm。周鳳五，〈上博四《柬
　　　　大王泊旱》重探〉，《簡帛》第一輯（上海：上海古籍出版社，2006 年 10 月），
　　　　頁 119～135。

〔註176〕陳偉，〈《簡大王泊旱》新研〉，《簡帛》第二輯（上海：上海古籍出版社，2007
　　　　年 11 月），頁 267。王准，〈上博四《柬大王泊旱》中的祈雨巫術及相關問題〉，
　　　　《江漢論壇》，2008 年 5 月，頁 109。

〔註177〕容庚，《金文編》（北京：中華書局，1998 年 11 月 6 刷）。張光裕、袁國華，
　　　　《包山楚簡文字編》（臺北：藝文印書館，1992 年 11 月），頁 196、45。張光
　　　　裕、袁國華，《郭店楚簡研究第一卷文字編》（臺北：藝文印書館，1999 年元
　　　　月），頁 351～352。

《包山楚簡文字編》532 號「舍」	《包山楚簡文字編》43 號「余」
包 120、包 120、包 121、包 122、包 129、包 130、包 133、包 154	包 137 反、包 145、包 149、包 153、包 164、包 166、包 171、包 174、包 184、包 191

《郭店楚簡研究第一卷文字編》1066 號「舍」	《郭店楚簡研究第一卷文字編》69 號「余」
1.1.10、1.1.10、1.2.16、11.19、11.19、	余 2.14、2.14、10.23、9.33、9.33、9.36

《上海博物館藏戰國楚竹書》「舍」	《上海博物館藏戰國楚竹書》「余」
詩 27、性 11、從甲 1、從甲 2、從甲 14、容 24～25、容 26～27、彭 2、彭 2、彭 3、彭 5、曹 36、用 9～10、天乙 8、吳 6	從甲 5、從甲 6、容 10、容 29、、、、周 14～15、周 49、彭 6、昭毀 7、鮑 1、姑 9、弟 5、弟 11、弟 13、天甲 8、武 10、鄭 4、吳 4、吳 5、

　　《金文編》之例，特別挑選銘文中同時包括「舍」、「余」二字的器物，因此更能佐證「舍（舍）」字從「余」。如〈令鼎〉「余」字作「余」，「舍（舍）」字上部即作「余」；〈居簋〉「余」字加飾筆作「余」，「舍（舍）」字上部即加飾筆作「余」。「舍」字上部所從假設爲「余」部件，會與同一器物上的「余」字，呈現相同的字形演變，證明「舍」字確實從「余」部件。

　　楚簡之例，周鳳五分析《上博二‧從政甲》簡文作「余下口形」者，是「舍」字。〔註178〕孟蓬生也認爲「舍」即「舍」字，從口，余聲。〔註179〕綜觀楚簡例證，楚簡「余」字有時會加飾筆作「余」，同時楚簡「舍」字亦有從「余（余）」得聲之例，字形爲「舍」。再次驗證「舍」字上部所從部件確實爲「余」。

〔註178〕周鳳五，〈讀上博楚竹書《從政（甲篇）》札記〉，簡帛研究網，2003 年 1 月 10 日，http://www.jianbo.org/Wssf/2003/zhoufengwu01.htm。

〔註179〕孟蓬生，〈上博竹書（二）字詞箚記〉，簡帛研究網，2003 年 1 月 14 日，http://www.jianbo.org/Wssf/2003/mengpengsheng01.htm。

2.「舍」、「余」之同源分化或通假

「舍」、「余」二字的關係，季旭昇已參考金文材料提出「舍」（即「舍」），應是借用「余」的字形，加上「口」而分化出「舍（舍）」字，以表達「給予」義。〔註180〕所以「舍」、「余」二字的關係，應可以「同源分化」解釋。此類加區別符號「口」的分化方式屢見於古文字，如甲骨文「庚——唐、魚——魯、士——吉、弓——強、京——高、卜——占、尹——君」等，學者已有專論，茲不贅述。〔註181〕根據上述楚簡實例，「余」、「舍（舍）」二字，至少至戰國時代仍屬同源字組，尚未完成字形分化，故「余」、「舍（舍）」二字，當時皆兼有「余」、「舍」二義。

本文另外擬從「通假」的角度，解釋為何楚簡從「余」部件之字，皆可直接通讀作「舍（舍）」。「舍（舍）」、「余」二字的通假現象，可分成三類說明。其一，「舍（舍）」、「余」相互通假，金文、楚簡例證如：

1. 〈配兒鉤鑃〉：……**舍（余）**擇厥吉金……【《集成》00426，春秋晚期】

2. 〈配兒鉤鑃〉：……**舍（余）**擇厥吉金……【《集成》00427，春秋晚期】

3. 〈中山王𧍕鼎〉：……含（今）**舍（余）**方壯……【《集成》02840，戰國】

4. 大禹曰：『余才（茲）厇（度）天心害（何）？此言也，言**余（舍）**之此而厇（度）於天心也。【郭店·成之聞之33】〔註182〕

5. **舍（余）**告女（汝）人綸（倫）……【上博三·彭祖2】

6. **舍（余）**〔告女（汝）〕……【上博三·彭祖2】

7. 狗老曰：「眊眊**舍（余）**朕孳未則于天……」【上博三·彭祖3】

8. **舍（余）**告女（汝）化囗（禍）……【上博三·彭祖5】〔註183〕

〔註180〕季旭昇，《說文新證（上冊）》（臺北：藝文印書館，2002年10月初版），頁439。

〔註181〕郝士宏，《古漢字同源分化研究》（合肥：安徽大學出版社，2008年4月），頁63～64、103。

〔註182〕劉釗，《郭店楚簡校釋》（福州：福建人民出版社，2003年12月），頁137、142～143。

〔註183〕季旭昇主編，《上海博物館藏戰國楚竹書（三）讀本》（臺北：萬卷樓圖書股份有限公司，2005年10月），頁246～247。

9. ……隹（唯）**舍（余）**一人所豐……【上博七・吳命 6】〔註184〕

僅例 4 是「余」通讀作「舍」，其他都是「舍」通讀作「余」。例 3〈中山王**譽**鼎〉不但「余」字加「口」分化作「舍（）」，「今」字也加「口」分化作「含（）」。

其二，「舍（舍）」從「余」得聲，故「舍（舍）」或從「舍（舍）」部件之字的通假訓讀，皆可由任何從「余」得聲之字去作考慮。楚簡之例如：

1. 竺（孰）能濁以朿（靜）者，牆（將）**舍（徐）**清。竺（孰）能（安）〔註185〕以连（動）者，牆（將）**舍（徐）**生【郭店・老子甲 9～10】

2. 修之家，其德又（有）**舍（餘）**。【郭店・老子乙 16】

3. 其先後之**舍（序）**則宜道也。或**舍（序）**爲之節則文也。【郭店・性自命出 19～20】〔註186〕

4. 其先迻（後）之**舍（敘）**則義道也，或**舍（敘）**爲之節則文也。【上博一・性自命出 11】〔註187〕

5. 又（有）所又**舍（餘）**而不敢盡之，又（有）所不足而不敢弗……【上博二・從政甲 14】

6. 於是乎夾州、**滄（徐）**州台（始）可尻（處）。【上博二・容成氏 24～25】

7. 於是於**敘（豫）**州台（始）可尻（處）也。【上博二・容成氏 26～27】〔註188〕

〔註184〕復旦大學出土文獻與古文字研究中心研究生讀書會，〈《上博七・吳命》校讀〉，復旦大學出土文獻與古文字研究中心網站，2008 年 12 月 30 日，http://www.guwenzi.com/SrcShow.asp?Src_ID=577。

〔註185〕袁國華讀「宓」，「安」義。參〈郭店楚墓竹簡從「匕」諸字及相關字詞考釋〉，《中央研究院歷史語言研究所集刊》，第 74 本第 1 分，2003 年 3 月，頁 17～33。

〔註186〕劉釗，《郭店楚簡校釋》（福州：福建人民出版社，2003 年 12 月），頁 2、11；29、36；89、95～96。

〔註187〕季旭昇主編，《上海博物館藏戰國楚竹書（一）讀本》（臺北：萬卷樓圖書股份有限公司，2004 年 6 月），頁 165。

〔註188〕季旭昇主編，《上海博物館藏戰國楚竹書（二）讀本》（臺北：萬卷樓圖書股份有限公司，2003 年 7 月），頁 55、80、127、139。

8. 春秋還**連**（轉），而**諝（除）**既**返**（及）。【上博六・用日 9～10】
〔註189〕

上述「舍（舍）」字，或從「舍（舍）」部件之字，可分別通假作「徐」、「餘」、「序」、「敘」、「豫」和「除」，皆是從「余」或從「予」得聲之字去作考慮，「余」、「予」二字皆為「余紐魚部」，〔註190〕故從「余」或從「予」音皆可通。

其三，因為將「舍」、「舀」隸定作「舍」，才有「給予」義。如《管子・四稱》：「昔者無道之君，大其宮室，高其臺榭。良臣不使，讒賊是**舍**」，郭沫若《集校》引孫詒讓曰：「舍當為予之借字」。《隸續》載《魏三體石經・大誥》：「**予**惟小子」，「予」字古文作「**舍**」。《墨子・耕柱》：「見人之作餅，則還然竊之，曰：『**舍**余食』」，孫詒讓《閒詁》：「舍，予之假字。古賜予字或作舍」。但也不排除「舍」字從「余」得聲，進而通假作「予」，才有「給予」義的可能。

金文、楚簡作「給予義」的「舍」字如：

1. 〈令鼎〉：……余其**舍**女（汝）臣卅家……【《集成》2803，西周早期】

2. 〈五祀衛鼎〉：……余**舍**女（汝）田五田……【《集成》2832，西周中期】

3. ……左司馬迪以王命命互（亟）思〔註191〕**舍柊**，〔註192〕**蓑**（黃）〔註193〕王之夤（䵣）一青**犭**〔註194〕之**𦎕**（賞）〔註195〕足金六勻

〔註189〕范常喜認為此字讀作「除」，歲末十二月之義。可參照《楚帛書・丙篇》「䜴」、《爾雅・釋天》和俞樾《群經平議・爾雅二》，簡文大意似為「四時相代，歲末即來」。參馬承源主編，《上海博物館藏戰國楚竹書（六）》（上海：上海古籍出版社，2007 年 7 月），頁 296。范常喜，〈《上博六・用日》短札二則〉，簡帛網，2007 年 10 月 16 日，http://www.bsm.org.cn/show_article.php?id=734。

〔註190〕郭錫良，《漢字古音手冊》（北京：北京大學出版社，1986 年 11 月），頁 111。

〔註191〕徐少華，《周代南土歷史地理與文化》（武漢：武漢大學出版社，1994 年），頁 322。徐少華，〈包山楚簡釋地八則〉，《中國歷史地理論叢》，1996 年 4 期，頁 91～93。

〔註192〕白於藍，〈包山楚簡零拾〉，《簡帛研究》2，1996 年 9 月，頁 41～42。

〔註193〕原釋文作「具」。張光裕、袁國華疑乃「貞」字，讀「慎」，參〈讀包山竹簡札移〉，《中國文字》新 17，1993 年，頁 304。劉釗釋「黃」，參〈包山楚簡文字考釋〉，首發於 1992 年南京中國古文字研究會第九屆學術討論會，後收入《東方文化》，1998 年 1～2 期，頁 61。白於藍釋「煮」，與簡 147「煮」字相較，參〈包山楚簡零拾〉，《簡帛研究》2，1996 年，頁 43。劉信芳讀為「廣」，參《包山楚簡解詁》（臺北：藝文印書館，2003 年），頁 123。

〔註194〕原整理者看作「豭羊」合書。陳偉武：㹠的異體，祭祀用的豬，參〈戰國楚

（鈞）。……互（亞）思少司馬■勜（勝）或（又）以足金六勻
（鈞）**舍柊**……〔註196〕【包 129～130】

4. 僕以誥告子郙（宛）公，子郙（宛）公命鄟右司馬彭懌爲僕笶等
（志）〔註197〕，以**舍㑹**（鄀）之**勤**〔註198〕客、㑹（鄀）鄝（侯）
之慶（卿）李（理）百宜君，命爲僕捗（捕）之。【包 133】

5. 王所**舍**新大廄以■（啻）蕺（苴）之田……【包 154】

6. 昔三弋（代）之明王之又（有）天下者，莫之**舍**也……【上博二·
從政甲 1】

7. ……其亂，王**舍**人邦家土地，而民或弗義…【上博二·從政甲 2】
〔註 199〕

8. 受（授）又（有）智，**舍**又（有）能……【上博四·曹沫之陣 36+28】
〔註 200〕

簡考釋斟議〉，《第三屆國際中國古文字學研討會論文集》（香港：香港中文大
學，1997 年 10 月），頁 644。徐在國與葛陵簡乙一 15：「青義（犧）」比照，
釋爲「義」，參〈新蔡葛陵楚簡札記〉，簡帛研究網，2003 年 12 月 7 日，又
見《中國文字研究》，第 5 輯，2004 年 11 月。

〔註 195〕劉釗釋「賷」，讀「資」，貨也，參〈包山楚簡文字考釋〉，頁 61。

〔註 196〕單育辰將「黃王之襄」理解爲人名，「足金六鈞」是修飾「一青犧之齎（資）」，
是説「一青犧」這個物品的價值爲「成色十足的金六鈞」。參單育辰，〈包山
簡案例研究兩則〉，中國古文字研究會第十八次年會，北京，2010 年 11 月。

〔註 197〕原釋文讀券，李家浩讀「莌」，參〈信陽楚簡「澮」即從「美」之字〉，《中國
語言學報》第一期，1983，頁 195～196；陳偉等編認爲可讀「關」，通義，
參《楚地出土戰國簡冊（十四種）》，（北京：經濟科學出版社，2009 年），頁
65。但大致都贊同「笶等（志）」爲文書。

〔註 198〕原考釋讀「勤」，勤客爲負責勤務的人。劉釗：釋「撍」，參〈包山楚簡文字
考釋〉，頁 68。周鳳五似爲捕盜之官，參《昏睪命案文書》箋釋——包山楚
簡司法文書研究之一〉，《台大文史哲學報》，41 期，1994 年，頁 14。李家浩：
從士、哉聲，讀爲「職」，職客即《周禮·秋官》「掌客」的異名，參〈戰國
官印考釋三篇〉，《出土文獻研究》，第六輯，2004 年 12 月，頁 14～16、20。
陳偉等編：上博竹書《緇衣》簡 4、17 亦有此字，郭店《緇衣》簡 6、33 作
「懂」，整理者都讀爲「謹」，所以此字應讀「謹」，《荀子·王制》：「易道路，
謹盜賊」，楊倞《注》：「謹，嚴禁也」，謹客釋爲護治安的臨時職務，參《楚
地出土戰國簡冊（十四種）》，頁 65。

〔註 199〕季旭昇主編，《上海博物館藏戰國楚竹書（二）讀本》，頁 52、61。

〔註 200〕季旭昇主編、袁國華協編，《上海博物館藏戰國楚竹書（四）讀本》（臺北：
萬卷樓圖書股份有限公司，2007 年 3 月），頁 149、227。

總之，金文、楚簡「舍（舍或舍）」字從「余」得聲，所以楚簡從「余」部件之字，皆可通讀作「舍」，辭例爲「舍人」或「中舍」。

（二）《上海博物館藏戰國楚竹書四·柬大王泊旱》之「舍人」

1. ……王若（諾），酒（將）鼓而涉之，王夢么（三）。閽未啓，王曰（以）告梪（相）徙與中豖（舍）：「舍（今）夕不穀夢若此，可（何）？」梪（相）徙、中豖（舍）畬（答）：「君王尚（當）曰（以）鯌（問）大（太）剬（宰）晉侯，皮（彼）聖人之孫＝（子孫）。」……【上博四·柬大王泊旱9～10】

2. 大（太）剬（宰）畬（答）：「女（如）君王攸（修）郢高（郊），方若肰（然）里，君王母敢（栽）害（介/大）羿（蓋）：梪（相）徙、中豖（舍）與五連小子及龍（寵）臣皆逗（屬），母敢執藥（藻）籈（簋）。」……【上博四·柬大王泊旱15】〔註201〕

〈柬大王泊旱〉之「中舍」，與「梪（相）徙」、「五連小子」和「龍（寵）臣」一併出現，故同時考慮他們的身分，將有助於對「中舍」的了解。

「梪（相）徙」，陳斯鵬疑讀爲「長沙」。〔註202〕劉信芳推測其職掌可能與占夢有關。〔註203〕周鳳五釋讀作「相隨」，楚王近侍官。〔註204〕季旭昇認爲「梪」同「相」，簡文或增「又」，爲官名，「徙」爲人名。〔註205〕吳曉懿補充「相」是古代執事禮贊之人，如「主人一相，迎於門外」（《儀禮·鄉飲酒禮》），和「朝覲、會同，則爲上相」（《周禮·春官·宗伯》）。〔註206〕因爲無論將「梪（相）徙」讀作「長沙」或是「相隨」，皆於音有隔，相較之下還是將「相」作官名、「徙」作人名比較穩妥，爲楚簡王的近侍之官，但職掌不限於占夢。

〔註201〕釋文主要參考季旭昇主編、袁國華協編，《上海博物館藏戰國楚竹書（四）讀本》，頁76，但對「中舍」的釋讀不同。
〔註202〕陳斯鵬，〈《柬大王泊旱》編聯補議〉，簡帛研究網，2005年3月10日，http://www.jianbo.org/admin3/2005/chensipeng002.htm。
〔註203〕劉信芳，〈竹書《柬大王泊旱》試解五則〉，簡帛研究網，2005年3月14日，http://www.jianbo.org/admin3/2005/liuxinfang001.htm。
〔註204〕周鳳五〈上博四《柬大王泊旱》重探〉，《簡帛》第一輯（上海：上海古籍出版社，2006年10月），頁119～135。
〔註205〕季旭昇主編、袁國華協編，《上海博物館藏戰國楚竹書（四）讀本》，頁93。
〔註206〕吳曉懿，〈《上海博物館藏戰國楚竹書（四）》所見官名輯證〉，簡帛網，2009年6月5日，http://www.bsm.org.cn/show_article.php?id=1063。

「五連小子」的「五連」，可參見《包山楚簡》之「五連之邑」（簡 155）。「小子」應是職官名，金文的「小子」是王之近衛侍從、內朝官吏等官屬。〔註 207〕本篇「小子」，或許即《周禮·夏官》之「小子」，職掌爲「掌祭祀羞羊肆、羊殽、肉豆，而掌珥于社稷、祈于五祀。凡沈辜、侯禳，飾其牲。釁邦器及軍器。凡師田，斬牲以左右徇陳。祭祀，贊羞、受徹焉」，掌管祭祀相關事宜。

　　據簡文記載，當楚簡王無法入眠時，即刻告知的對象是「相徙」和「中舍」，當君王執行「泊旱」儀式時，「相徙」、「中舍」、「五連小子」及「寵臣」皆必須隨侍在側，可見他們都是「君王」身邊的近侍之官，雖然是「君王」的私臣，但仍在國家官僚體系的編制之內，明顯爲「公職」；並非貴族私臣。

　　本文採用「中舍」，而不採用「中謝」或「中射」的，原因有二，其一、楚簡已有「射」字，如《包山楚簡》「射」字作「𥏫」（簡 38），既然要傳達「射」義，何不直接書寫「射」字。其二、傳世文獻的「舍人」相當普遍，茲舉兩則「楚國舍人」作代表。例一是大家耳熟能詳，出自陳軫所言「畫蛇添足」的故事，其中兩位主角的身分皆是「舍人」，原文爲：「楚有祠者，賜其<u>舍人</u>卮酒。<u>舍人</u>相謂曰：『數人飲之不足，一人飲之有餘。請畫地爲蛇，先成者飲酒。』……」（《戰國策·齊二·昭陽爲楚伐魏》）。例二是「李園求事春申君爲舍人」的故事，見《史記·春申君列傳》和《戰國策·楚四·楚考烈王無子》。

　　而〈東大王泊旱〉之「中舍」是「舍人」的某一類嗎？「舍人」可能分等的依據，可參考《史記·孟嘗君列傳》中，有關馮驩升遷的敘述，《索隱》云：「按傳舍、幸舍及代舍，并當上中下三等之客所舍之名耳」。此故事生動描繪「食客」流品分化，「舍」可分爲「傳舍」、「幸舍」和「代舍」。若此，「中舍」之「中」爲區別字，在職官位階內，可代表「上、中、下」、「大、中、小」或「左、中、右」的「中」。上述這些職官位階的區分，《包山楚簡》法律文書皆有例證可循。職官「上、中、下」之區分，如：

1. <u>上</u>連囂（敖）【包 10】
2. <u>宋（中）</u>𪑧戲（列）少童羅角【包 180】
3. <u>宋（中）</u>廄奇善、陳聖【包 167～168】
4. <u>宋（中）</u>廄駢（御），鄯（蔡）臣【包 174～175】

〔註 207〕楊樹達，《積微居金文說》（北京：科學出版社，1959 年），頁 84～85。

5. 郖（正）昜（陽）之牢审（中）戰（獸）竹邑人宋贏【包 150】

職官「大、中、小」之區分，如：

1. 𢼊（伴）大敀（令）【包 5】

2. 大莫囂（敖）屈昜【包 7】

3. 邾大司敗【包 23】

4. 鄗少（小）司敗鄴（蔡）㿹（丙）【包 50】

5. 少（小）司馬【包 129】

職官「左、中、右」之區分，如：

1. 左尹【包 12】

2. 郊（鄯）左喬尹穆巽【包 49】

3. 左司馬【包 105】

4. 右司寇【包 102】

5. 右叟（史）【包 158】

所以楚簡「舍人」分爲「上、中、下」、「大、中、小」或「左、中、右」，進而有「中舍」一職出現，尚應在可理解的範圍內。

（三）《包山楚簡》法律文書之「舍人」

1.《包山楚簡》法律文書之「舍人」與「官」

1. 鄴（蔡）遺受盅（鑄）鎗（劍）之官宋弡（強）。宋弡（強）澺（廢）其官事，命〔鄴（蔡）遺〕受正（中）以出之。　审（中）酴（舍）誉（許）𢼊（适）〔註208〕內（入）之。　嬴逾（路）公角戠（識）之，義叟（得）。【包 18】

「受正」，劉信芳認爲即「受中」，因爲「中」、「正」義通，如《儀禮·聘禮》：「公揖入每門每曲揖」，鄭玄《注》：「門中，門之正也」之「中」、「正」互訓

〔註208〕此字前人多隸定作「迌」，但是《郭店楚簡·緇衣》簡 30「慎爾出話，敬爾威儀」的「話」字作「𧨅」，其文例可與《詩經·大雅·抑》相對照，故此例之「𢼊」，還可直接改隸定作「适」。參見徐在國、黃德寬，〈郭店楚簡文字續考〉，成都：紀念徐中舒先生誕辰一百週年暨國際漢語古文字學研討會論文，1998 年。

等。「受中」乃司法用語，如《周禮・秋官・鄉士》：「士師**受中**」，鄭玄《注》：
「受獄訟之成也」，鄭司農曰：「中者，刑法之中」，接受獄訟裁決。〔註 209〕
陳偉認爲「受正」是掌管受或授的官職。〔註 210〕周鳳五亦認爲是長官。〔註 211〕
本文因無法從其他文獻證明「受正」爲官名，且《包山楚簡》另一「受正」
辭例爲「辻命人周甬**受正**」（簡 77），從語義與語法結構分析，「周甬」已經是
「辻命人」，「受正」只能作「受中」解，故支持劉先生說法，而「受中」的
主詞應是「**鄝（蔡）遺**」。

　　劉信芳將「官」讀作「館」，指鑄劍作坊，認爲是蔡遺將鑄劍作坊的管
理事宜委命於宋強，宋強不負責（廢其官事），蔡遺要求（命）依法免除其
職（出之），由中舍适接任（入之）。〔註 212〕周鳳五則認爲是宋強發交中舍
後，便自鑄劍作坊除籍，轉而隸屬中舍，很可能成爲給事宮中，從事勞役的
奴隸。〔註 213〕其實「宐（中）酓（舍）䚔（許）适內之」的「內」，僅有「接
收」廢其官事之宋強義，並無「接任」鑄劍作坊管理事宜的意思。因爲「內」
字於古籍訓解中並無「接任」義，《包山楚簡》「內」字的用法亦然，如：

1. ……王廷於藍郢之遊宮，安（焉）命大莫囂（敖）屈昜（陽）爲
　　命邦人**內（入）**其溺典。臧（藏）王之墨以**內（入）**其臣之溺典……
　　【包 7～8】

2. 大宮痵**內（入）**氏（是）等（志）。【包 13】

3. 大宮痵**內（入）**氏（是）等（志）。【包 127】

且本案「官」字，也不宜通假作「館」。

　　而此位接受「鑄鐱（劍）之官宋弜（強）」的「中舍」，應是「私臣」或
「公職」呢？譚黎明認爲《包山楚簡》的「中舍」和「舍人」皆是「負責分
發各國來客之肉祿」的「中央職官」，與《周禮》舍人相類。〔註 214〕本案前後
文意相當清楚，至少本案的「中舍」並非負責分發各國來客之肉祿。且《包
山楚簡》法律文書已明顯呈現當時楚國爲「地方統治和封君並存的社會結

〔註 209〕劉信芳，〈包山楚簡司法術語考釋〉，《簡帛研究》2，1996 年，頁 15～16。

〔註 210〕陳偉，《包山楚簡初探》，頁 117。

〔註 211〕周鳳五，〈包山楚簡〈集箸〉〈集箸言〉析論〉，頁 39～40。

〔註 212〕劉信芳，《包山楚簡解詁》，頁 28～29。

〔註 213〕周鳳五，〈包山楚簡〈集箸〉〈集箸言〉析論〉，頁 39～40。

〔註 214〕譚黎明，《春秋戰國時期楚國官制研究》（長春：吉林大學中國古代史博士論
　　　　文，2006 年 12 月），頁 81。

構」，〔註215〕故除了譚黎明所說的「中央職官」，本案「舍人」隸屬於「封君」
或「地方官吏」的可能性也不可忽略。故下文擬從「舍人」所受「宋強」的
身分──「鑄劍之官」作為討論的起點。

「鑄劍之官」的「官」，陳偉引孫詒讓《籀廎述林·官人義》，認為「官
（倌）」或「官（倌）人」往往隸屬於某位「官吏」，類似於《漢書·地理志》
所載的漢代官屬工官、服官、銅官、鹽官、鐵官、發弩官、雲夢官等。〔註216〕
但本文試圖提出另外一種解讀方式，「鑄劍之官宋弜（強）」乃四民階級中的
「工」，雖然《國語·齊語》明言「處工就官府」，《國語·晉語》也說「工商
食官」，但是先秦時代的工商業必是官營嗎？西周晚期即有兩則銘文可供參
考：

1. 〈公臣簋〉：虢中（仲）令公臣嗣（司）朕（朕）**百工**，易（賜）
   女（汝）馬乘、鐘五金，用事……【《集成》04184，西周晚期】

2. 〈師毀簋〉：隹（唯）王元年正月初吉丁亥，白（伯）龢父若曰：
   師毀，乃且（祖）考又（有）爵于我家，女（汝）有隹（唯）小
   子，余令女（汝）死（尸）我家，騡（攝、班、兼）〔註217〕嗣（司）
   我西扁（偏）東扁（偏）僕馭、**百工**、牧、臣妾……【《集成》
   04311，西周晚期】

〈公臣簋〉的「百工」，是聽命於「虢中（仲）」派遣的家臣「公臣」；〈師毀簋〉
的「百工」，是被「白（伯）龢父」任命的家臣「師毀」管轄；可見至少於西
周晚期之前，便已出現私營手工業。

春秋中期以後的私營手工業更加普及，民間已可私營日常用器，以燒陶
和紡織最具特色。如高明據臨淄出土陶文，推測臨淄城衢里製陶業為民間製
陶作坊。至於兵器製造業固由國家公營，但貴族之家亦能私自鑄作，如傳世
秦國兵器，只標誌姓名、里名的印記者，可能屬於私營企業；又如《睡虎地

〔註215〕詹今慧，〈《包山楚簡》法律文書封建郡縣權力結構初探〉，高明教授百歲冥誕
　　　　紀念學術研討會，臺北：政治大學中文系，2008 年 10 月 4 日～5 日；或本論
　　　　文〈第四章　第一節《包山楚簡》法律文書的地方行政權屬分析〉。
〔註216〕陳偉，《包山楚簡初探》，頁 115～117。
〔註217〕周法高、張日昇編，《金文詁林附錄》（香港中文大學出版社，1977 年），頁
　　　　1550。何琳儀、胡長春，〈釋攀〉，《漢字研究》，第一輯（北京：學苑出版社，
　　　　2005 年 6 月），頁 422～428。陳劍，〈甲骨文舊釋「智」和「鑾」的兩個字及
　　　　金文「騡」字新釋〉，《甲骨金文考釋論集》（北京：線裝書局，2007 年 4 月），
　　　　頁 218～233。

秦墓竹簡》、《國語・齊語》記載東齊西秦的富人官吏能夠以甲兵抵罪免刑，若是當時無私營兵工業存在，就算有錢又要到何處去買呢？〔註218〕楚國手工業的「經營主」也大致雷同，包括「王家」、「貴族」以及「地方政府」。如〈鄂君啓節〉即由貴族「鄂君啓之府」所鑄造。且戰國時的「百工」身分，可同時包括「國工（自由民）」、「外來工客」和「罪隸刑徒」。〔註219〕

　　故本案的「鄝（蔡）遺」、「宋弜（強）」和「中舍」，皆歸屬於楚中央工官機構的可能性極大，即「宋弜（強）」本爲自由「國工」，因「廢其官事」，被「鄝（蔡）遺」逐出變成「刑徒」，歸「中舍」管轄。但不可否認，在戰國「工商食官」逐漸瓦解的歷史背景下，「鄝（蔡）遺」、「宋弜（強）」和「中舍」亦有可能歸「封君」或「地方官吏」所管轄。

2. 《包山楚簡》法律文書之「舍人」與「客」

1. 東周之客紳朝、郾（燕）客登余善、秦客墜（陳）斳（慎）、郙（魏）客郙（魏）𡥀（奮）、郙（魏）客公孫哀、邟（越）客𦰩（腄）𥡲、邟（越）客左尹輨、郙（魏）客舉㮣、郙客室（望）困𦱷（　）之𤉐（犬宮）𣀷鳶（雁）〔註220〕，夕（月）𥝢（祿）旦瀆（廢）之，無以𢑏（歸）之。宷（中）𥝢（舍）戠（職）𢑏（歸）之客。成昜（陽）辵尹成以告子司馬。【包145】

2. 八月戊寅，子司馬詎（屬）之。　九月甲申之日，司𥝢（禮或倅）之客須〔𢗓（幽）〕箸〔註221〕（書）言胃（謂）：小人以八月甲戌之日，𥝢（舍）夕（月）𥝢（祿）之𥝢（舍）人□□𢑏（歸）客之〔𥝢（祿）〕金十兩又一兩。義亞爲李（理）。【包145反】

　　討論此案前，得先確認「夕」、「夕」和「𢑏」、「𢑏」、「𢑏」等字的釋讀。

〔註218〕高明，〈從臨淄陶文看鄉里制陶業〉，《古文字研究》19，1992年8月，頁304～321。杜正勝，《古代社會與國家》（臺北：允晨文化實業股份有限公司，1992年10月20日），頁693、695、698～702。

〔註219〕郭仁成，《楚國經濟史新論》（長沙：湖南教育出版社，1990年8月），頁89～90、55～56、94、96。劉玉堂，〈楚國官營手工業作坊概說〉，《荊州師專學報》，1994年6期，頁57～62。

〔註220〕朱曉雪讀作「宣犬舒雁」，均爲發放給外國客使的物品。參朱曉雪，《包山楚墓文書簡、卜筮祭禱簡集釋及相關問題研究》（長春：吉林大學古籍研究所，2011年6月8日），頁472。

〔註221〕何有祖「須幽箸」疑爲人名，參〈包山楚簡試釋九則〉，簡帛網，2005年12月15日，http://www.bsm.org.cn/show_article.php?id=132。

「夕」、「夕」，原釋文、何琳儀釋「月」，何先生甚至將「舍（舍）月」（包 145 反）連讀，指楚國月名，引「余月」（楚帛書、《爾雅·釋天》）爲證。〔註222〕白於藍、劉信芳、陳偉等釋「肉」。簡文「夕彖（祿）且灋之」，劉信芳認爲「且」乃一旦，副詞；「灋」讀「廢」。陳偉等認爲「肉祿」是官署名，「旦」爲職役名或人名，「灋」讀「發」，奔走義。〔註223〕劉釗釋「夕」。〔註224〕在楚簡「月」、「肉」、「夕」可能「同形」，就字形隸定皆屬合理範圍的前提下，擬分別討論三說的優劣。

「夕彖（祿）且灋（廢）之」之「夕」、「旦」並列，更能突顯俸祿被廢止、朝令夕改的不當，但同案「舍夕彖（祿）之賒（舍）人□□」之「夕彖（祿）」將不成詞，除非有相關文獻佐證，當時已有「夜班」。

春秋戰國時期各諸侯國對任命的職官，一般以俸祿給薪，如「荊國之法，得伍員者，祿萬擔，爵執圭，金千鎰」（《呂氏春秋·異寶》）。雖然還是保留了「穀祿」（糧食俸祿），如常德夕陽坡戰國楚簡即有楚王賞賜臣下「歲穀」的紀錄。〔註225〕但從西漢開始，絕大多數的工資都是以現金支付，只有少數幾件是以米糧食物支付。簡言之，春秋戰國秦漢時期的俸祿型態有「貨幣」和「實物」兩種，俸祿的「實物」，通常是「穀」（原糧）。〔註226〕所以戰國秦漢時期，應罕見劉信芳所引《左傳·昭公四年》「食肉之祿」，杜預《注》：「謂在朝廷治其職事，就官食者」，孔穎達《疏》：「大夫以上食乃有肉」──春秋時客卿就官事之所食的情景。

反之，當時的俸祿極有可能是按「月」給付，如《睡虎地秦墓竹簡》：

官嗇夫免，復爲嗇夫，而坐其故官以貲賞（償）及有它責（債），貧窶毋（無）以賞（償）者，稍減其秩、**月食**以賞（償）之，弗得居；其免殹（也），令以律居之。【金布律82～83，39～40】

〔註222〕何琳儀，〈包山竹簡選釋〉，《江漢考古》，1993 年第 4 期，頁 59。

〔註223〕白於藍，〈包山楚簡文字編校訂〉，《中國文字》，新 25 期，1999 年 12 月，頁 189。劉信芳，《包山楚簡解詁》，頁 145～146。陳偉等，《楚地出土戰國簡冊[十四種]》，頁 70。

〔註224〕劉釗，〈包山楚簡文字考釋〉，《東方文化》，1998 年 1～2 期，頁 62。

〔註225〕羅運環，〈論楚國的客卿制度〉，《武漢大學學報》，1990 年 3 期，頁 78。

〔註226〕勞幹，《秦漢史》（臺北：中華文化出版事業委員會，1952 年），頁 110；趙岡，〈中國歷史上的雇傭勞動〉，《漢學研究》，第 1 卷 2 期，1983 年 12 月，頁 489～520；楊有禮，〈秦漢俸祿制度探論〉，《華中師範大學學報》，36 卷 2 期，1997 年 3 月，頁 90～93。

裘錫圭認為嗇夫所受的「月食」，相當於漢代的斗食之俸。〔註227〕

又如《周禮》經常出現的「稍食」，如：

《周禮‧天官‧宮正》：「**月終則會其稍食**，歲終則會其行事。」

「稍食」，按月發放的糧廩，本為周代府史胥徒的生計，也是秦漢祿秩的源頭。〔註228〕

此制度延伸至《漢書》，甚至出現「月祿」一詞：

《漢書‧列傳‧王貢兩龔鮑傳第四十二‧龔勝　龔舍》：勝，即拜，秩上卿，先賜**六月祿**直以辦裝，使者與郡太守、縣長吏、三老官屬、行義諸生千人以上入勝里致詔。

「六月祿」，是特指「六月」的「月祿」。

最後參照李家浩根據戰國秦、楚簡資料，總結秦、楚二地皆用顓頊曆，以夏曆十月為歲首，〔註229〕大大提升楚人以「月」記時、按「月」記薪的可能性。

「𧷓」、「𧷓」、「𧷓」，原整理者、白於藍釋「歸」，讀「歸」，歸還。〔註230〕劉信芳另舉《論語‧陽貨》「**歸**孔子豚」，何晏《集解》作「**遺**孔子豚」，說明本案的「歸」與「遺」同義，皆有支付、發放義。〔註231〕單育辰讀作「饋」，意義相仿。〔註232〕但葛英會、彭浩、張守中、唐友波等卻改釋此字為「賹」，「賹」是一種早期稱量貨幣，「職賹之客」的職掌近似於《周禮‧天官‧職幣》，「無以賹之」之「賹」，據蜀方言讀為「賺」。〔註233〕

〔註227〕裘錫圭，〈嗇夫初探〉，《古代文史研究新探》（南京：江蘇古籍出版社，1992年），頁446。

〔註228〕閻步克，〈從《秩律》論戰國秦漢間祿秩序列的縱向伸展〉，《歷史研究》，2003年5期，頁86～99。

〔註229〕湖北省文物考古研究所、北京大學中文系編，《九店楚簡》（北京：中華書局，2000年5月），頁62～63。

〔註230〕湖北省荊沙考古隊編，《包山楚墓》（北京：文物出版社，1991年），頁382。白於藍，〈包山楚簡文字編校訂〉，《中國文字》，新25期，1999年12月，頁187。

〔註231〕劉信芳，〈包山楚簡職官與官府通考（上）〉，頁64。劉信芳，《包山楚簡解詁》，頁144～147。

〔註232〕單育辰，〈包山簡案例研究兩則〉，中國古文字研究會第十八次年會，北京，2010年11月。

〔註233〕葛英會、彭浩，《楚簡帛文字編》（東方書店，1992年）。張守中，《包山楚簡文字編》（北京：文物出版社，1996年），頁157。唐友波，〈釋賹〉，《江漢考古》，2003年3期，頁82～84。

為討論此字隸定，茲先將楚簡從「帚」和從「耑」部件之字列出：

	字　形
待考字	🔳、🔳（歸）包 145；🔳（歸）包 145 反
楚簡從「帚」部件之字〔註234〕	🔳嬪，包 146；🔳婦，包 168；🔳遍，包 43；🔳戠，包牘 1；🔳壂，望 1 卜；🔳帚，信 2.021；🔳帚，信 2.023；🔳歸，天卜；🔳戠，天策
楚簡從「耑」部件之字〔註235〕	🔳端，包 22；🔳偳，包 30；🔳褍，包 274；🔳褍，包 267；🔳端，曾 176

此字釋讀的最大困難，在僅《包山楚簡》簡 145 的第一個「🔳」字比較清楚，就不清晰的字形比對，「帚」的可能性還是大於「耑」。因為待考字上部，明顯與「帚」字上部形似，象掃帚狀；待考字中間似乎缺乏置帚之架，讓其下部反倒與「耑」字更為形似。但「賺」，若僅據「現代蜀方言」讀為「賺」，此通假條件對「上古楚方言」，似乎稍嫌薄弱，故本文持「歸」說。

「審（中）𦝢（舍）戠（職）🔳（歸）之客」，說明本案舍人掌管財務，負責發放食客俸祿，職掌同《周禮‧地官‧舍人》：「掌平宮中之政，分其財守，以法掌其出入。凡祭祀，共簠簋，實之，陳之。賓客，亦如之，共其禮：車米、筥米、芻米。喪紀，共飯米、熬穀。以歲時縣穜稑之種，以共王后之春獻種。掌米粟之出入，辨其物。歲終，則會計其政」；或是《周禮‧天官‧職幣》：「掌式法以斂官府都鄙與凡用邦財者之幣，振掌事者之餘財。皆辨其物而奠其錄，以書楬之，以詔上之小用、賜予。歲終則會其出。凡邦之會事，以式法贊之」。

可惜本案仍然無法從上下文語境，判斷「中舍」、「舍人」的隸屬（「君王」、「封君」或「地方政府官員」）？若將「審（中）🔳（舍）戠（職）🔳（歸）之客」，以「同位語」的方式理解，「審（中）🔳（舍）」即「戠（職）🔳（歸）之客」。此位掌管其他「食客」俸祿的「中舍」，本身也是「職歸食客」。「客」與「舍人」間的關係相當複雜，下文擬從「客」的身分作為

〔註234〕滕壬生，《楚系簡帛文字編》（武漢：湖北教育出版社，1995 年），頁 621、858、119、877、121、66、621、121。
〔註235〕滕壬生，《楚系簡帛文字編》，頁 44、450、938、790。

討論的起點。

　　「客」，趙岡分析有雙重含義，首先「客」是「庸」，受僱於主家，按時領取工資。也因爲這些「客傭」都是「逃離家鄉的難民」，所以產生第二個含義，即「在本地沒有戶籍的人口」。〔註236〕李家浩則據楚國官印，提出「某客」和「某某客」是楚國特有官名。〔註237〕同樣出自楚國，安徽壽縣青銅器的「鑄客」，裘錫圭認爲是從事冶鑄業的高級雇工；李學勤認爲是身份自由的外來匠人；郝本性認爲是官府手工業機構從外國招徠的雇工，且推測其被稱爲「客」，與戰國養士之風有關。〔註238〕周鳳五也認爲「客」是楚國特有的官名。〔註239〕陳偉認爲《包山楚簡》的「客」大致有兩類，一是外國使者，二是與學者多所論列的鑄客、室客、粟客等相當。〔註240〕

　　本案「東周之客紳朝、燕客登余善、秦客陳慎、魏客魏奮、魏客公孫哀、越客前穋、越客左尹輇、魏客釁槀、郚客望困或之犬紱鶠」（簡145正）等一連串的「某國之客」，若是以「外國使臣」視之，將無法理解爲何他們要領「中舍職歸之客」所發予的俸祿。所以「東周」、「燕」、「秦」、「魏」、「越」、「郚」等，只是單純標示這些「客」的國籍，「客」本身並非使臣。

　　而本案之「客」和「舍人」，依照簡145反所述，應都是歸「司▇」管轄。「▇」字，因爲古文字「豊」、「豐」同形，故可依劉信芳通讀作「司豊（禮）」，參《周禮・秋官・司儀》。亦可依陳偉通讀作「司豐（俸）」，司掌俸祿。不過單就本案之「司△之客」，其職掌與「月祿」相關，故較適合作「司豐（俸）之客」理解。〔註241〕雖然本案之「客」和「舍人」都隸屬於「司豐（俸）」，但仍無法依此判定其爲「公職」或「私臣」，因爲戰國時期的「職官」，可任命下層「公職」，也可另聘專屬「私臣」；在將「公職」、「私臣」帶入案例皆可理解的前提下，或許連「舍人」或「客」自身，都無法釐清應被歸類爲「私

〔註236〕趙岡，〈中國歷史上的雇傭勞動〉，《漢學研究》，第1卷2期，1983年12月，頁489～520。

〔註237〕李家浩，〈楚國官印考釋兩篇〉，《語言研究》，1987年1期，頁124。

〔註238〕裘錫圭，〈戰國時代社會性質試探〉，《古代文史研究新探》（南京：江蘇古籍出版社，2000年1月2刷），頁413。李學勤，《東周與秦代文明》（北京：文物出版社，1984年），頁212。郝本性，〈試論楚國器銘中所見的府和鑄造組織〉，《楚文化研究論集》（長沙：荊楚書社，1987年），頁313～356。

〔註239〕周鳳五，〈包山楚簡〈集著〉〈集著言〉析論〉，頁49。

〔註240〕陳偉，《包山楚簡初探》，頁121。

〔註241〕參劉信芳，《包山楚簡解詁》，頁34。陳偉等編，《楚地出土戰國簡冊（十四種）》，頁22。

臣」或「公職」。

三、小　結

　　本文擬探討戰國秦漢初年的「舍人」，其身份可同時歸屬於「貴族私臣」和「國家公職」。在上述專門以「出土簡牘材料為主的討論」下結語前，得再補充一些上文未曾提及的傳世文獻例證。

　　戰國時代傳世文獻所錄的「舍人」，除上文已隨出土文獻提及的楚、秦二國之外，最赫赫有名的當屬齊國孟嘗君，其與門下舍人的交往，可參《史記・孟嘗君列傳》、《戰國策・孟嘗君舍人有與君之夫人相愛者》、〈孟嘗君有舍人而弗悅〉和〈趙王封孟嘗君以武城〉等。孟嘗君的舍人會幫忙收債或守城，其門下守城的舍人「武城史」，甚至有官職在身。另外一些未特別註明國別，但與「舍人」相關的記載，包括：

　　　1. 穴二窯，皆為穴月屋，為置吏、舍人，各一人，必置水……（《墨子・備穴》）

　　　2. 李兌舍人謂李兌曰……（《戰國策・卷十八　趙一・蘇秦説李兌》）

　　　3. 鴟夷子皮事田成子，田成子去齊，走而之燕，鴟夷子皮負傳而從，至望邑，子皮曰：……子不如為我舍人……（《韓非子・説林上》）

　　　4. 潘壽謂燕王曰：『王不如以國讓子之……今巖穴之士徒皆私門之舍人也……』（〈外儲説右下〉）

　　　5. 凡軍之所欲擊，城之所欲攻，人之所欲殺，必先知其守將、左右、謁者、門者、舍人之姓名，令吾間必索知之（《孫子・用間第十三篇》）

　　　6. 喪，公弔之，必有拜者，雖朋友州里舍人可也……（《禮記・檀弓下》）

　　從上述出土簡牘材料所載的討論，除《上博四・柬大王泊旱》的「中舍」歸屬楚王，明確為「國家官職」外；其他無論是《包山楚簡》法律文書的「中舍」、「舍人」，或是秦漢簡牘的「舍人」，在經過通盤考量後，尤其是參照傳世文獻所記錄的楚國春申君，秦國張儀、呂不韋、李斯、嫪毐，齊國孟嘗君，漢初劉邦、曹參等門下「舍人」的例證後，益發深覺當時「舍人」為「貴族私臣」的可能性遠大於「國家公職」。或許當時的社會氣氛，「舍人」根本無

需認清己身的歸屬，高明的做法是週旋於「私臣」與「公職」此雙重身份間，愈駕輕就熟、游刃有餘者，愈能漁翁得利。

　　本文曾經嘗試轉換角度，改從「主人」的身分著手，判斷其所轄「舍人」究竟爲「私臣」或「公職」？但此涉及當時複雜的「地方行政制度」，在「封建」逐漸往「郡縣」轉型的變遷過程裡，「主人」的身分和「舍人」的身分一樣雌雄難辨。是以「主人」、「舍人」間的社會關係，有時呈現封建「家臣」的私屬意味，有時又展示郡縣「公職」的官吏特質。

　　或許上述現象皆可歸因於當時「私門養客」與「國君養賢」並行發展的結果，故很難爲「舍人」的身分權屬歸類。因此歷史演變的軌跡，是否可如沈剛所概述的如此簡單，譬如「戰國時期舍人服務於私門具有私屬身分，不具有職官性質」？戰國時期《上博四・柬大王泊旱》的「中爹（舍）」爲「楚王近侍之官」即是反證。又如「秦漢之際的混亂爲舍人從私屬家臣性質轉變爲國家官吏提供一個契機」？或許轉變的時間下限還要稍往後移，因爲漢初《張家山漢墓竹簡・奏讞書》中的「舍人」，還是以不屬於君王國家的「私門舍人」爲主。

　　當時「舍人」的職掌相當豐富，從傳世文獻記載歸納，他們可幫主人履行出使送迎的禮儀活動，也可爲主人謀取政治利益，其中以《周禮・地官・舍人》的紀錄最完善。但從出土簡牘材料觀察，「舍人」的職掌絕不僅止於此，如《上博四・柬大王泊旱》的「舍人」是楚簡王身邊的近侍之官。《包山楚簡》的「舍人」可掌管鑄劍之官，也可發放各國食客俸祿。秦律「舍人」得代替已故主人償還借用的公器、參加屯戍，或與主人出使諸侯國。漢律「舍人」可幫主人看守房子、收集情報通風報信，甚至可幫主人殺人、將非法所得的米糧轉賣獲利等等。

　　另外，在「舍人」從「私臣」轉化爲「公職」的歷程中，可觀察的還有「主人」與「舍人」間是否有血緣關係？戰國秦漢初年的「舍人」，無論參考出土簡牘或是傳世文獻，他們與「主人」間皆無血緣關係。反觀周代卿大夫的家臣可爲本族人或異族人。〔註242〕《包山楚簡》附屬人口中的「某某之人」，也保留一些同姓眷屬子弟，如「佸大賊（列）六敔（令）周霖之人周雁訟付縣之閈（關）人周琛、周敎」之「周霖」和「周雁」（簡91），兩人同姓「周」，有血緣關係。但是在「主人」與「舍人」這類組合上尚未發現彼此有血緣關

係的例證。此時「舍人」，正不斷依照其「專業技能」進行分化，或可管帳，或可出使他國，或可殺人犯罪，皆是以「才能」發揮「職能」，非憑恃「血緣」決定「身份」。

至於「主人」、「舍人」間的權力結構型態，應是「家長式的家內奴隸制」、「任俠性的人際結合關係」，或是「契約關係」呢？此實涉及「舍人」本身對其所屬社群的「價值定位」。「舍人」雖然同「眷屬子弟」、「臣妾」、「徒役」、「賓客」，皆被歸類為家庭附屬人口，但從上述出土簡牘材料觀之，除《上博四・柬大王泊旱》外，皆出自法律文書，「舍人」乃是獲得國家承認的「法律主體」；故可獲得國家法律條文保障，當然也因此必須承擔法律責任（如連坐等），有「權利」就有「義務」，絕非奴隸。然而若因此推論「主人」、「舍人」間是「任俠性的人際結合關係」，似乎又太忽視他們彼此間的現實利益考量。「舍人」已脫離血緣羈絆，朝秦暮楚並不會遭致道德審判，當時的經濟條件允許個體脫離血緣家族獨立謀生，故很難擺脫當時「主賣官爵，臣賣智力」（《韓非子・外儲說右下》）、「臣盡死力以與君市，君垂爵祿以與臣市」（〈難一〉）等思潮的影響。也許「主人」、「舍人」間更為妥適的歸類，應是互利買賣的「契約關係」，如《史記・廉頗列傳》所述：

> 廉頗之免長平歸也，失勢之時，故客盡去。及復用為將，客又復至。
>
> 廉頗曰：「客退矣！」客曰：「吁！君何見之晚也？夫天下以市道交，
>
> 君有勢，我則從君，君無勢則去，此固其理也，有何怨乎？」

漢以後的「舍人」更是庸俗，與雇主間僅殘存利益交換，甚可不顧道義從事非法勾當。是以「舍人」在「士階層」中的地位逐漸下降，與戰國時期以道自任的「知識份子」，甚至是（列）」等「中介力量」，其重要性就不言可喻了。

第五章　司法權獨立與法律地位平等

　　本論文主要引用「周秦漢出土法律文獻」，故本章擬將論述主軸回歸「法律制度」；集中探討「國家」形成的重要標誌——公共權力機構的設立，尤其是「國家」如何在「社會」，創建一個超然獨立的「法權」機構。

　　「國家」與其他「政治社群」的區別，除了「軍隊」、「警察」所代表的「武力」外，「法律」則是另外一項甄別「國家」是否成型的重要判準。中國古代的「法」，除「刑法」外，還包括「典章制度」，以及下文即將展開討論的「官僚行政機構」（bureaucracy）與「司法審判體系」。

　　爲觀察國家「官僚行政體制」內的「法權機構」是否成型且獨立運作，先嘗試將「西周金文」、《左傳》、《國語》與「戰國秦漢法律文書」所提及的「職官士」相較，分析中國古代「司法權」，如何在「官僚行政體系」對司法職能「專業化」的訴求下漸趨獨立。再從《包山楚簡・疋獄簡》與〈受期簡〉，推論戰國時期楚國「司法體系」之「平等意識」已深植人心。

　　「國家官僚行政體系」爲歷史發展之必然。社會總資源有限，但總人口卻不斷攀升，因而上古傳說堯帝時期的生活型態：

　　……不賞不罰，不型（刑）不殺，邦無飤（飢）人，道逡（路）無
　　殤死者。上下貴戔（賤），各尋（得）亓㱙（宜）。四海（海）之外宲
　　（賓），四海（海）之内貞（正）……（《上博二・容成氏》）〔註1〕

僅是人類心中的烏托邦，不可能再現於現實社會。中國古代本爲血緣氏族社會，當社會成員發生衝突時，會由血緣團體推派代表總攬承理。但隨著社會

〔註 1〕 季旭昇主編，《上海博物館藏戰國楚竹書（二）讀本》（臺北：萬卷樓圖書股
　　　　份有限公司，2003 年 7 月），〈容成氏〉簡 4～6，頁 104、121。

結構日益複雜，社會成員不再全是「血緣氏族」，甚至包括「地緣組織」或「業緣團體」時，「國家」的存在就勢在必行了。因為「國家」的組成要件，包括完善的法律規範與專業的審判機制，當民間社會發生刑事案件或民事訴訟時，此時新興的「國家」，得依照「律法」規定化解紛爭。相較之下，反倒是荀子與商鞅對於「國家起源」的論述，更貼近於歷史真實：

1. 禮起於何也？曰：人生而有欲，欲而不得，則不能無求。求而無度量分界，則不能不爭；爭則亂，亂則窮。先王惡其亂也，故制禮義以分之，以養人之欲，給人之求。使欲必不窮於物，物必不屈於欲。兩者相持而長，是禮之所起也。(《荀子‧禮論》)

2. 古者未有君臣上下之時，民亂而不治。是以聖人別貴賤，制爵位，立名號，以別君臣上下之義……(《商君書‧君臣》)

人在「自然狀態」的「自然權利」，無論是人的自由、生命和財產，都無法取得保障。唯有透過支配者「國家」，與被支配者「民眾」間，以「社會契約」的形式，組織政治社會──「國家」，「人」才能脫離「自然狀態」，人的「自然權利」才能獲得保障。此「契約政權」並非西方專利，中國亦有「信託政權」；雖然中國「信託政權」多為放任與期待，與西方「契約政權」時常帶有監督性質不同；〔註2〕但此「信託政權」仍未脫離「契約政權」的理論框架！

中國古代知識份子多抱持「天下一家」理念，他們不看重地域家族有限度的忠忱，「天下一家」乃秦漢天下大一統的時代背景。〔註3〕與此相關的論述，屢見於先秦諸子思想典籍，茲條列幾則於下：

1. 孟子見梁襄王。出，語人曰：「望之不似人君，就之而不見所畏焉。卒然問曰：『天下惡乎定？』吾對曰：『定于一。』……」(《孟子‧梁惠王上》)

2. 君者，國之隆也；父者，家之隆也。隆一而治，二而亂。自古及今，未有二隆爭重而能長久者。(《荀子‧致士》)

3. 是故天下之欲同一天下之義也。(《墨子‧尚同下》)

4. 一家二貴，事乃無功。夫妻持政，子無適從。為人君者，數披其

〔註2〕 錢穆，《政學私言》(臺北：臺灣商務印刷館，1996 年 4 月)，頁 100～101、121。
〔註3〕 錢穆，《國史新論》(北京：新華書店，2007 年 9 月 11 刷)，頁 10。

木，毋使木枝扶疏；木枝扶疏，將塞公閭，私門將實，公庭將虛，
主將壅圍。（《韓非子‧揚權》）

先秦思想家多贊同「天下」必「定於一」，因此才能提供大家一套信從的標準，
否則民眾將無所措其手足。儘管君王專政，唯天子擁有「同一天下之義」的
威權亦無妨；只要專制政權能夠黽勉從事，以「官僚行政體系」搭配「法律
規範」，讓天下由紛亂而大治，此何嘗不是一種比較好的政治選擇。

　而攸關「國家」政治的實務操作，則以先秦法家著墨最多，如：

1. 聖人之爲國也：壹賞，壹刑，壹教。壹賞則兵無敵，壹刑則令行，
   壹教則下聽上。夫明賞不費，明刑不戮，明教不變，而民知於民
   務，國無異俗。明賞之猶，至於無賞也；明刑之猶，至於無刑也；
   明教之猶，至於無教也。（《商君書‧賞刑》）

2. 故明主之國，無書簡之文，以法爲教；無先王之語，以吏爲師；
   無私劍之捍，以斬首爲勇。是境內之民，其言談者必軌於法，動
   作者歸之於功，爲勇者盡之於軍。（《韓非子‧五蠹》）

「國家」是從源遠流長的歷史傳統衍生出的政治實體，爲了維繫此行政組織
背後的統一價值，「國家」會使用「強制力」，鞭策成員恪遵既定之章程與規
範，對違反者強制施罰。此「強制力」，包括「軍隊」、「警察」與「法律」。
所以「國家」、「法律」確實相伴而生，當「法律」明文公佈天下之際，即「國
家」正式宣告成立之時；換句話說，若是集權政府尚未建立，社會既存的規
範，充其量只能稱作「習慣」或「禮俗」，而非具有強制力的「法律」。

　中國古代是否出現西方現代的「國家」會引發爭議，因中國古代「國家」
本質偏重於「文化認同」，但也正因如此，「共同體的社會意識很難產生，健
全的文官體制就更顯得重要」。﹝註4﹞所以中華帝國專制君王，若無法建立一
套健全的「官僚行政體系」，「國家」就無法透過「官僚行政機構」，管理整個
「社會」，中華帝國也將無法稱霸於東亞世界，長達兩千年之久。至於「官僚
行政體系」的健全與否，除訴諸行政部門的專業分工，與行政體系的權責分
明外，最常被檢驗的標準爲是否建立客觀普遍的法度。所以下文將分別以國
家「官僚行政機構」與「司法審判體系」，作爲我們判斷「國家」成熟與否的
標準。

﹝註4﹞陳其南，《傳統制度與社會意識的結構》（臺北：允晨文化實業股份有限公司，
　　　1998年），頁80。

　　先秦史學界的傳統主流多認爲「封建體系」與「官僚行政體系」相互排斥；但其實西周在「封建世襲體系」外，也同時擁有「官僚行政體系」。西周的「官僚行政體系」爲「卿大夫集團」，可區分作兩類，一是直屬於天子的官吏與家臣，二是直屬於諸侯的官吏與家臣；其中卿大夫與天子或諸侯間，除了宗法關係外，更直接的是君僚關係。〔註 5〕李峰《西周的政體：中國早期官僚制度和國家》，是近年專門研究西周官僚體制的佳作，他認爲西周政府官僚化，是西周中期領土擴張結束後，內部重整的結果。總體而言，該發展表現在兩方面，一是西周中央政府的部門化，二是西周政府不同部門內的階梯結構發展。西周中期以後，大量出現的長篇銘文，紀錄與管理個人功績（包括官員冊命），便強烈暗示我們西周政府已完全官僚化。〔註 6〕陳絜也舉西周中晚期的金文資料，提出周王會在王畿範圍內的各個經濟或軍事要地，委派專人管理，而非由周王或執政大臣親力親爲。如是官員多以貨幣爲俸祿，目前也無家族世襲跡象。所以西周可大致歸類爲「封建世襲」與「行政官僚制」雙軌並行，只是前者的表現更爲顯著。〔註 7〕西周「封建」體制之「官僚行政」都已如此發達，春秋、戰國此以「官僚行政」爲號召的「郡縣」體制，其「官僚行政」的健全程度將不在話下。

　　「司法審判體系」，春秋時期的專制君王已經相當熟稔善用健全的「司法審判體系」，幫助自己落實中央集權統治，此可以《左傳》等傳世文獻屢次提及的魯國之法、宋國之法、衛國之法、楚邦之法、荊國之法、晉國之法等爲證。戰國、秦漢時期的專制君王更是劍及履及，從包山楚簡、睡虎地秦簡、龍崗秦簡、里耶秦簡、嶽麓書院秦簡、以及張家山漢簡等琳瑯滿目的出土法律文書，便可嗅出當時雷厲風行、勢在必成的氛圍。當時各國政權的法律實踐多以「成文法典」形式向世人宣告，以「律」、「令」爲主體的成文法，和「廷行事」、「比」爲搭配的判例法，齊頭並進地加劇各國君主集權統治的威信。當然在轉型期的漫漫長路，諸侯、卿大夫或間有私人性的立法行爲出現，會與君王主權相牴觸。但整體而言，君權仍是無限上綱，此乃秦漢帝國最終必成的時代背景。

─────────────────────

〔註 5〕 李朝遠，《西周土地關係論》（上海：人民出版社，1997 年 1 月），頁 137、143。

〔註 6〕 李峰，《西周的政體：中國早期官僚制度和國家》（北京：三聯書店，2010 年 8 月），頁 40、88、243、304～305。

〔註 7〕 陳絜，〈周代農村基層聚落初探〉，《新出金文與西周歷史》（上海：上海世紀出版股份有限公司，2011 年 5 月），頁 139～140。

　　所以本章〈第一節　兩周職官「士」政治權責演變與司法權漸趨獨立〉，擬以「官僚行政體系」的司法職官「士」作爲研究對象，分析職官「士」從西周、春秋至戰國秦漢，歷數其政治權責在時空座標的演變，歸納中國古代「司法權」，如何遞次從「軍事權」與「行政權」獨立。當「司法官員」在「官僚行政體制」愈佔有一席之地，即代表國家「官僚行政體系」各部門的分工愈專業，權責愈分明，「國家官僚行政體制」愈趨於成熟。

　　其次探究「國家」（支配者）與「民眾」（被支配者），皆認同「國家法權機構」獨立運作的心理因素。在進入正式討論前，得先說明政治哲學的核心概念「正當性（legitimacy）」。「政治正當性」的定義方式很多，或說包括「權力」、「政府的統治權力」和「被統治者對此權力的認可」。〔註8〕或說包括「國家存在的正當性」、「政治權威的正當性」和「政治權力的正當性」。〔註9〕後說涉及「權力（power）」與「權威（authority）」兩大概念，「權力」爲「有懲罰性的勢力」，「權威」爲「有正當性的權力」。〔註10〕本章研議之「政治正當性」，著力點不在「權力」，而是「權威」；且認爲「政治正當性」得同時獲得「支配者」與「被支配者」雙方的「政治認同」。換句話說，我們措意的並非「聖王不貴義而貴法，法必明，令必行，則已矣」（《商君書·畫策》），此與「義」無關之「法」。而是「法生於義，義生於眾適，眾適合於人心，此治之要也」（《淮南子·主術》），不可輕忽「被支配者」對「支配者」政治認同的「義法」。

　　「國家」（支配者）與「民眾」（被支配者）間的關係，若依西方「契約論」，是「民眾」自願將主權讓渡給「國家」，自願對「國家」履行政治義務，如納稅、服兵役等，以換取「國家」保障他們的人身安全與私有財產。「國家」境內的每位「臣民」都是「法政主體」，皆可因此享有國家「平等」的尊重與照顧，此非取決於「出生」或「功績」，而是只要身爲「國家」境內的「法政主體」，就應享有的「自然權利」。故即便傳統中國沒有民主制度，當「臣民」感受不到「國家」的尊重與照顧，甚至喪失對「國家」的「政治認同」時，

〔註8〕王健文，《奉天承運——古代中國的「國家」概念及其正當性基礎》（臺北：東大圖書股份有限公司，1995），頁24。

〔註9〕謝世民，〈政治權力、政治權威與政治義務〉，《政治與社會哲學評論》第1期，2002年6月，頁2。

〔註10〕郭秋永，〈權力概念的解析〉，《人文及社會科學集刊》，18卷2期，2006年6月，頁218。

還是會衍生其他的革命形式，以終止他們與「國家」間的「信託關係」，撤回他們對「國家」的政治授權。所以「民眾」願意遵守「國家」制定的法律規範，並非被迫如此，而是欣然「同意」。是故，「法律」之所以能在「國家官僚行政體制」中發揮作用，除「強制力」外，憑恃的即是法律的「平等性」特質。

中國傳統法制學者多依照「鄭子產鑄刑書」(《左傳・昭公六年》) 或「晉趙鞅鑄刑鼎」(〈昭公二十九年〉)，判斷中國古代法律制度還是應當興於春秋中葉，逮戰國而大盛。至於中國古代法律制度的興盛，究竟昭示何種巨變，相關論著頗多，但「社會控制模式的轉型」最切近於問題核心；〔註 11〕此時「國家」正使用「齊一的刑」代替「別異的禮」。此「社會控制模式的轉型」所以能成功，或許是因為「法」的「強制力」，可以守護社會主流價值不被破壞；但更重要的是，「法」具有不隨人之身分等級而變異的普遍性。所以當「民眾」(被支配者) 的權利意識被喚醒，此時徒有兼備公平、公正、公開和穩定性的「成文法」，可以取代講求身份等級的「禮」，立即兌現對社會秩序有效控制的承諾。

所以本章〈第二節　包山楚簡法律文書所載「司法」層面之平等〉，擬以戰國時代《包山楚簡・疋獄簡》之「原告」與「被告」，〈受期簡〉之「負責官員」與「被告」間身分等級的考證，歸納他們的層級關係，竟皆包含「上級對下級」、「下級對上級」和「平等」三種型態，已略具「司法」層面的「平等意識」。再依次從「民眾 (權力客體) 對法律權力的認同」，和「君王 (權力主體) 對統治權力的掌控」交叉論述，揭發隱藏於《包山楚簡》法律文書內的「平等意識」，此乃當時楚國君王得以專權統治，背後所仰賴的「政治正當性」。

總之，無論是「司法權」的漸趨獨立，或是司法體系的「平等意識」抬頭，皆可視為「國家」之「官僚行政體制」與「法權機構」逐步成熟的里程碑。

第一節　兩周職官「士」政治權責演變與司法權獨立

「士」是語意複雜的詞彙，可泛指「成年男子」，也可專指「軍士」或「知

〔註11〕黃東海、范忠信，〈春秋鑄刑書刑鼎究竟昭示了什麼巨變〉，《法學》，2008 年 2 期，頁 53～61。

識份子」等，所涵攝的社會身分相當多元，隨著時代的演變不斷更迭。本文鎖定「士」的「職官」義，尤其關注「士」在「司法」方面的「職份與責任」。〔註12〕

中國古代「官僚體制」（bureaucracy）的「專業分工」向來並不完全，以「司法體系」而言，至少在西周中期，政府的司法職能仍是由軍事或民事行政官員附加執行，並未形成獨立體系。本文擬探討的「士」，在此歷史背景下，其職掌並不容易釐清，但也因此有深究的必要。本文主要參考學界對「司寇」的研究，〔註13〕分析職官「士」是否同「司寇」，可為當時司法漸趨獨立的指標性象徵。

皋陶，中國歷史上首位職官「士」，相關紀錄可參《尚書・虞書・舜典》、〈大禹謨〉，《史記・五帝本紀》、〈夏本紀〉，《古本竹書紀年・五帝》，《今本竹書紀年・帝舜有虞氏》、〈帝禹夏后氏〉等。茲舉《漢書・刑法志》為例：

> ……若夫舜修百僚，咎（皋）繇（陶）作士，命以蠻夷猾夏，寇賊
> 姦軌，而刑無所用，所謂善師不陳者也……

「咎（皋）繇（陶）作士」之「士」，理官也。「蠻夷猾夏」，代表國與國的戰爭，用軍事解決，鎮壓對象是敵軍。「寇賊姦宄」，則是本國的內部變亂，用刑法鎮壓，對象是罪犯。〔註14〕以現今觀點權衡，性質不同的「兵」、「刑」二職，當時皆由職官「士」擔任，「皋陶」便是古代「兵刑合一」帶有傳奇色彩的英雄人物。

其他與「皋陶」相關的紀錄，如《詩經・魯頌・泮水》：

> ……矯矯虎臣，在泮獻馘；淑問如皋陶，在泮獻囚……

記載「僖公既伐淮夷而反，在泮宮使武臣獻馘。又使善聽獄之吏如皋陶者獻囚」，「皋陶」已成「善聽獄之吏」的代名詞。

〔註12〕錢穆認為中國傳統政治理論，在官位上認定的是職分與責任，參見錢穆，《國史新論》（北京：新華書店，2007年9月11刷），頁72。

〔註13〕胡留元、馮卓慧，《夏商西周法制史》（北京：商務印書館，2006年7月），頁543～544。王貽梁，〈周官司寇考辨〉，《考古與文物》，1993年4期，頁96～99。李力，〈《九刑》、「司寇」考辨〉，《法學研究》，1999年2期，頁123～130。陳絜、李晶，〈夨季鼎、揚簋與西周法制、官制研究中的相關問題〉，《南開學報》，2007年2期，頁101～112。李峰，《西周的政體：中國早期官僚制度和國家》（北京：三聯書店，2010年8月），頁79～80、251～253。

〔註14〕顧頡剛，〈周公制禮的傳說和〈周官〉一書的出現〉，《文史》，1979年第6輯，頁17。

又如《上海博物館藏戰國楚竹書（二）‧容成氏》：

舜乃立咎（皋）䚷（陶）㠯爲李（李）。咎（皋）䚷（陶）既已受命，乃ᇁ（辨）会（陰）易（陽）之䯧（氣），而聖（聽）亓（其）訟獄，三年而天下之人亡（無）訟獄者，天下大和黔（均）……【簡29～30】〔註15〕

形像地描繪皋陶具有「辨陰陽之氣，而聽其訟獄」的審判能力。

再如《郭店楚簡‧唐虞之道》：

……咎（皋）▮（陶）內用五型（刑），出弋（式）兵革，皋（罪）涇（輕）▮（秦）用▮（威）。虽（夏）用戈，正（征）不備（服）也……【簡12～13】〔註16〕

簡要地形塑皋陶爲集「兵刑」於一身的典範人物。

其他繼任「皋陶」的職官「士」，乃是本文討論的重心。茲先將時代限定在「兩周」，佐證材料包括西周金文、《左傳》、《國語》、還有戰國秦漢出土的法律文書。本文先依序將上述與職官「士」相關的史料挑出，嘗試分析中國古代「司法權」，正如何與「軍事權」、「外交權」脫鉤，但依然與「行政權」藕斷絲連，再總結評估中國古代官僚體系中「司法獨立」的可能性。

一、西周金文職官「士」的政治權責

西周金文職官「士」，很難與我們所認知的執法人員畫上等號。因爲執法人員所當專司的職務，據朱鳳瀚研究「在西周時尚無專司獄訟之機構的情況下，訊訟乃西周基層行政與軍事官吏均必須擔負之重要職事」。〔註17〕其實從西周金文職官「士」的職務推測，當時「士」已可爲執法人員，但仍同時保有軍事、外交的權責，仍是遠古「兵刑合一」傳統的延續。

（一）西周金文職官「士」的法律權責

爲探討西周金文職官「士」的法律權責，得先將西周金文與「士」相關的銘文挑出，再剔除非職官「士」的部份。我們發現若是從身分「士」、人物

〔註15〕季旭昇主編，《上海博物館藏戰國楚竹書（二）讀本》（臺北：萬卷樓圖書股份有限公司，2003年7月），頁127。

〔註16〕劉釗，《郭店楚簡校釋》（福州：福建人民出版社，2003年12月），頁155。

〔註17〕朱鳳瀚，〈西周金文中的「取徽」與相關諸問題〉，《古文字與古代史》第一輯（臺北：中央研究院歷史語言研究所，2007年9月），頁191～211。

「𥎸」的線索聯繫，從職務推測「士𥎸」可能爲執法人員。所以本節擬將焦點鎖定在「𥎸」這位人物身上，證明西周時的職官「士」已可掌管法律訴訟。

西周金文與職官「士」和人物「𥎸」相關的銘文如下：

1. 〈儵匜〉：…牧牛則誓，乃曰（以）告吏䛐、**吏𥎸**于會，牧牛辭誓成，罰金，儵用乍（作）旅盉。【《集成》10285，西周晚期，《銘文選》258】

2. 〈克鐘〉：隹（唯）十又六年九月初吉庚寅，王才（在）周康剌宮，王乎（呼）**士𥎸**召克，王親令克遹涇東至于京𠂤（師），易（賜）克甸車、馬乘，克不敢彖（弛），尃（溥）奠王令……【《集成》00204～00205，西周晚期，《銘文選》294】〔註18〕

3. 〈士𥎸父盨〉：唯王廿又三年八月，王命**士**🈁（𥎸）父殷南邦🈁（君）諸侯，乃易（賜）馬，王命🈁（文）曰：遉（率）道于小南。唯五月初吉，還至於成周，乍（作）旅盨，用對王休。〔註19〕

〈士𥎸父盨〉尚未面世前，李學勤即主張〈儵匜〉「吏𥎸于會」的「會」是法律用語，爲紀錄所斷獄訟的計簿。古代刑官多稱爲「士」，〈克鐘〉的「士𥎸」和〈訓匜〉的「吏𥎸」可能是同一人。〔註20〕《銘文選》也贊同「士𥎸」爲獄官。

〈士🈁父盨〉面世後，張光裕將「🈁」字隸定作「百」，身分職未明，但與銘文「王命🈁」之「🈁」應是同一人。李學勤改釋「🈁」爲「𥎸」，「士𥎸父」又見於〈克鐘〉和〈克鎛〉，是王朝的司寇官，列於六卿；且將「🈁」改釋爲「文」，「士𥎸父」的僚屬，屬行人之類。黃錫全、王進鋒大致贊同。〔註21〕

〈士🈁父盨〉之「🈁」是否爲「文」，依照〈訇簋〉（《集成》04321）的「文」字作「🈁」，的確可以改釋。而〈士🈁父盨〉之「🈁」，是否即〈儵匜〉、〈克

〔註18〕可參考〈克鎛〉（《集成》00209）。

〔註19〕張光裕，〈西周士百父盨銘所見史事試釋〉，《古文字與古代史》第一輯（臺北：中研研究院歷史語言研究所，2007年9月），頁213～221。

〔註20〕李學勤，《青銅器與古代史》（臺北：聯經出版事業股份有限公司，2005年5月），頁394～395。

〔註21〕張光裕，〈西周士百父盨銘所見史事試釋〉，《古文字與古代史》第一輯，頁213～221。李學勤，〈文盨與周宣王中興〉，《文博》，2008年2月，頁4～5。黃錫全，〈西周「文盨」補釋〉，《古文字學論稿》（安徽大學出版社，2008年4月），頁21～26。王進鋒，〈西周文盨與殷見樂〉，《交響——西安音樂學院學報季刊》，2008年2期，頁18～22。

鐘〉、〈克鎛〉的「智」，在這些器物時代相仿的前提下，先將《金文編》所載「智」、「百」二字並列於下表，俾便後續的字形比對：

器 銘	待考字	《金文編》740 號「智」	《金文編》594 號「百」
字形	士智父盨	儕匜 智壺蓋 克鐘	矢方彝、免盤、夒生盨、 夒生盨、夒生盨、多友鼎、 曾子斿鼎、沇兒鐘、 中山王響鼎、禹鼎

參考《曾侯乙墓·二十八宿漆箱》的「匫」字，〔註22〕加上《汗簡》收錄〈碧落文〉「忽」字作「」，《古文四聲韻》除了〈碧落文〉，還收錄《古老子》「忽」字作「」，〔註23〕都可證明《金文編》740 號所收爲「智」字不誤。再據上表字形比對，「」爲「智」的可能性大於「百」，因爲「百」字首筆必爲平直的橫畫。若此，則〈士智父盨〉的「士智」，與〈克鐘〉的「士智」爲同一人，再和〈儕匜〉「吏智」的職掌對照，即可驗證西周金文確實出現掌管司法事務的職官「士」。

（二）西周金文職官「士」的軍事外交權責

西周金文與職官「士」相關的銘文，包括〈士上盉〉、〈貉子卣〉和〈克鐘〉等，張亞初和劉雨曾據此推測，「士」由於常在「王」之左右，故可受王命外出辦事，或可在賜命禮中擔任儐右，如「凡會同，作士從，賓客亦如之。作士適四方使，爲介。大喪，作士掌事」（《周禮·夏官·司士》）。〔註24〕其實當今討論此課題，尚須加上兩件新出土材料——〈士智父盨〉和〈士山盤〉，且銘文釋讀重點應鎖定在「殷」、「徵」這兩個關鍵詞彙的眞實意涵上，以論證西周時的職官「士」，除「法律」事務外，還得兼管「軍事」與「外交」。

1. 從「殷」字考釋探討職官「士」的軍事外交權責

茲先將西周金文與職官「士」相關，且同時包含職掌「殷」的銘文列出，

〔註22〕 裘錫圭，〈談談隨縣曾侯乙墓的文字資料〉，《文物》，1979 年 7 期，頁 25～31。
〔註23〕 古文字詁林編纂委員會編纂，《古文字詁林（八）》（上海：上海教育出版社，1999 年），頁 1020。
〔註24〕 張亞初、劉雨，《西周金文官制研究》（北京：中華書局，1986 年），頁 39。

包括〈士上卣〉和〈士智父盨〉。再將僅包含職掌「殷」的銘文並列於後，包括〈保卣〉、〈叔矢（虞）方鼎〉和〈駒父盨蓋〉，俾便下文討論：

1. 〈士上卣〉：……**王令士上眔（暨）史寅殷（殷）于成周**……【《集成》05421，西周早期，《銘文選》118】〔註25〕

2. 〈士智父盨〉：……**王命士智父殷南邦君諸侯**……

3. 〈保卣〉：乙卯，**王令保及殷東或（國）五侯**……【《集成》05415，西周早期，《銘文選》33】

4. 〈叔矢（虞）方鼎〉：……王乎（呼）**殷厥士𣎆**弔（叔）矢（虞）以𧆑衣、車馬、貝卅朋。敢對王休，用乍（作）寶尊彝，其萬年對揚王光厥士」。〔註26〕

5. 〈駒父盨蓋〉：「唯王十又八年正月，南中（仲）邦父命駒父**殷南者（諸）侯**，達高父見南淮尸（夷），𢼸（厥）取𢼸（厥）服，董（謹）尸（夷）俗。羕（遂）不敢不敬畏王命，逆見我，𢼸（厥）獻𢼸（厥）服，我乃至于淮小大邦，亡（無）敢不□具逆王命……」【《集成》04464，西周晚期，《銘文選》442】

〈士上卣〉的「殷」，《銘文選》讀爲「覲」，訓作「見」，包括諸侯王臣之朝見和王遣使諸侯。

〈士智父盨〉的「殷南邦𥝊（君）諸侯」，李學勤認爲是周王召集南國諸侯國前來朝見。雖然黃錫全曾就字形改釋「𥝊」爲「啓」，但王進鋒已申論「啓諸侯」一詞晚至《晉書》才出現，故維持「君」說較佳。

〈保卣〉「王令保及殷東或（國）五侯」之「保」，從黃盛璋起，多數都認爲是大保「召公奭」；但李學勤、彭裕商反對。「及」，陳夢家認爲是並列連詞；但黃盛璋、郭沫若已言，西周早期金文的連詞爲「眔」，此時「及」仍作動詞，目前有逮捕、預、征伐、驅逐、追趕、至等說法。若「及」爲動詞，多數便將「殷東或（國）五侯」作爲「及」的受詞，認爲「殷」乃武庚祿父或是地名；但李學勤卻認爲「殷」還是動詞，爲殷見、殷同之禮，諸侯會集向王朝見。此典禮是在王主持下進行，舉行殷見禮的地點，估計在周都。可參《周禮·大宗伯》、〈大行人〉、〈職方氏〉，和清金鶚《求古錄禮說·會同考》等。所以〈保尊〉、

〔註25〕與〈士上卣〉（《集成》05422）、〈士上尊〉（《集成》05999）、〈士上盉〉（《集成》09454）同。

〔註26〕李伯謙，〈叔矢方鼎銘文考釋〉，《文物》，2001年8期，頁39～42。

〈保卣〉的「殷東國五侯」，爲東土的五等諸侯朝見。﹝註27﹞

〈叔夨（虞）方鼎〉的器主，多數學者贊成李伯謙「唐叔虞」說。而銘文中出現兩次的「厥士」，李學勤認爲是「在官之總號」；黃盛璋認爲相當於王之衛士；王占奎認爲即群臣；但王輝認爲即「叔虞」。「厥士」是否專指叔虞，關鍵在「𤔲」，吳振武隸作「爵」，當封爵講；王輝也隸作「爵」，但通讀作「勞」，慰勞；陳斯鵬則認爲是「觴」的象形初文，通讀作「唐」。而「殷」字，李學勤認爲指殷見，聚合朝見。王輝引《廣雅・釋詁一》「正也」；《尚書・呂刑》「三后成功惟殷於民」，孫星衍《疏》「言三后正民以成功也」等，解釋爲「正定」。陳斯鵬認爲「王呼殷厥士」爲「王命人安撫、慰勞其士」。劉宗漢則認爲「殷」，乃殷人。﹝註28﹞

〈駒父盨蓋〉，是南仲邦父命駒父到南諸侯帥高父那裡會見淮夷、索取貢賦，其中「堇尸（夷）俗」之「堇」有爭議。王輝、夏含夷、黃德寬讀作「堇（謹）」，意謂尊重夷的習慣。黃盛璋讀作「堇（覲）」，解爲查看淮夷動態。﹝註29﹞

﹝註27﹞ 陳夢家，《西周銅器斷代》（北京：中華書局，2004 年），頁 7。黃盛璋，〈保卣銘的時代與史實〉，《考古學報》，1957 年 3 期，頁 51～59。郭沫若，〈保卣銘釋文〉，《考古學報》，1958 年 1 期，頁 1～2。李學勤，〈太保玉戈與江漢的開發〉，《走出疑古時代》（瀋陽：遼寧大學出版社，1997 年），頁 139。李學勤，《青銅器與古代史》（臺北：聯經出版事業股份有限公司，2005 年 5月），頁 168～173。彭裕商，〈保卣新釋〉，《考古與文物》，1998 年 4 期，頁68～72。王輝，《商周金文》（北京：文物出版社，2006 年 1 月），頁 50～53。王進鋒，〈保卣銘剩義新探〉，《唐都學刊》，2008 年 5 月，頁 57～60。
﹝註28﹞ 李伯謙，〈叔夨方鼎銘文考釋〉，《文物》，2001 年 8 期，頁 39～42。李學勤，〈談叔夨方鼎及其他〉，《文物》，2001 年 10 期，頁 67～70。李學勤，〈叔虞方鼎試證〉，《晉侯墓地出土青銅器國際學術研討會論文集》（上海書畫出版社，2002 年），頁 249～251。黃盛璋，〈晉侯墓地 M114 與叔夨方鼎主人、年代和墓葬世次年代排列新證〉，《晉侯墓地出土青銅器國際學術研討會論文集》（上海書畫書版社，2002 年），頁 221。吳振武、王占奎等，〈曲沃北趙晉侯墓地 M114 出土叔夨方鼎及其相關問題研究筆談〉，《文物》，2002 年 5 期，頁69～77。劉宗漢，〈《叔夨方鼎》「王乎殷厥士賚叔夨」解〉，《歷史研究》，2003年 3 期，頁 186～188。王輝，《商周金文》（北京：文物出版社，2006 年 1 月），頁 44～47。陳斯鵬，〈唐叔虞方鼎新解〉，《古文字學論稿》（安徽大學出版社，2008 年 4 月），頁 180～191。
﹝註29﹞ 王輝，〈駒父盨蓋銘文試釋〉，《考古與文物》，1982 年 5 期，頁 56～59。黃盛璋，〈駒父盨蓋銘文研究〉，《考古與文物》，1983 年 4 期，頁 52～56。夏含夷，〈從《駒父盨蓋》銘文談商王朝與南淮夷的關係〉，《考古與文物》，1988 年 1期，頁 95～98。黃德寬，〈淮夷文化研究的重要發現——駒父盨蓋銘文及其史

先將上述五器的「殷」字並列：

1. 〈士上卣〉：「王令士上眾（暨）史寅寢（殷）于成周」

2. 〈士曶父盨〉：「王命士曶父**殷**南邦君諸侯」

3. 〈保卣〉：「王令保及**殷**東或（國）五侯」

4. 〈叔矢（虞）方鼎〉：「王乎（呼）**殷**厥士𤔲弔（叔）矢（虞）……」

5. 〈駒父盨蓋〉：「南中（仲）邦父命駒父**殷**南者（諸）侯」

「殷」作動詞有「殷見」、「聘問」、「正定」、「治理」等意義。「殷」的對象包括「成周」、「南邦君諸侯」、「厥士𤔲叔虞……」、「南者（諸）侯」等。西周與南淮夷的相處模式，一向是「鎮壓」與「懷柔」並行，因為淮夷長期或服或叛，故可「殷見」、「聘問」，也可「正定」、「治理」。

簡言之，〈士上卣〉的「士上」和〈士曶父盨〉的「士曶父」，分別擔負「寢（殷）于成周」與「殷南邦君諸侯」的職務。若是「殷」為「正定」和「治理」，職官「士」即握有軍事權責；若是「殷」為「殷見」和「聘問」，職官「士」則被賦與外交權責。

2. 從「徵」字考釋探討職官「士」的軍事外交權責

西周金文「徵」字同樣兼具多重意涵，據商艷濤的研究，「徵」字在西周金文至少有「徵伐」、「徵行」和「徵稅」等義。〔註30〕職官「士」與職掌「徵」同出的銘文可以新出〈士山盤〉為例：

> ……士山入門……王乎乍冊尹冊令（命）山曰：于入莽侯，徣（出）
> 🔲（徵）逞蠱、荆（刑）🔲，服眾大虘、服履、服六孯、服莽侯、蠱、
> 🔲賓貝、金……〔註31〕

「徵」、「服」一起出現，黃錫全認為若「徵」義為懲罰，「服」就是降服、臣服；若「徵」義為徵斂，「服」就是徵收貢賦。董珊認為「服」還有「職事」義，最基本的職事就是朝見，其義為鞏固雙方的臣屬關係。晁福林引用〈貉

實〉，《東南文化》，1991 年 2 期，頁 145～147。李朝遠，《西周土地關係論》（上海：上海人民出版社，1997 年 1 月），頁 168～169。

〔註30〕 商艷濤，〈金文中的巡省用語〉，《殷都學刊》，2007 年 4 期，頁 66～68。商艷濤，〈金文中「徵」值得注意的用法〉，《華南師範大學學報》，2007 年 5 期，頁 143～145。商艷濤，〈金文中的「徵」〉，《語言科學》，2009 年 3 月，頁 147～154。

〔註31〕 朱鳳瀚，〈士山盤銘文初釋〉，《中國歷史文物》，2002 年 1 期，頁 4～7。

子卣〉的「士道」，曾作爲周王的特派大員，向貉國君主饋贈禮品，與〈士山盤〉的「士山」，至中侯之國以及蠻夷小國代宣王命的情況類比。〔註32〕

簡言之，「徵」若爲「徵伐」，〈士山盤〉的「士山」即職掌軍務；反之，若將「徵」視爲「徵行」或是「職事——朝見」，則「士山」即總理外交。

綜上所述，西周金文所載職官「士」可主刑獄，但必須在〈克鐘〉、〈克鎛〉、〈士訇父盨〉等的「訇」，與〈儕匜〉之「吏訇」爲同一人的前提下方能成立。且從〈士上卣〉、〈士訇父盨〉的「殷」和〈士山盤〉的「徵」字涵義，可以證明當時「士」的職責除了法律，還包括軍事與外交，仍是皋陶「兵刑合一」的餘緒。

二、春秋晉國「士」氏家族的政治權責〔註33〕

西周職官「士」可同時掌管法律、軍事和外交事務；同時法律事務也不是只有職官「士」可以處理，當時的「軍事官吏」和「行政官吏」亦可兼管。所以整個西周時期，「法律」在國家官僚體制裡尚未具備獨立地位，那麼春秋時期的職官「士」又是如何，本文擬以《左傳》、《國語》所載的晉國「士」氏家族作爲討論核心，古代有「以官爲氏」的傳統，「士」氏家族的歷代傳承，是否象徵著「春秋晉國」已比「西周」，更具備「司法獨立」的條件呢？

春秋晉國「士」氏家族的成員范宣子與和大夫爭田，爲了化解紛爭，范宣子向家臣訾祐請益，訾祐藉此向范宣子歷數其家世曰：

> 昔隰叔子違周難於晉國，生子輿爲理，以正於朝，朝無姦官；爲司空，以正於國，國無敗績。世及武子，佐文、襄爲諸侯，諸侯無二心，及爲卿，以輔成、景，軍無敗政。及爲成師，居太傅，端刑法，緝訓典，國無姦民，後之人可則，是以受隨、范。及文子成晉、荊之盟，豐兄弟之國，使無有閒隙，是以受郇、櫟。今吾子嗣位，於朝無姦行，於國無邪民，於是無四方之患，而無外內之憂，賴三子

〔註32〕 朱鳳瀚，〈士山盤銘文初釋〉，《中國歷史文物》，2002 年 1 期，頁 4～7。黃錫全，〈士山盤銘文別議〉，《中國歷史文物》，2003 年 2 期，頁 60～65。董珊，〈談士山盤銘文的「服」字義〉，《故宮博物院院刊》，2004 年 1 期，頁 78～85。晁福林，〈從士山盤看周代「服」制〉，《中國歷史文物》，2004 年 6 期，頁 4～9。

〔註33〕 本文主要採用楊伯峻編著，《春秋左傳注》，（臺北：洪葉文化事業有限公司，1993 年 5 月）；和徐元誥編著，《國語集解》（北京：中華書局，2002 年 6 月）。

之功而饗其祿位……（《國語‧晉語八》）

隰叔生子輿（士蔿），是「士」氏家族中首位擔任「理」（士官）者。其次，范武子士會「端刑法，緝訓典，國無姦民，後之人可則」。再次，范文子士燮所以能讓「於朝無姦行，於國無邪民」，也應是貫徹法律的成效。范宣子士匄在聽完家臣訾祏的回溯後，深切體悟家族加諸己身的使命，「乃益和田而與之和」。

春秋晉國「士」氏家族不但「以官爲氏」，且世代皆以「士官」爲業，其「家族譜系」：

杜伯──隰叔──士蔿──士縠──士會──士燮──士匄──士鞅──士吉射──范夷皋〔註34〕

下文將參考《左傳》、《國語》等傳世文獻，和《上海博物館藏戰國楚竹書（六）‧競公瘧》，討論春秋晉國「士」氏家族中的領導人物，在法律、軍政、外交所肩負的職責和享有的權力。

（一）春秋晉國「士」氏家族的法律權責

春秋初年，晉文侯卒，昭侯繼位，封文侯弟於曲沃爲桓叔，曲沃桓叔依靠實力長期與公室爲敵，後來曲沃武公消滅公室，代爲晉武公，武公卒，子獻公繼位。晉獻公因「桓莊之族逼」而「盡殺群公子」，在整肅過程中，與晉公室毫無血緣關係的晉大夫士蔿，竭力獻策成事，如：

1. 晉桓、莊之族逼，獻公患之。士蔿曰：「去富子，則群公子可謀也已。」（《左傳‧莊公二三年》）

2. 晉士蔿又與群公子謀，使殺游氏之二子。士蔿告晉侯曰：「可矣。不過二年，君必無患」……（《左傳‧莊公二四年》）

加上獻公時的驪姬之亂，「詛無畜群公子，自是晉無公族」（《左傳‧宣公二年》）。以至於叔向之時，「晉之公族盡矣」（《左傳‧昭公三年》）。或許「士」氏家族所以能接管晉國法律事務，即因他們並非晉公族的緣故，沒有血緣關係，才能大公無私地輔佐國君、爲國效勞。

晉悼公即位，曾命「右行辛爲司空，使修士蔿之法」、「使士渥濁爲大傳，使脩范武子之法」（《左傳‧成公十八年》）。「士蔿之法」，除了「子輿爲理，以正於朝，朝無姦官」（《國語‧晉語八》）之外，附之闕如。相較之下，「士

〔註34〕程發軔，《春秋人譜》（臺北：臺灣商務印書館，1990 年），頁 18。

會之法」所留存的史料就稍微豐富。如士會「歸而講求典禮，以修晉國之法」（《左傳・宣公十六年》）；又如士會「歸乃講聚三代之典禮，於是乎修執秩以爲晉法」（《國語・周語中》）等。且新出《上海博物館藏戰國楚竹書（六）・競公瘧》亦有士會（范武子）行使法律職權的相關紀錄：

> 屈木爲成於宋，王命屈木昏（問）䣋（范）武子之行安（焉）？文子畬（答）曰：「夫子吏（使）丌（其）厶（私）吏聖（聽）獄於晉邦，塼（博）情而不🅰（遁或徇），吏（使）丌（其）厶（私）祝、吏（史）進……【簡4】〔註35〕

其中「夫子吏（使）丌（其）厶（私）吏聖（聽）獄於晉邦」的「厶（私）吏」，爲何有祖的釋讀與斷句。〔註36〕「士」氏家族因爲歷代主管法律事務，故可使「私吏聽獄於晉邦」。

而「塼情而不🅰」的異說最多。「塼」字，目前有「溥」或「敷」（濮茅佐）、「薄」（陳偉）、「溥」（何有祖、梁靜）、「迫」（董珊）、「敷」（張崇禮）、「布」（李天虹）等異說。「🅰」字，濮茅佐隸「愈」，從「心」、「俞」省聲，通「愈」或「愉」。何有祖讀「逾」。董珊、張崇禮讀「偷」。劉信芳改隸「悊」讀「隱」。李天虹則隸作從「月」、「忢」，「川（昌紐文部）」、「盾（定紐文部）」音近，讀「遁」，訓隱匿。陳偉亦認爲此字右上爲「川」省形，《郭店楚簡・緇衣》簡12「🅱」字讀「順」，「🅰」可能是「順」字異寫，讀作「徇」，「不徇」即不謀求私利。〔註37〕

〔註35〕馬承源主編，《上海博物館藏戰國楚竹書（六）》，（上海：上海古籍出版社，2007年），頁174。

〔註36〕何有祖，〈上博六《景公瘧》初探〉，簡帛網，2007年7月11日，http://www.bsm.org.cn/ show_article.php?id=605。

〔註37〕陳偉，〈讀〈上博六〉條記〉，簡帛網，2007年7月9日，http://www.bsm.org.cn/show_article.php?id=597。
何有祖，〈上博六《景公瘧》初探〉，簡帛網，2007年7月11日，http://www.bsm.org.cn/show_article.php?id=605。
董珊，〈讀〈上博六〉雜記（續二）〉，簡帛網，2007年7月11日，http://www.bsm.org.cn/show_article.php?id=608。
張崇禮，〈釋《景公瘧》中的「敷情不偷」〉，簡帛研究網，2007年7月24日，http://jianbo.sdu.edu.cn/admin3/2007/zhangchongli003.htm。
劉信芳，〈上博藏六〈景公瘧〉簡4、7試解〉，簡帛研究網，2007年7月28日，http://jianbo.sdu.edu.cn/admin3/2007/liuxinfang001.htm。
李天虹，〈上博六《景公瘧》字詞校釋〉，《古文字學論稿》（合肥：安徽大學出版社，2008年4月），頁335～336。梁靜，《〈上博六・景公瘧〉重編新釋與版

　　《上博六‧競公虐》的簡文釋讀，可參照上述「范宣子與和大夫爭田」，范宣子在諮詢家臣訾祏前，已先請教過伯華、孫林甫、張老、祁奚和籍偃等，他們皆因專業分工的理由，如伯華、張老和籍偃職掌軍務，所以不便處理土地糾紛，可算是「兵刑分立」的範例。最後范宣子聽從叔向的建議，轉委任訾祏調停此案，因為叔向認為訾祏具備下列人格特質：

> 訾祏**實直而博，直能端辨之，博能上下比之**，且吾子之家老也。吾聞國家有大事，必順於典刑，而訪諮於耆老，而後行之。（《國語‧晉語八》）

叔向所言訾祏的特質「實直而博」，「直能端辨之，博能上下比之」，即《上博六‧競公虐》「塼情而不▨」的最佳註解，「塼」字應通讀作「博」。

　　至於「塼情而不▨」的「▨」字，則保留「遁」、「徇」二說。首先，就字形分析，楚文字的確不見「俞」作聲符省略「宀」形的例子，更何況〈競公瘧〉本身就有幾個從「俞」部件的字，寫法皆不類，故不採「俞」說。其次，楚文字「▨」部件為「川」偏旁的可能性大於「斤」。至於應該選用從「川」通假作「遁」或「徇」，因很難抉擇，故暫時將二說並存。

　　范宣子士匄，乃「范武子士會」之孫，晉平公時同其祖父士會，皆曾任晉國中軍將，執掌國政，范宣子還有具體從事法律審判的紀錄：

> 王叔陳生與伯輿爭政，王右伯輿。王叔陳生怒而出奔。及河，王復之，殺史狡以說焉。不入，遂處之。晉侯使士匄平王室，王叔與伯輿訟焉。王叔之宰與伯輿之大夫瑕禽坐獄於王庭，士匄聽之……（《左傳‧襄公十年》）

但後世更常提及另外一則，仲尼反對晉趙鞅、荀寅鑄刑鼎，刑鼎上所鑄為「范宣子刑書」（《左傳‧昭公二十九年》）。仲尼為何反對「宣子之刑」？杜預《注》：「范宣子所用刑，乃夷蒐之法也。夷蒐在文六年，一蒐而三易中軍帥，賈季、箕鄭之徒遂作亂，故曰亂制」。顧頡剛在〈晉蒐於夷，定國政者為趙宣子盾，非范宣子匄條〉，已經指出杜預《注》的錯誤，依照「夷之蒐」的史事記載，此「宣子為趙宣子，非范宣子」。〔註38〕晉襄公「夷之蒐」本使「狐射姑將中

本對比〉，簡帛網，2008 年 11 月 25 日，
http://www.bsm.org.cn/show_article.php?id=901。
　陳偉，〈讀上博楚竹書〈景公瘧〉札記〉，《出土文獻與古文字研究‧第二輯》（上海：復旦大學出版社，2008 年 8 月），頁 147。
〔註38〕顧頡剛，《顧頡剛讀書筆記‧讀左傳隨筆》（臺北：聯經出版事業股份有限公

軍，趙盾佐之」，後因太傅楊處父「黨於趙氏，且謂趙盾能」，而改「蒐於董」，並改立「趙宣子趙盾」爲中軍主帥，其任內的司法改革爲「制事典，正法罪，辟刑獄，董逋逃，由質要，治舊洿，本秩禮，續常典，出滯淹」（《左傳·文公六年》）。或許仲尼反對是因爲「正法罪，辟刑獄」會背離西周「親親、尊尊」的宗法秩序。〔註39〕或者與執法者爲「趙盾」相關，因爲趙盾專政讓晉國國君權力下移，且他縱容「從父昆弟趙武之子趙穿」弒殺晉靈公、改立晉成公，不適合主導司法改革。

（二）春秋晉國「士」氏家族的軍事外交權責

春秋晉國「中軍」的重要性，相當於楚國「令尹」，兩者皆集軍政司法職務於一身，權責僅次於國君。春秋晉國「中軍」繼任時間的先後順序爲：

邻縠──先軫──先且居──趙盾──邻缺──荀林父──士會──

──邻克──欒書──韓厥──知罃──荀偃──士匄──趙武──

韓起──魏舒──范鞅──趙鞅──知瑤。〔註40〕

春秋晉國「士」氏家族並非公族，但是「士會」、「士匄」和「范鞅」，卻可和「邻縠」、「趙盾」等公族一起擔任「晉中軍」，共享軍政大權。

士縠，士蔿子，本可是春秋晉國「士」氏家族首位擔任「晉中軍」的子孫。晉襄公「蒐於夷」，原擬讓士縠、梁益耳將中軍。但因先克向襄公進言道「狐、趙之勳不可廢也」，襄公迫於局勢只好改讓狐射姑（狐偃之子）將中軍，趙盾（趙衰之子）佐之。爾後，太傅楊處父又「蒐於董」，改讓趙盾將中軍，狐射姑佐之（《左傳·文公六年》、〈文公八年〉）。雖然晉襄公原擬借助士縠、梁益耳等「非公族」之力，奪回軍政大權的計謀並未成功。但從士縠既有可能「將中軍」一事，推測士縠的軍政才能應不容小覷，且士縠還兼具外交手腕：

1. 夏，六月，公孫敖會宋公、陳侯、鄭伯、晉士縠盟于垂隴。（《春秋經·文公二年》）

2. 公未至，六月，穆伯會諸侯及晉司空士縠盟于垂隴，晉討衛故也。

司，1990 年），頁 8075～8077。

〔註39〕 韓連琪，〈論春秋時代法律制度的演變〉，《中國史研究》，1983 年 4 期，頁 3～12。

〔註40〕 顧棟高，《春秋大事表》（文淵閣四庫全書本，臺北：商務印書館，1983 年），頁 179～195。

書「士縠」，堪其事也。（《左傳·文公二年》）

此盟會由晉國主導，前此從未有大夫主持諸侯盟會的紀錄，士縠是首位，此也是春秋晉國「士」氏家族成員涉足國家外交事務的開端。

范武子士會，春秋晉國「士」氏家族首位正式擔任「晉中軍」者。他在晉楚城濮之戰時已經「攝右」（《左傳·僖公二八年》）。雖然襄公卒，趙盾背棄與先蔑、士會的約定，改立靈公爲新君，導致士會只得奔秦爲秦效力，但旋即被徵召回晉。靈公不君，士會曾勸諫「人誰無過，過而能改，善莫大焉」，惜靈公不聽，後被趙穿所殺（《左傳·宣公二年》）。晉景公時晉楚邲之戰，士會將上軍救鄭，後因「帥師滅赤狄甲氏及留吁、鐸辰。三月，獻狄俘」，故「晉侯請于王，戊申，以黻冕命士會將中軍，且爲大傅」（《左傳·宣公十六年》）。最後因晉齊鞌之戰，郤克爭做正卿而告老卸職。

范文子士燮，范武子士會子，歷任上軍佐、上軍將、中軍佐，雖沒當過中軍將，但其軍政才能不亞其父。晉景公晉齊鞌之戰，士燮佐上軍。且在士會的調教下，不敢居功，如「靡笄之役，郤獻子師勝而返，范文子後入」（《國語·晉語五》）。並沿用相同的方式教導其子士匄，如「鄢之役，荊壓晉軍，軍吏患之，將謀·范匄自公族趨過之，曰：『夷竈堙井，非退而何？』范文子執戈逐之……」（《國語·晉語六》）。鄢陵之戰後，士燮料到晉國不久將有大亂，於是效法其父士會告老退休，以其子士匄錫爵。

士會、士燮皆具軍事才能，有豐富領兵作戰的經驗，同時兩父子皆有一套軍政理想，如晉楚邲之戰，隨武子（士會）將上軍救鄭前所言：

善。會聞用師，觀釁而動。德、刑、政、事、典、禮不易，不可敵也，不爲是征。楚君討鄭，怒其貳而哀其卑。叛而伐之，服而舍之，德、刑成矣。伐叛，刑也；柔服，德也，二者立矣……（《左傳·宣公十二年》）

又如晉楚鄢陵之戰，士燮雖設計引誘楚軍表現傑出，但原先晉厲公將伐鄭、與楚宣戰時，士燮並不贊成，因爲士燮認爲：

吾聞之，君人者刑其內，成，而後振武於外，是以內和而外威。今吾司寇之刀鋸日弊，而斧鉞不行，內猶有不刑，而況外乎？夫戰，刑也，刑之過也。過由大，而怨由細，故以惠誅怨，以忍去過。細無怨而大不過，而後可以武，刑外之不服者。今吾刑外乎大人，而忍於小民，將誰行武？……（《國語·晉語六》）

「刀鋸日弊」是小人之刑屢見不顯,「斧鉞不行」是斧鉞大刑不行於大臣。「過由大」乃過由大臣也,「怨由細」是說怨者由小細民。〔註41〕士會的見解有兩層涵義,其一是他認為當大臣與平民遭逢法律糾紛時,皆應獲得公平的審判,內政安定後,才是對外用兵的適當時機。其二是「夫戰,刑也」,用「兵」猶用「刑」,此乃古代「兵刑合一」理念影響下的論述。

士燮也是繼士縠,「士」氏家族中著名的外交人才,所以訾祏會說「及文子成晉、荊之盟,豐兄弟之國,使無有閒隙,是以受郇、櫟」(《國語·晉語十四》)。士燮實際外交斡旋的記錄很多,如「晉侯使士燮來聘」、「叔孫僑如會晉士燮、齊人、邾人伐郯」(《春秋經·成公八年》),「晉士燮來聘,言伐郯也,以其事吳故」(《左傳·成公八年》),和「宋華元克合晉、楚之成,夏,五月,晉士燮會楚公子罷、許偃」(《左傳·成公十二年》)等等。

范宣子士匄,為仕於晉悼公、晉平公二世,是「士」氏家族繼士會後第二位擔任中軍將者。士匄曾受晉悼公命,出使齊國,告誡齊靈公說:「寡君使匄以歲之不易,不虞之不戒,寡君願與一二兄弟相見,以謀不協,請君臨之,使匄乞盟」(《左傳·襄公三年》),完成挾齊入盟的使命。又為了鞏固晉宋聯盟,向中行偃建議以諸侯之師消滅妘姓小國逼陽,封給宋國右師向戌(《左傳·襄公十年》)等,皆展現出范宣子傑出的外交手段。中軍將荀罃卒,范宣子稟承家訓,讓比他年長的上軍將荀偃繼任(《左傳·襄公十三年》),晉平公荀偃辭世後,才繼任中軍將,執政期間盡滅欒氏黨族。(《左傳·襄公二十一》、〈二十三年〉)

綜觀春秋晉國「士」氏家族,士蒍、士會和士匄皆有法典傳世或審判實錄,可見兩周之際「在家國同構的血緣政治模式下,貴族間的糾紛通常由執政大臣等高級貴族調停」〔註42〕之論斷大致可信。且晉國似乎已可歸納當時的司法大權乃掌握於「非公族」、「以官為氏」的「士氏家族」手中,世代相傳。但當時司法權並未獨立,因為「士氏家族」的士會、士匄也同時擔任中軍將,他們的司法權或源自於軍事權。且士縠、士燮、士匄都是傑出的外交人才,因為軍事、外交乃一體兩面,敵人或服或叛,本就有不同的因應策略,故原本擔負作戰職務的「士」,也得同時掌理外交談判。

春秋晉國「士」氏家族所掌有的司法權責,可視為春秋晉國國君、六卿

〔註41〕徐元誥編,《國語集解》(北京:中華書局,2002 年 6 月),頁 391〜393。
〔註42〕陳絜、李晶,〈夨季鼎、揚簋與西周法制、官制研究中的相關問題〉,《南開學報》,2007 年 2 期,頁 110。

間權力分配、制衡下的產物。雖然「士氏家族」在獲得司法權的同時，總是伴隨著軍事權與外交權，所以不能說此時的司法權已然獨立，但總是司法權獨立意識萌芽的徵兆！若此，司法權才能在政治權力大餅中，與軍事權與外交權相互競逐。且春秋晉國「士氏家族」掌管司法，亦爲日後三晉地區法文化特別繁榮奠定了良好的基礎。因爲三晉地區，在春秋「士氏家族」參與國政的影響下，已經普遍體認法律對於政權統治的重要性，法治理念比同時期其他國家更爲成熟，以至於戰國初年列國變法，會肇始於從三晉分裂出來的魏國，魏文侯任用李悝、吳起、西門豹等人進行改革，並非空穴來風，而是經歷長期的蘊釀所獲得的果實。

三、戰國秦漢出土法律文獻職官「士」的法律權責

（一）《包山楚簡》法律文獻職官「士」的法律權責

楚國法制改革最有名的莫過於楚文王的「僕區之法」（《左傳・昭公七年》），以及楚莊王的「茅門之法」（《韓非子・外儲說右上》）。戰國時期列國紛紛變法圖強，楚國也不例外。楚悼王吳起變法的措施，如：「明法審令，捐不急之官，廢公族疏遠者，以撫養戰鬥之士」（《史記・孫子吳起列傳》）、「吳起爲楚悼王立法，卑減大臣之威重，罷無能，廢無用，損不急之官，塞私門之請，一楚國之俗，禁游客之民，精耕戰之士……」（《史記・范雎蔡澤列傳》）、「使封君之子孫三世而收爵祿，絕滅百吏之祿秩，損不急之枝官，以奉選練之士」（《韓非子・和氏》）等。吳起因此得罪不少楚國權貴，故當悼王駕崩，肅王繼任後，「乃使令尹盡誅射吳起而并中王尸者。坐射起而夷宗死者七十餘家」（《史記・孫子吳起列傳》），與商鞅在秦國變法的遭遇如出一轍，皆不得善終。但他們在楚、秦二國推行的法律改革，卻已經深植民心，其功效可參見《包山楚簡》與《睡虎地秦墓竹簡》中內容豐富多樣的法律文書。

春秋楚國與當時其他諸侯國一樣，文武官的職掌皆不甚明確。〔註43〕直至戰國時期才開始轉變，戰國《包山楚簡》法律文書確能反應此「兵刑分離」的演進。以「左尹」爲例，春秋時仍爲楚國軍事官，見「楚左尹子重侵宋」（《左傳・宣公十一年》）、「左尹郤宛、工尹壽帥師至于潛，吳師不能退」（〈昭公二

〔註43〕羅運環，〈古文字資料所見楚國官制研究〉，《楚文化研究論集 2》（武漢：湖北人民出版社，1991 年 3 月），頁 289。

十七年〉）。戰國時包山楚墓主人「左尹邵𬰀」，據簡文記載，已職掌戶籍管理，處理有關經濟、刑事訴訟方面的重要案件，監督各地行政、司法長官行使職權，類似於《周禮·地官·大司徒》和〈秋官·大司寇〉。〔註44〕戰國《包山楚簡》法律文書中的「左尹」，已開始總理法律案件，包括司寇、司敗、士師等主管的刑事案件，司徒主管的民事案件等，不再兼管軍務。且《包山楚簡》法律文書出現一批專門的司法官吏，如「司敗」、「正」、「𬺰」、「疋」、「秀」、「義」和「司惪」等等。〔註45〕

除了上述「左尹」、「司敗」等司法官吏，本節主要鎖定《包山楚簡》法律文書中職官「士」的權力與責任，包括「士師」、「士尹」和「左尹士」。

首先，與「士師」相關的案例如下：

> 東周之客齶（許）經至（致）作（胙）於藏郢之歲夏屎之月甲戌之日，甲戌之日，子左尹命漾陵莒大夫𧫼（察）郜室人某（梅）〔註46〕瘥之典之在漾陵之厷（參）鈙。漾陵大莒瘥、大騜（駟）〔註47〕尹帀（師）、𪘜（鄴）公丁、士帀（師）墨、<u>士帀（師）鄩（楊）慶吉啟漾陵之厷（參）鈙而才（在）之</u>，某（梅）瘥才（在）漾陵之厷（參）鈙閒御（甘㐁）〔註48〕之典匿。　大莒瘥內（入）氏（是）〔註49〕𧫼（志）。【包12～13】

〔註44〕李零，〈包山楚簡研究文書類〉，中國古文字研究會第九屆學術討論會，1992年11月；又見《李零自選集》（桂林：廣西師範大學出版社，1998年2月），頁134。劉信芳，〈包山楚簡職官與官府通考（上）〉，《故宮學術季刊》，15卷1期，1997年9月，頁55。

〔註45〕劉信芳，〈包山楚簡職官與官府通考（上）〉，《故宮學術季刊》，15卷1期，1997年9月，頁61～62、65～67。劉信芳，〈包山楚簡職官與官府通考（下）〉，《故宮學術季刊》，15卷2期，1997年12月，頁140～143。

〔註46〕何琳儀讀「謀」，參見〈包山竹簡選釋〉，《江漢考古》，1993年第4期，頁55。黃盛璋讀「梅」，參見〈包山楚簡辨證、決疑與發復〉，中國古文字第九屆學術研討會，1992年10月，又見《湖南考古輯刊》，第六集，1994年4月，頁187。

〔註47〕李家浩，〈南越王墓車駟虎節銘文考釋〉，《容庚先生百年誕辰紀念文集》（廣州：廣東人民出版社，1998年4月），頁662～671。

〔註48〕陳偉：甘㐁之歲所記名籍，楚國名籍是按登記年份的不同分開存放於地方官府。參見《包山楚簡初探》，頁127。

〔註49〕黃盛璋讀為「是」，參見〈包山楚簡辨證、決疑與發復〉，中國古文字第九屆學術研討會，1992年10月，又見《湖南考古輯刊》，第六集，1994年4月，頁187。

「宫大夫」是官名泛稱，本案之「宫大夫」指「漾陵大宫痎、大駐（馹）尹帀（師）、鄒公丁、士帀（師）墨、士帀（師）鄒（楊）慶吉」諸人。〔註 50〕「漾陵之厽（參）鉩而才之」之「才」讀「在」，陳偉引《爾雅・釋詁》：「在，察也」，訓爲查看、查驗名籍。〔註 51〕簡言之，本案之「士師」，隸屬於「縣宫大夫」之列，爲開啓厽（參）鉩、查驗某瘽戶籍的官員之一，僅地方負責法律事務的小吏。與下列傳世文獻記載的「士師」不大相同：

1. 柳下惠爲**士師**……（《論語・微子》）
2. 孟氏使陽膚爲**士師**，問於曾子……（《論語・子張》）
3. （孟子）曰：「**士師**不能治士，則如之何？」（《孟子・梁惠王下》）
4. 孟子謂蚳鼃：「子之辭靈丘而請**士師**，似也，爲其可以言也。今既數月矣，未可以言與……（《孟子・公孫丑下》）
5. ……今有殺人者，或問之曰：「人可殺與？」則將應之曰：「可。」彼如曰：「孰可以殺之？」則將應之曰：「爲**士師**則可以殺之……（《孟子・公孫丑下》）

傳世文獻的「士師」乃典獄之官、刑官之屬，在大、小司寇下，負責治獄、向王諫正刑罰不中者，或是處決犯人等，〔註 52〕與簡文所載「士師」的層級不同。

其次，與「士尹」相關之案例有二，分見於一宗殺人案與〈所詎簡〉。先討論殺人案（簡 120～123）。「舍（余）韙」向「昜（陽）成（城）公𦏧（瞿）〔註 53〕睪」狀告「郑倷」，因爲郑倷「𩣡（竊）馬於下鄒（蔡）」，後「𧷸（賣）至昜（陽）成（城）」，且殺其同宗兄弟「舍（余）睪」。後來「郑倷」向本案審理官「昜（陽）成（城）公𦏧（瞿）睪」等坦承，的確和「雁（鷹/應）女返」、「場賈」、「競（景）不割（害）」，同在「競（景）不割（害）之官（館）」殺害「舍睪」，故執事者下令捉拿嫌犯：

〔註 50〕劉信芳，〈包山楚簡職官與官府通考（上）〉，頁 49～50、55。

〔註 51〕陳偉，《包山楚簡初探》（武漢：武漢大學出版社，1996 年 8 月），頁 125、127。

〔註 52〕程樹德，《論語集釋》（北京：中華書局，2006 年 11 月 5 刷），頁 1254～1255、1331。焦循，《孟子正義》（北京：中華書局，2007 年 5 月 6 刷），頁 141、267～268、289。

〔註 53〕陳偉等引《上博三・周易》簡 23「𦏧」，對應之字帛書本作「瞿」，傳世本作「衢」，參《楚地出土戰國簡冊（十四種）》，頁 58。

……**孔**（子）**敫**（執）場賈，里公邦**쬻**（青）、士尹紬**䮆**（慎）返子，言胃（謂）：「場賈既走於前，子弗**逮**（及）。」子**敫**（執）**雍**（鷹/應）女返，加公臧申、里公利**含**返子，言胃（謂）：「女返既走於前，子弗**逮**（及）。」子**敫**（執）**競**（景）不割（害），里公吳拘，亞大夫鄗（宛）**轏**（乘）返子，言胃（謂）：「不割（害）既走於前，子弗**逮**（及）。」子收邦**僕**之**伮**（孥），加公**靶**（范）戍，里公**會**（余）□返子，言胃（謂）：「邦**僕**之**伮**（孥）既走於前，子弗**逮**（及）。」……〔註54〕

周鳳五認為場賈的身分較高，所以緝捕他的官員除「里公」外還有「士尹」，即「士」的主管官員，場賈為「士」階級，身分高於一般平民。〔註55〕劉信芳認為是執行拘捕命令的基層小吏，類似於《周禮・秋官・士師》。〔註56〕

檢視簡文緝捕四位嫌犯「場賈」、「雍（鷹/應）女返」、「競（景）不割（害）」和「邦**僕**之**伮**（孥）」的官員等級，不可否認周先生的推測是一種可能。但簡文仍欠缺明確證據說明「場賈」的身分為貴族「士」，所以執法者「士尹紬慎」的位階，還是可能和「里公邦青」、「加公臧申」、「里公利含」、「里公吳拘」、「加公靶戍」等相仿，所以謹將「士尹」視為緝捕罪犯的小吏。附帶說明李天虹將「伮」字釋讀作「奴」，但是《包山楚簡》「周悃之奴」已有「奴」字作「**𡛝**」（簡20），故還是從周鳳五將此字釋讀作「伮（孥）」，指嫌犯「邦僕」的家室。〔註57〕

再檢視「所諰簡」中的「士尹」：

壬寅，**五帀（師）士尹宜咎**；甲晨（辰），君夫人之券陎周迟。【包185】

「所諰」之「諰」較可信的釋讀有二，一是「訴」，屬上行文書；二是「屬」，

〔註54〕《包山楚簡》簡120～123釋文，參考周鳳五，〈《酓睪命案文書》箋釋——包山楚簡司法文書研究之一〉，頁1～17；和李守奎，〈包山楚簡120～123號簡補釋〉，「出土文獻與傳世典籍的詮釋——紀念譚樸森先生逝世兩周年國際學術研討會」，上海：復旦大學，2009年6月13日～14日。

〔註55〕周鳳五，〈《酓睪命案文書》箋釋——包山楚簡司法文書研究之一〉，《國立台灣大學文史哲學報》41期，1994年6月，頁15。

〔註56〕劉信芳，〈包山簡職官與官府通考（下）〉，頁147。

〔註57〕李天虹，〈《包山楚簡》釋文補正35則〉，中國古文字第九屆學術研討會，1992年10月，後收入《江漢考古》，1993年3期，頁84。周鳳五，〈《酓睪命案文書》箋釋——包山楚簡司法文書研究之一〉，頁12。

爲下行文書。〔註58〕「五帀（師）士尹」，在「五帀（師）」軍隊下設「士尹」，可能爲管理軍隊的士者，〔註59〕也有可能爲「軍隊中的執法小吏」。

最後，列出與「左尹士」相關的案例：

> 左駇（御）番（潘）戌食田於邟或（域）䕻（噬）〔註60〕邑城田，一索畔（半）𡨄（畹）。〔註61〕戌死，其子番（潘）憲後之。憲死無子，其弟番（潘）黜後之。黜死無子，左尹士命其從父之弟番（潘）歖後之。歖食田，病於賣（債），骨（訖）‧（賣）之。左駇（御）遊唇骨

〔註58〕劉釗，〈包山楚簡文字考釋〉，首發於 1992 年第九屆中國古文字研究會，後收入《東方文化》1998 年 1～2 期，頁 49。陳偉，〈包山楚司法簡 131～139 號考析〉，《江漢考古》，1994 年 4 期，頁 67～71，66。

〔註59〕陳宗棋，《出土文獻中所見楚國官制研究》（南投：暨南大學中文所碩士論文，2000 年 6 月），頁 73～74。

〔註60〕陳偉等：此字分析爲從水、啻、欠、白。《郭店‧老子甲》簡 22，《馬王堆帛書‧老子》甲、乙作筮，傳世本作逝。《上博簡‧周易》簡 33，馬王堆作筮，今本作噬，參《楚地出土戰國簡冊（十四種）》，頁 45。

〔註61〕「𡨄」字，釋爲「畹」或「畹」，參《楚辭‧離騷》：「余旣滋蘭之九畹兮」，王逸《注》：「十二畝爲畹。或曰田之長爲畹」，或《玉篇‧田部》：「秦孝公兩百三十步爲畝，三十步爲畹」，都是「田畝」的度量單位。只是「𡨄」字構形所從「宀」，應分析爲從「田」、「宀」聲，「宀」即「宛」字所從聲旁「夗」的變體。何琳儀、徐在國、馮勝君、季旭昇將它們跟「邍」字相連繫，認爲「宀」形系由「邍」右上之形變來，「邍」本從「夗」聲，「象」當是累加的聲符。但白於藍、施謝捷、陳劍卻認爲戰國文字中確認爲「邍」字省寫的「𤱯」，都作「𤲞」形而不作「宀」形，由此看來「宀」是否「邍」字的省寫「𤱯」，還需研究。若將本案「𡨄」字、《上海博物館藏戰國楚竹書（一）‧孔子詩論》經傳世文獻對照確認爲《毛詩》「宛丘」之「宛」的「宀」（簡 21）、「宀」（簡 22）二字，與金文「邍」字相對照如下表：

待考字	𡨄包 151、宀上博一孔簡 21、宀上博一孔簡 22
「邍」	且甲罍、屏敖簋蓋、陳子公甗、魯邍父簋、單伯鬲、秦石鼓文

其實「𡨄」字所從「宀」由「邍」右上之形變來不無可能，可參照上表〈魯邍父簋〉和〈單伯鬲〉，尤其是〈單伯鬲〉。共參馮勝君，〈釋戰國文字中的夗〉，《古文字研究》，25 輯，2004 年，頁 283～284。何琳儀、徐在國，〈釋「𤱯」〉，《新出楚簡文字考》（合肥：安徽大學出版社，2007 年），頁 294～298。陳劍，〈「邍」字補釋〉，《古文字研究》，27 輯，2008 年 9 月，頁 132。季旭昇，《說文新證（上冊）》（臺北：藝文印書館，2002 年 10 月初版），頁 114。陳偉等編，《楚地出土戰國簡冊（十四種）》，頁 73 等。

（訖）🔲（買）之。〔註62〕又（有）五（伍）🔲（勠）、王士之後郚
賞間之，〔註63〕言胃（謂）番（潘）戌無後。左司馬适命左令黖定
（正）之，言胃（謂）戌有後。【包 151～152】

本案敘述「潘戌」死後，其名下「食田」，先後由其兩個兒子，分別爲哥
哥「潘竃」、與弟弟「潘黜」繼承。「潘黜」過世之後，在無直系血親的情況下，
「左尹士」可以命令讓其從父之弟「番（潘）歜」繼承。雖然「其子番（潘）
竃」和「其弟番（潘）黜」之「其」，究竟「指代」何人，還有議論空間，但
都不離男性同宗範圍。最後「番（潘）歜」因爲債務賣地，「王士之後郚賞」
竟可提出非議。

本案「左尹士」與「王士」的身分，劉彬徽認爲「王士」是楚王之士，「左
尹士」即左尹之士。〔註64〕李學勤提出因爲郚賞爲王士後嗣，也有受田，與
潘家同伍，因而有權對潘家田地繼承提出非議。〔註65〕周鳳五認爲左御番戌
是士的身分，由左尹士管轄。〔註66〕但一般都將「左御番戌」視爲「封君」，
對照 1974 年在固始以西潢川、信陽一帶出土的幾批番（潘）器，推測爲番（潘）

〔註62〕🔲（買），舊釋「貯」，楊樹達首先改釋「買」，李學勤引 1974 年山西聞喜上
郭村出土〈買子己父匜〉，與〈荀侯匜〉同出一地，荀、買位置密邇，均爲晉
武公所滅，如讀爲「貯」就很難解釋；且引《説文》云：「市也」，《左傳》桓
公十年《注》：「買也」作解。至於「骨🔲（賣）之」和「骨🔲（買）之」的
「骨」字説法有二，一是讀爲「訖」，參《逸周書·皇門》注：「既也」，「訖
䶞」是已經賣了，「訖買」是已經買了。二是讀爲「過」，指過戶。以文義解
讀而言，李學勤的「骨（訖）」説較通順。共參楊樹達，《積微居金文説（增
訂本）》（北京：中華書局，1997 年 12 月），〈格伯簋跋〉，頁 11。李學勤〈魯
方彝與西周商買〉，《史學月刊》，1985 年 1 期，頁 31～34。李學勤，《青銅器
與古代史》（臺北：聯經出版事業股份有限公司，2005 年 5 月），頁 364～365。
李學勤，〈包山楚簡中的土地買賣〉，《中國文物報》，1992 年 3 月 22 日。劉釗，
〈釋債及相關諸字〉，頁 226～237。

〔註63〕「五（伍）」，李學勤認爲是行伍，陳偉等認爲是姓氏。「🔲（勠）」，李學勤釋
爲「節」，曌節；何琳儀釋「簬」、讀「蓋」；劉信芳釋「節」，疑讀爲「則」，
據青川木牘和阜陽漢簡，推算五則爲一百五十步；陳偉等認爲「五簬」疑釋
人名。「間」，參《小爾雅·廣言》：「間，非也」。「🔲（勠）」字仍待考，「五
（伍）🔲（勠）」依照文義應爲姓名，同「郚賞」皆是對這筆土地交易提出異
議的人。共參李學勤，〈包山楚簡中的土地買賣〉，《中國文物報》，1992 年 3
月 22 日。何琳儀，〈包山竹簡選釋〉，頁 59。劉信芳，《包山楚簡解詁》，頁
156。陳偉等《楚地出土戰國簡册（十四種）》，頁 74。

〔註64〕劉彬徽等，〈包山二號楚墓簡牘釋文與考釋〉，注 293。

〔註65〕李學勤，〈包山楚簡中的土地買賣〉，《中國文物報》，1992 年 3 月 22 日。

〔註66〕周鳳五，〈《貿睪命案文書》箋釋——包山楚簡司法文書研究之一〉，頁 15。

氏家族所有。〔註67〕

　　本案涉及左御「番（潘）戌」的「食田」繼承，「左尹士」、「王士之後邨賞」之所以有權命令或非議，或許此處之「士」代表的不是貴族階級之「士」，而是司法官吏之「士」。司法官吏之「士」可否世襲，讓「王士之後邨賞」繼承，比較難證明；但「左尹士」爲司法官吏應可成立，因爲「左尹士」的上級長官「左尹邵牠」（包山楚墓墓主），本身即是一位執掌司法的官員。

（二）《睡虎地秦墓竹簡》與《張家山漢墓竹簡》法律文獻職官「士」的法律權責

　　戰國時期的職官「士」，正逐漸從總攬各類政治事務的「士」，獨立成專職「司法」事務的士。上文已從《包山楚簡》法律文書記載的職官「士」，包括「士師」、「士尹」和「左尹士」等的權責分析，證明戰國時期的職官「士」，和「司寇」相仿，正同步完成了部分「司法獨立」的任務。此歷史發展的總體趨勢，亦可參考《睡虎地秦墓竹簡》與《張家山漢墓竹簡》，下文將以這兩份材料的法律文獻，所記載的職官「士吏」作例證。

　　「士吏」，不見於《漢書‧百官公卿表》，但《居延漢簡》和《敦煌漢簡》卻常見，過去一般認爲是邊郡與候長相當之候官屬吏。〔註68〕但近來邢義田認爲「士吏」不僅是「武吏」，也是「文吏」，兼掌「理訟聽告」。〔註69〕

　　先舉《睡虎地秦墓竹簡》中的職官「士吏」爲證：

1. ……除士吏、發弩嗇夫不如律，及發弩射不中，尉貲二甲。【秦律雜抄2，79～80】

2. 不當稟軍中而稟者，皆貲二甲，法（廢）；非吏也，戌二歲；徒食、敦（屯）長、僕射弗告，貲戌一歲；令、尉、士吏弗得，貲一甲。‧軍人買（賣）稟稟所及過縣，貲戌二歲；同車食、敦（屯）長、僕射弗告，戌一歲；縣司空、司空佐史、士吏將者弗得，貲

〔註67〕何浩，〈戰國時期楚封君初探〉，《歷史研究》，1984年5期，頁101～111。劉彬徽，〈包山楚簡封君釋地〉，《包山楚墓（上）》（北京：文物出版社，1991年），頁569～579。李學勤，〈包山楚簡中的土地買賣〉，《中國文物報》，1992年3月22日。

〔註68〕勞榦，〈從漢簡中的嗇夫令史候史和士吏論漢代郡縣吏的職務和地位〉，《中央研究院歷史語言研究所集刊》，55卷1期，1984年，頁12。

〔註69〕邢義田，〈張家山漢簡《二年律令》讀記〉，《燕京學報》，新15，2003年，頁1～46。

一甲；邦司空一盾。……【秦律雜抄 11～14，82～83】

3. 戍律曰：同居毋并行，縣嗇夫、尉及<u>士吏</u>行戍不以律，貲二甲。
【秦律雜抄 39，89】

例 1 和例 3 似乎是「軍士」，其地位在「尉」之下、「候長」之上。例 1 紀錄若任用「士吏」或「發弩嗇夫」不合法律規定，以及發弩射不中目標，「縣尉」應罰二甲。例 3 為同居者不要同時征服邊戍，縣嗇夫（縣令）、縣尉和士吏如不依法徵發邊戍，罰二甲，此乃派遣縣士吏至邊縣的規定。

比較複雜的是例 2，此法紀錄不應自軍中領糧而領取的，罰二甲，撤職永不續用；如非官吏，罰戍邊二年。一起吃軍糧的軍人、屯長和僕射，罰戍邊一年；縣令、縣尉、士吏沒察覺，罰一甲。軍人在領糧食的地方和路經的縣出賣軍糧，罰戍邊二年；同屬一車一起吃軍糧的軍人、屯長和僕射不報告，罰戍邊一年，縣司空、司空佐史、士吏沒有察覺，罰一甲，邦司空罰一甲……。上述「令、尉、士吏弗得，貲一甲」和「縣司空、司空佐史、士吏將者弗得，貲一甲」，皆為「職務連坐」，從簡文推測，「士吏」似乎是軍隊中的司法官吏。

再舉《張家山漢墓竹簡·二年律令》中的職官「士吏」為證：

1. 諸欲告罪人、及有罪先自告而遠其縣廷者，皆得告所在鄉，鄉官謹聽，書其告，上縣道官。廷<u>士吏</u>亦得聽告。【二年律令·具律 101，132～133】

2. 盜賊發，<u>士吏</u>、求盜部者，及令、丞、尉弗覺智（知），<u>士吏</u>、求盜皆以卒戍邊二歲，令、丞、尉罰金各四兩。令、丞、尉能先覺智（知），求捕其盜賊，及自劾，論吏部主者，除令、丞、尉罰。一歲中盜賊發而令、丞、尉所不覺智（知）三發以上，皆為不勝任，免之。【二年律令·捕律 144～145，150】

3. □□□□發及鬥殺人而不得，官嗇夫、<u>士吏</u>、吏部主者，罰金各二兩，尉、尉史各一兩……【二年律令·捕律 147，150～151】

4. 盜鑄錢及佐者，棄市。同居不告，贖耐。正典、田典、伍人不告，罰金四兩。或頗告，皆相除。尉、尉史、鄉部官嗇夫、<u>士吏</u>、部主者弗得，罰金四兩。【二年律令·錢律 201～202，170】

例 1「士吏」得聽告。例 2「士吏」，與「縣令、丞、尉」、「求盜」並置。「求盜」的職掌，據《漢書·高帝紀》注引應劭曰：「舊時亭有兩卒：一為亭

父，掌開閉埽除；一爲求盜，掌逐捕盜賊」；即「士吏」得和「求盜」一起「逐捕盜賊」。例 3～4 則記錄「士吏」不只「逐捕盜賊」，還包括捉拿「鬬殺人者」以及「盜鑄錢及佐者」。從上述例 1～4，可觀察「士吏」的職務範圍，皆與「法律案件」相關。

最後舉《張家山漢墓竹簡・奏讞書》中的職官「士吏」爲證：

> ‥河東守讞（讞）：士吏賢主大夫<ruby>𣏌<rt></rt></ruby>，<ruby>𣏌<rt></rt></ruby>盜書<ruby>毄<rt></rt></ruby>（繫）遬（遬）亡。獄史令賢求，弗得。毄（繫）母<ruby>嫙<rt></rt></ruby>亭中，受豚、酒臧（贓）九十，出<ruby>嫙<rt></rt></ruby>，疑罪。‥廷報：賢當罰金四兩。【《奏讞書》十三，簡 61～62，350】

士吏賢是大夫<ruby>𣏌<rt></rt></ruby>的上司、管轄者。全案紀錄河東郡郡守呈請審議斷決：士吏賢負責看守大夫<ruby>𣏌<rt></rt></ruby>，<ruby>𣏌<rt></rt></ruby>因擅自抄錄公文而被拘繫，押送途中逃亡，獄史命令賢緝捕，而未抓獲。於是將<ruby>𣏌<rt></rt></ruby>的母親<ruby>嫙<rt></rt></ruby>拘押亭中。賢收受賄賂小豬和酒，贓值九十錢，後將其釋放，應該判處何罪？廷尉批復：賢應罰金四兩。〔註70〕由此可知，本案「士吏賢」的職掌爲看守、押送與緝捕罪犯。

西漢除了「士吏」，更著名的是大鄉設「有秩」，小鄉設「嗇夫」，總領一鄉「獄訟賦役」之事。中國古代官僚行政體系的司法職能，正逐步從軍事與民事行政官員手中獨立。此政治制度的演變，正與先秦思想界不謀而合，如「而能不能兼技，人不能兼官」（《荀子・富國》）；「古者工不兼事，士不兼官。工不兼事則事省，事省則易勝；士不兼官則職寡，職寡則易守」（《愼子・威德》）；「明主之道，一人不兼官，一官不兼事」（《韓非子・難一》）；和「凡上賢不過等，使能不兼官，罰有罪不獨及，賞有功，不專與」（《管子・立政》）等。

四、小　結

「士」承載諸多社會身分，本文僅探討「士」的職官義，尤其關注「士」在「司法」方面的「職份與責任」。材料包括西周金文與戰國秦漢出土法律文獻，以及《左傳》、《國語》等傳世文獻，綜合評估當時「司法獨立」的可能性。

首先，西周金文職官「士」，很難與當今我們所認知的執法人員畫上等號。我們認爲執法人員應當專司的職務，當時可由「軍事官吏」或「行政官吏」

〔註70〕高恒，《秦漢簡牘中法制文書輯考》（北京：社會科學文獻出版社，2008 年 9 月），頁 363～364。

兼管。而標舉職官「士」的銘文，若從人物「匂」聯繫，已能推論職官「士」可為執法人員。但其他標舉職官「士」的銘文，若從職掌「殷」與「徵」作憑據，「士」又可繼續兼管軍事與外交。

其次，春秋晉國「士氏家族」的代表人物，士蒍、士會和士匂皆有法典或審判實錄傳世，晉國似乎已經劃出司法大權，讓其掌握於非公族、以官為氏的「士氏家族」手中。但當時司法權並未完全獨立，因為「士氏家族」的士會、士匂皆曾擔任中軍將，他們的司法權或源自於軍政權；且士縠、士燮、士匂都是傑出的外交人才，軍事、外交本就是一體兩面，作戰之「士」通常得兼掌外交。

最後，從《包山楚簡》法律文書職官「士」（「士師」、「士尹」和「左尹士」）的權責分析，以及《睡虎地秦墓竹簡》、《張家山漢墓竹簡》法律文獻的「士吏」，證明戰國時期的職官「士」，正和「司寇」一起完成「部份司法獨立」的任務。

兩周職官「士」的司法權，正逐漸從上古皋陶「兵刑合一」（與軍政、外交權責不分）的渾沌中脫穎而出。雖然仍與「行政權」藕斷絲連，如中國地方行政系統，多併司法、行政於一體，交由郡守、縣令處理地方糾紛，法律並未獲得完全擺脫政治牽絆的自主性。但至少已與「軍事權」、「外交權」脫鉤，此已是往成熟「官僚行政體制」應有的「專業分工」，邁進了相當艱難的一大步。

第二節　《包山楚簡》法律文書所載之法律地位平等 [註71]

談到中國傳統法律，或依韋伯（Max Weber）歸為實質、不理性的「傳統法」；或依派深思（Talcott Parsons）歸為重視「個人關係化」的「特殊主義」。[註72] 以西方學者眼光視之，中華法系似乎缺乏「平等意識」。

中華法系某些基本精神確與西方法學定義之「平等」相背離，如「親屬

〔註71〕本文初稿為《《包山楚簡》法律文書「平等意識」試探〉，發表於《逢甲人文社會學報》18 期（臺中：逢甲大學人文社會學院，2009 年 6 月），頁 21～44。

〔註72〕林端：韋伯將世界法律分成四類，包括天啓法（形式──不理性）、傳統法（實質──不理性）、自然法（實質──理性）和制訂法（形式──理性）。韋伯中國傳統法（實質──不理性）與西方制訂法（形式──理性）的對比，即派深思所謂「特殊主義」與「普遍主義」間的對比，亦即重視「個人關係化」與強調「去個人關係化」法律間的對比，參考《韋伯論中國傳統法律》（臺北：三民書局，2004 年 5 月初版 2 刷），頁 7、40～41。

相容隱」和「八議」。中國傳統社會向來十分重視血緣關係，故二千年來傳統法律皆默許孔子「父爲子隱，子爲父隱，直在其中矣」的倫理支配（《論語·子路》）。除此《周禮》、《漢書·刑法志》和《晉書·刑法志》皆有與「八議」相關的論述，如《漢書·刑法志》：「一曰議親，二曰議故，三曰議賢，四曰議能，五曰議功，六曰議貴，七曰議勤，八曰議賓」。顏師古《注》：「王之親族、王之故舊、有德行者、有道藝者、有大勳力者、爵位高者、盡悴事國者、前代之後，王所不臣者」。但也不宜因此輕易地將中華法系自外於世界其他法系，評估中國傳統法律缺乏「平等意識」的發展空間。

中華法系的「平等意識」應萌發於先秦法家思想，以「壹刑」爲例：「所謂壹刑者刑無等級。自卿相將軍以至大夫庶人，有不從王令，犯國禁，亂上制者，罪死不赦。有功於前，有敗於後，不爲損刑。有善於前，有過於後，不爲虧法」（《商君書·賞刑》），此即是闡揚「不辟尊貴，不就卑賤」（《韓非子·難一》）的「平等」理念。與上文「親屬相容隱」、「八議」，和常人對「禮不下庶人，刑不上大夫」（《禮記·曲禮》）的理解背道而馳。其實《禮記·曲禮》的全文是：「國君撫式，大夫下之；大夫撫式，士下之；禮不下庶人。刑不上大夫，刑人不在君側」。僅「過宗廟下車之禮」不下及庶人，因庶人的生活條件無法乘車；而「刑不上大夫」，僅是漢儒的理想，《左傳》即摘錄許多用刑大夫的例證。〔註73〕

除此，先秦古籍亦有與「平等」相關實錄，如晉文公謹遵狐偃「不辟親貴」的理念，隕涕斬除在會合遲到的愛將顛頡，以明「法之信」。故晉軍能每戰必勝，終勝荊人於城濮，成就文公霸業（《商君書·賞刑》、《韓非子·外儲說右上》）。又如晉悼公，其弟揚干亂行於曲梁，魏絳戮其僕，本欲殺魏絳，後卻以魏絳能「以刑佐民」，反「使佐新軍」。故能在八年內九合諸侯，讓晉國繼文公後，重掌霸業（《左傳·襄公三年》和〈十一年〉）。楚、秦亦各有「刑上太子」的案例，一是荊莊王時，太子犯茅門之法，廷理斬其輈，戮其御（《韓非子·外儲說右上》）。二是秦孝公時，太子犯法，商鞅刑其傅公子虔，黥其師公孫賈。後來公子虔復犯約，劓之（《史記·商君列傳》）。以上皆爲君王秉持「法律平等」觀治國的案例。

〔註73〕楊一凡主編，《中國法制史考證·甲編第一卷》（北京：中國社會科學出版社，2003 年 9 月），頁 367～3725。章景明，〈《曲禮》「禮不下庶人，刑不上大夫」的解釋〉，《孔德成先生學術與薪傳研討會論文集》（臺北：台灣大學中國文學系，2009 年 12 月），頁 1～16。

本文擬以戰國楚懷王《包山楚簡》法律文書作爲研究對象，專門分析〈疋獄簡〉（簡80～102）和〈受期簡〉（簡17～79），探討其是否已具備「司法」層面的「平等意識」。而〈疋獄簡〉和〈受期簡〉的引用順序，以陳偉和李家浩依照簡文內容所做的編排調整。〔註74〕

一、《包山楚簡・疋獄簡》所載之法律地位平等〔註75〕

〈疋獄簡〉（簡80～102），「疋」有「疏」、「胥」二說，原釋文、黃盛璋、葛英會、劉信芳、周鳳五、李家浩持前說，指條記獄訟。李零、陳偉持後說，指等待審理之獄訟。因考慮〈疋獄簡〉已進入初步審理階段，故贊成前說。

〈疋獄簡〉爲官方文書，具備法定格式，得依序登錄「受理時間」、「原告（起訴人）」、「被告（被起訴人）」、「起訴事由」、「既發笋，執勿遊」和「某人歆之，某人爲李」。在討論〈疋獄簡〉內容前，必先疏理上述幾則法律術語，包括「笋」、「遊」、「歆之」和「李」。

〔註74〕陳偉，《包山楚簡初探》（武漢：武漢大學出版社，1996年），頁21。李家浩，〈談包山楚簡「歸鄧人之金」一案及其相關問題〉，《出土文獻與古文字研究》第一輯（上海：復旦大學出版社，2006年12月），頁24。

〔註75〕本文引用與〈疋獄簡〉相關著作，包括劉彬徽等，〈包山二號楚墓簡牘釋文與考釋〉，《包山楚墓》（北京：文物出版社，1991年），頁348～399。黃盛璋，〈包山楚簡辨證、決疑與發復〉，中國古文字第九屆學術研討會，1992年10月，又見《湖南考古輯刊》，第六集，1994年4月，頁186～199。李零，〈包山楚簡研究文書類〉，中國古文字研究會第九屆學術討論會，1992年11月，又見《李零自選集》（桂林：廣西師範大學出版社，1998年2月），頁131～147。葛英會，〈包山簡文釋詞兩則〉，《南方文物》，1996年3期，頁92～95。湯餘惠，〈包山簡讀後記〉，《考古與文物》，1993年2期，頁70。周鳳五、林素清，〈包山二號楚墓出土文書簡研究〉，國科會成果報告，1995年。陳偉，《包山楚簡初探》（武漢：武漢大學出版社，1996年），頁36～47。劉信芳，〈楚簡文字考釋五則〉，《于省吾教授百年誕辰紀念文集》（長春：吉林大學出版社，1996年9月），頁187～189。史傑鵬，〈讀包山司法文書簡札記三則〉，《簡帛研究》二○○一上冊，2001年9月，頁19～24。劉信芳，《包山楚簡解詁》（臺北：藝文印書館，2003年），頁77～96。趙平安，〈試釋包山簡中的「笪」〉，《簡帛研究》二○○二、二○○三，2005年6月，頁1～5。李家浩，〈談包山楚簡「歸鄧人之金」一案及其相關問題〉，頁16～33。陳偉等，《楚地出土戰國簡冊〔十四種〕》（北京：經濟科學出版社，2009年），頁1～91。上述引文依照首發時間排列，在〈疋獄簡〉節討論中僅舉「作者」代表全文，僅《楚地出土戰國簡冊〔十四種〕》以「書名」表示，凡在此註腳著錄的書目，在本節引用時皆不另外加註。

「筝」，多數學者如此隸定，僅趙平安改釋「笆」。楚簡「子」、「孑」部件同字，但與「巳」可說是涇渭分明，不宜輕改隸定。至於通讀，湯餘惠認為「筝」從「子」聲，疑即簡札之本字，是寫在竹簡上的官方文書。李零、葛英會、劉信芳讀「節」，劉信芳認為是一種用作授以使命的信物。史傑鵬讀「契」，因為上古音「契」、「孑」二字都屬見母月部，當可通假。《包山楚簡》「筝」是記獄訟之詞，與《周禮》、《左傳》的「契」性質相似。若同時考量「筝」字從「子」（或「孑」）得聲的通假條件，以及通假後的釋義，目前以史傑鵬「筝（契）」說最恰當。

「遊」，據《郭店楚簡・老子》、〈緇衣〉與傳世文獻對讀的結果，確認為「失」，但字形本義待考。〔註76〕

「哉之」之「哉」，有「識」（記錄）、「職」（主理其事）二說。「李」，從鄭剛隸定作「李」。〔註77〕再將「某人哉之，某人為李」一併考慮，既然「李（李）」字為動詞，通讀作「理」，指「理獄」，已傳達「主理其事」義，為避免〈疋獄簡〉簡末署名官員職掌重複，本文將「哉」字，通讀作「識」，指「記錄」。

下文則關注「原告（起訴人）」和「被告（被起訴人）」兩造間的身分等級，據分析有「上對下」、「下對上」和「平等」三種類型。本文撰寫慣例，皆先將關係人與訴訟事由簡列成表，再依序說明於後。

（一）原告與被告的關係歸屬於上級對下級

簡　號	原告（起訴人）	被告（被起訴人）	事　由
85	（鍾或魷）缶公愸（德）	宋疑、宋庚、差（佐）敏（令）愸（惥）、（沈）〔註78〕纏、黃躯、黃㲋（旗）、墜（陳）敏、番班、黃行、登（鄧）蕶、登（鄧）迥、登（鄧）努、登（鄧）	以其受（鍾或魷）缶人而逃

〔註76〕根據《郭店楚簡》如〈老子甲〉11、〈老子乙〉6、〈老子丙〉11和〈緇衣〉18等的文獻對讀，「遊」它本均作「失」，字形演變源流之一可參趙平安，〈戰國文字中的遊與甲骨文「𡦦」為一字說〉，《古文字研究》第22輯，2002年，頁275～277。

〔註77〕鄭剛，〈戰國文字中的「陵」和「李」〉，第七屆古文字學研討會，1988年，後收入《楚簡道家文獻辨證》（廣東：汕頭大學出版社，2004年），頁61～75。

〔註78〕徐在國，〈讀《楚系簡帛文字編》札記〉，《安徽大學學報》，1998年5期，頁81。

		（祿）〔註79〕、登（鄧）阶、登（鄧）譁（譜）、猷上、周敓、奠（鄭）呵、黃爲宄（余）、〔註80〕酓（熊）相鼉、苛胼、■（雷）〔註81〕宋（宋）、■曆（晨）、■（沈）敢	
87	郵昜（陽）大宇（主）〔註82〕尹宋歓	轭（范）慶、屈雒（貉）、■疆、■軍、陳杲	以受郵昜（陽）之椶官■邊，邊逃之古（故）。
88	楚斯〔邑〕司敗麻（攸）須	■洛（路）斯邑■（悠）軍、■（悠）〔註83〕■（敔）〔註84〕	以反其官。
99	即昜（陽）之倍笑〔註85〕笑公遷〔註86〕、教敓（令）巻	其官人番■、番向、番异（期）	以其反官自敓〔註87〕於新大廄（廏）之古（故）。

〔註79〕 吳振武，〈戰國銘刻中的泉字〉，《華學》2，1996 年 12 月，頁 50。

〔註80〕 朱曉雪，《包山楚墓文書簡、卜筮祭禱簡集釋及相關問題研究》（長春：吉林大學古籍研究所，2011 年 6 月 8 日），頁 68。

〔註81〕 白於藍，〈包山楚簡文字編校訂〉，《中國文字》新 25，1999 年 12 月，頁 198。

〔註82〕 袁國華，〈包山楚簡文字考釋〉，《第二屆國際中國古文字學研討會論文集》，頁 440～442。

〔註83〕 此字偏旁爲攸，可參李家浩對「條」、「翛」兩字的考釋，參〈包山楚簡的旌斾及其他〉，《第二屆國際中國古文字學研討會論文集》，頁 375～392。

〔註84〕 此字以前一般隸定作「騽」，但對照《郭店・緇衣》簡 40 和《上博簡・緇衣》簡 20，多數學者都釋爲「報」，若此意可從，此字應從「敔」，參朱曉雪，《包山楚墓文書簡、卜筮祭禱簡集釋及相關問題研究》（長春：吉林大學古籍研究所，2011 年 6 月 8 日），頁 92。

〔註85〕 劉釗讀「券」，「倍笑公」即「造券公」，參〈包山楚簡文字考釋〉，頁 57。陳偉等讀「管」，有管樂器、鑰匙、管轄等義，參《楚地出土戰國簡冊〔十四種〕》，頁 45。

〔註86〕 高智釋「遮」，但陳偉等引《郭店・緇衣》簡 36「■（塵－展）」，朱曉雪引《上博簡・曹沫之陣》簡 18「■（纏）」，認爲此字從「塵」，應隸定作「遷」。參高智，〈包山楚簡文字校釋十四則〉，《于省吾教授百年誕辰紀念文集》，頁 184。陳偉等編《戰國出土戰國簡策〔十四種〕》，頁 34。朱曉雪，《包山楚墓文書簡、卜筮祭禱簡集釋及相關問題研究》（長春：吉林大學古籍研究所，2011 年 6 月 8 日），頁 109。

〔註87〕 周鳳五讀「屬」，歸屬、隸屬，參〈包山楚簡〈集箸〉〈集箸言〉析論〉，《中國文字》，新 21，1996 年 12 月，頁 30。劉信芳讀「誅」，自誅，猶言自我陳述，參《包山楚簡解詁》，頁 94。

《包山楚簡》簡 85「█缶公」之「█」，吳振武釋讀作「鉌（鍾）」，
〔註88〕劉信芳認爲是量器製作監造官，因爲宋𩑵等幫助轄區內的「鍾缶人」
逃籍，故遭到起訴。但近來陳劍將戰國時期從「█」部件的字，都改釋爲
「兂」，雖然他根據新出土文獻的押韻及異文資料，證明從「█」部件之字
都應爲「牙喉音陽部字」，且對戰國一系列從「█」部件的字，都能提出相
當不錯的訓解，譬如將本簡的「█」，隸定作「䶱」，正好與楚地常見的器
物「瓴」對應（《廣雅·釋器》：「瓴，瓶也」），不過此說最大的缺點爲無法
分析其構形，因爲一般古文字的「兂」字作「█」，他自己也坦承「古文字
在橫筆下加長斜筆或豎筆作飾筆」的情況較爲罕見。〔註89〕

簡 87，因爲范慶等幫助鄔陽之樞官墜遏逃籍，所以范慶等被鄔陽大主尹起
訴。簡 88「楚斨〔邑〕司敗攸須」之「斨」，可參考同簡「墜洛斨邑𥪐軍」之
「斨邑」增補「邑」。此段雖爲列舉「上對下」類型的控訴，但簡 88、99 的控
訴原因竟是「反官」，「反官」無論是李零的「違抗上級」，或是劉信芳的「翻案」，
皆暗示其「等級觀念」，已不如西周時森嚴，有「平等意識」的發展空間。

（二）原告與被告的關係歸屬於下級對上級

簡號	原告（起訴人）	被告（被起訴人）	事　由
81	周賜	邔（鄥）之兵麐（甲）執事人宮司馬競（景）丁	以其政（徵）其田。
94	茍攦	聖（聲）█（蒙）〔註90〕之大夫帗（范）𥪐	以█（睐）田
98	晉（許）█	邶易（陽）君之人化公番申	以責（債）。
102	上新都人鄔（蔡）𣤶	新都南陵大宰䜌瘠（憂）、右司寇正𤕫（陳）旻（得）、正叓（史）赤	以其爲其𣎟（兄）鄔（蔡）█（瘵）蜊（斷），不灋（法）。〔註91〕

〔註88〕吳振武，〈鄂君啓節鞝字解〉，《第二屆國際中國古文字學研討會論文集》（香港：香港中文大學，1993 年），頁 273～292。

〔註89〕陳劍，〈試說戰國文字中寫法特殊的「兂」和從「兂」諸字〉，《出土文獻與古文字研究（三）》（上海：復旦大學出版社，2010 年 7 月），頁 152～182。

〔註90〕劉釗，〈包山楚簡文字考釋〉，首發於 1992 年南京中國古文字研究會第九屆學術討論會，後收入《東方文化》，1998 年 1～2 期，頁 57。

〔註91〕簡 102 的釋文參考陳偉，〈包山 102 號簡解讀〉，武漢大學簡帛網，2007 年 2月 17 日，http://www.bsm.org.cn/show_article.php?id=524。

在分析上表「原告」、「被告」間的關係前，得先探討「⬛」（簡 94），此字考釋還可參考「以⬛田」之「⬛」（簡 77）。原釋文分別隸定作「睬」和「歘」，通讀作「乘」，引《淮南子・氾論》：「強弱相乘」，高誘《注》「加也」，指擴大土地面積。何琳儀、黃錫全、劉釗、劉信芳則隸定作「贅」和「斀」；分別通讀作「贅」，引《說文》「以物質錢」，指土地買賣；「輟」，止也，停耕；「畷」，引《說文》：「兩百間道也，百廣六尺」，指重修田間之道正封疆。此字爭議處在於上部所從「⬛」部件的隸定，多數學者皆改從「叕」省，但從「乘」的可能性亦在。茲將《包山楚簡》幾個隸定從「乘」之字放大以利字形比對：

「⬛」包 94、「⬛」包 77、「⬛」包 116、「⬛」包 227、「⬛」（縢）包 270、「⬛」（縢）包 270 簡 116「鄝陵攻尹⬛」之「⬛」，與簡 106「虞陵攻尹⬛（產）」之「⬛（產）」爲同一人名，所以原釋文將簡 116 之「⬛」隸作「產」，簡文從「乘」從「產」省，「乘」部件爲「產」字聲符。簡 227 隸定作「轈」，目前較無爭議。簡 270 隸定作「繃」，白於藍認爲即「縢」字異構，「縢」從「朕」聲，亦可從「剩（勝）」聲；因爲簡 270「綠組之繃」，牘 1 寫作「綠組之縢」；簡 270「紫繃」，牘 1 寫作「紫縢」；「乘」、「縢」古音同，故「縢」可從「乘」聲。〔註92〕

茲將「乘」字從甲骨文至金文的字形演變附錄於下：

⬛《粹編》1109→⬛〈公貿鼎〉→⬛〈公乘鼎〉→⬛〈多友鼎〉→⬛〈鄂君啓車節〉

「乘」字本義「象人乘木之形」，金文加「雙腳形」。〔註93〕其實簡 94「⬛」與簡 77「⬛」，上部所從仍可能是「腳形」省，還是可隸定作「乘」。且釋「乘」，可省去繁複的古音通假，依照原釋文解作「因爲擴大田地面積而致的田地糾紛」。

其次分析「原告」與「被告」間的關係，依照人名前的「身分詞」判斷，上表所列皆是「平民上告官員」。簡 94 的被告「聖（聲）蒙之大夫」，陳偉等編《楚地出土戰國簡冊〔十四種〕》認爲「聖蒙」爲貴族人名，「聖」疑讀爲「聲」，指聲氏。而起訴原因分別是不當徵稅（簡 81）、田地糾紛（簡 94）、

〔註92〕白於藍，〈包山楚簡文字編校訂〉，頁 201。

〔註93〕許學仁，〈楚文字考釋〉，《中國文字》第 7 輯，1983 年，頁 107～114。黃錫全，〈肴服考辨〉，《江漢考古》，1991 年 1 期，頁 63～69、72。何琳儀，〈包山竹簡選釋〉，《江漢考古》，1993 年 4 期，頁 57。黃錫全，〈包山楚簡部分釋文校釋〉，《湖北出土商周文字集輯證》（武漢：武漢大學出版社，1992 年），頁 195。劉釗，〈包山楚簡文字考釋〉，頁 54、58。

債務糾紛（簡 98），和斷案不法（簡 102）。

上述案例最可貴之處在於「原告」身分皆爲平民，證實楚國平民已具備「司法受益權」，即他們可「依民事訴訟法向司法機關提起民事訴訟；或依刑事訴訟法提起自訴或請求檢察官提起公訴」，〔註94〕當平民權利遭受不法迫害時，其向司法機關提出訴訟的「基本人權」，是獲得當時政權的保障。

（三）原告與被告的關係大致平等

簡號	原告（起訴人）	被告（被起訴人）	事　由
80	少臧之州人冶士石𤰒（佢）〔註95〕	州人冶士石𦞅（脖）〔註96〕	言胃（謂）剔（傷）其弟石虮鼀。
82	舒快	邵𩣡、邵𥁴、邵懌、邵壽、邵𥝲（卒）、邵𥭡（睧）〔註97〕	以其不分田之古（故）。
83	酈之𦞣〔註98〕里人湘痼	羅之廜寍（域）之𡥈者邑人邡女	胃（謂）殺嗌昜（陽）公會，剔（傷）之妾旮𩵋

〔註94〕 鄭玉波，《法學緒論》（臺北：三民書局，2005 年 9 月修定 16 版），頁 143。
〔註95〕 李守奎、蔡麗利隸作「𡥈」，釋爲「居」。參〈楚簡中「尸」與「人」的區別與訛混——釋楚簡中「作」與「居」的異體〉，「網路時代與中國文字研究」國際高級專家研討會，上海，2010 年 9 月。轉引自朱曉雪，《包山楚墓文書簡、卜筮祭禱簡集釋及相關問題研究》，頁 121〜122。案：其實楚簡當中的「人」、「尸」、「弓」都有訛混的可能，因爲未見李守奎、蔡麗利一文的詳細考證，故暫且將此字隸定爲從「人」部件。
〔註96〕 何琳儀引「詩」字籀文作「𧦷」，參〈包山竹簡選釋〉，《江漢考古》，1993 年 4 期，頁 55〜61。
〔註97〕 何琳儀：從見從冒，參〈包山楚簡選釋〉，《江漢考古》，1993 年 4 期，頁 59。劉釗：從貝從冒，參〈包山楚簡文字考釋〉，頁 54。劉信芳：從視瞀聲，參《包山楚簡解詁》，頁 80。但是蘇建洲、徐在國、朱曉雪認爲此字從「睿」，古文字目旁、見旁可通用，釋作「睧」。此字可參考新出〈𤂗公盨〉「叡（濬）」字作「𣫍」，裘錫圭分析此字從「叔（𣁇）」、從「川」、從「○（圓）」的初文。《上博二·容成氏》簡 38「璿」字作「𤩹」。參裘錫圭，〈𤂗公盨銘文考釋〉，《中國歷史文物》，2002 年 6 期，頁 15。蘇建洲，〈郭店、上博二考釋五則〉，《中國文字》新 29，2003 年 12 月，頁 209〜226。徐在國，〈郭店簡考釋二則〉，《中國文字研究》第四輯，2003 年 12 月，頁 148〜150。朱曉雪，《包山楚墓文書簡、卜筮祭禱簡集釋及相關問題研究》，頁 127。
〔註98〕 徐在國：壝，但《玉篇·土部》：「壈字古文或作壝」，參〈讀《楚系簡帛文字編》札記〉，《安徽大學學報》，1998 年 5 期，頁 83。

			（與）。
84	膚〔註99〕人之州人陳(陳)懙(德)	聖（聲）夫人之人郐（徐）〔註100〕繁（漸）〔註101〕、郐（徐）未	胃（謂）殺其軓（兄）、臣。
86	鄝昜（陽）君之某(陣或阬)〔註102〕邑人紫	羕陵君之陳泉邑人迎塙	胃（謂）殺其弟。
89	遠乙	司衣之州人苛鱭	胃（謂）取其妾嬺（嬺）。〔註103〕
90	競（景）昃（得）	繁（繁）丘之南里人葬㑥、葬西	胃（謂）殺其軓（兄）
91	佸大𢿫(列)六敓(令)周𩁘之人周雁	佛塱〔註104〕之闈（關）人周琜、周敓	胃（謂）䵣（葬）於其土。
92	郜（宛）陞（陳）午之里人藍	登（鄧）畞（令）尹之里人苛鱭	以其桑（喪）其子丹，而得之於鱭之室。

〔註99〕原考釋「膚」借作「盧」，古國名，湖北省南漳縣境內，後入楚，參〈包山二號楚墓簡牘釋文與考釋〉，頁377。陳偉引《考工記·盧人》，爲製作長兵器秘柄的工匠，膚人之州爲盧工聚集之地，參《包山楚簡初探》，頁93。

〔註100〕白於藍釋「郐」，參〈包山楚簡文字編校訂〉，《中國文字》新25，1999年12月，頁188。李家浩釋「徐」，參〈談包山楚簡「歸鄧人之金」一案及其相關問題〉，《出土文獻與古文字研究》第一輯（上海：復旦大學出版社，2006年12月），頁24。

〔註101〕劉釗，〈包山楚簡文字考釋〉，頁55。

〔註102〕吳振武釋「陣」，參〈鄂君啓節「舿」字解〉，《第二屆國際中國古文字學研討會論文集》（香港：香港中文大學，1993年10月），頁183。但近來陳劍將一系列戰國文字從「𡈼」部件的字，都改釋爲「亢」，參〈試說戰國文字中寫法特殊的「亢」和從「亢」諸字〉，《出土文獻與古文字研究（三）》（上海：復旦大學出版社，2010年7月），頁152～182。

〔註103〕黃錫全釋從女從絲，讀變，參〈包山楚簡部分釋文校釋〉，頁188。李天虹疑從女，變省聲，釋變，參〈包山楚簡釋文補正〉，《江漢考古》，1993年3期，頁86。劉釗認爲左旁即茲，讀慈，參〈包山楚簡文字考釋〉，頁56。陳偉等編，引《郭店·成之聞之》簡39與《尚書·康誥》「茲」字對應在《唐虞之道》簡23讀爲「慈」，參《戰國出土戰國簡策〔十四種〕》頁34。

〔註104〕徐少華引《戰國策·秦策》：「符離之塞」爲證，參〈包山楚簡地名數則考釋〉，《武漢大學學報》，1997年4期，頁105。史傑鵬認爲一是《左傳·定公四年》中的「柏舉」，二是《史記·越世家》的「無假之關」，參〈關於包山楚簡中的四個地名〉，《陝西歷史博物館館刊》5，1998年6月，頁138～139。

93	郢（宛）人軏（范）▉（紳）〔註105〕	軏（范）駁	以其敓（奪）其後。
95	邵無戠（害）之州人鼓▉張怵	䢵（鄖）之鳴鼨（狐）邑人某（梅）慐（憬）與其裔大市米堪人▉（本）	胃（謂）▉（本）▉（捽）〔註106〕其弟鈻▉（天），慐（憬）殺之。
96	▉（澔）〔註107〕宧（反）人軏（范）臣	▉（澔）宧（反）之南易（陽）里人陽緩、李臧（臧）	胃（謂）殺其䣙（兄）。
97	审（中）易（陽）▉盤邑人▉（沈）▉	坪易（陽）之枸里人文▉（适）	以其敓（奪）妻。
100	▉（滕）敊〔註108〕之粘邑人走仿登（鄧）成	走仿邵▉（綖）〔註109〕	以其敓（奪）澫（源）汸與▉渼之古（故）。
101	章邨（越）	宋偶	以改（拒）田。

　　上表除簡 80「冶士」和簡 100「走仿」可能爲官員，其他多是平民間的法律訴訟。簡 80「冶士」，可與戰國楚金文〈酓忎盤〉、〈酓忎鼎〉的「冶師」、「冶差（佐）」相參照。簡 100「走仿」，劉信芳視爲徵稅官的屬員，但陳偉等編《楚地出土戰國簡冊〔十四種〕》認爲僅是「某種身分名詞」。簡 84 最易誤判，簡文雖提到「聖（聲）夫人」，原釋文認爲是楚聲王夫人，即曾姬無卹壺的「聖趄夫人」。但眞正被告不是「聖（聲）夫人」，而是「聖（聲）夫人之

〔註105〕李守奎，〈古文字辨析三組〉，《吉林大學古籍整理研究所建所十五週年紀念文集》（長春：吉林大學出版社，1998 年 12 月），頁 79～81。還可參《郭店‧緇衣》簡 31，《上博六‧平王與王子木》簡 1。

〔註106〕李零，〈包山楚簡研究文書類〉，頁 139。詹今慧，《先秦同形字研究舉要》（臺北：政治大學中文所碩士論文，2005 年 1 月），頁 218～219。

〔註107〕可參《郭店‧老子甲》22 傳世本作「逝」，《馬王堆帛書甲乙種》作「筮」。

〔註108〕劉釗讀「滕」，參〈包山楚簡文字考釋〉，頁 57。陳偉等編：滕敊是地名，敊是某種行政區域的名稱，參《楚地出土戰國簡冊〔十四種〕》，頁 45。

〔註109〕朱曉雪：此字所從▉偏旁，見於朱家集銅器銘文，爲楚王名，歷來説法複雜，以「前」説影響最大，《上博五‧弟子問》簡 1～2 兩見▉字，辭例爲「▉陵季子」，即文獻的「延陵季子」，此亦見於《清華簡‧楚居》簡 6 作「▉」，爲楚王名，即文獻中的「熊延」，因此《包山楚簡》此字可釋爲縏（延）。參馬承源主編，《上海博物館藏戰國楚竹書（五）》（上海：上海古籍出版社，2005 年 12 月），頁 268。劉洪濤，〈説《上博五‧弟子問》「延陵季子」的「延」字〉，簡帛網，2006 年 5 月 22 日，http://www.bsm.org.cn/show_article.php?id=351。朱曉雪，《包山楚墓文書簡、卜筮祭禱簡集釋及相關問題研究》，頁 114。

人邻（徐）漸、邻（徐）未」，而「邻（徐）漸、邻（徐）未」的人名前均無加註官職，應為平民身分。無論官員或平民，此呈現的皆是屬於身份相對等間的法律訴訟。

爭訟事由包括殺人、傷人，如簡 80、83、84、86、90、92、95、96。奪人妻妾，如簡 89 和 97。和一系列田產糾紛，如簡 82「不分田」；簡 91「𦼨（葬）於其土」；簡 93「敚（奪）其後」，「後」指土地繼承權；簡 100「敚（奪）㴷（源）汃與爾㳇之故」，陳偉判定為水源爭奪案；〔註110〕簡 101「𤳁（拒）田」，陳偉等編《楚地出土戰國簡冊〔十四種〕》引文獻「拒」有「推而向外」之意，故「拒田」是將其田向外推移而引發紛爭。

《包山楚簡・疋獄簡》之形式慣例，「原告」和「被告」兩造當事人的人名前都會標註「籍貫」或「官職」，本節僅關注「官職」。因為「籍貫」會牽涉《包山楚簡》複雜的地方行政組織，目前學界共識是「楚國屬於地方統治和封君並存的社會結構」，〔註111〕且「籍貫」對本節的推論影響不大，故略而不談。

茲就上文考證，《包山楚簡・疋獄簡》之「原告」與「被告」可分為「上對下」、「下對上」和「平等」三種關係，尤其是「下對上」和「平等」這兩種關係，最能證明《包山楚簡》已具備「司法」層面之「平等意識」。

二、《包山楚簡・受期簡》所載之法律地位平等〔註112〕

〔註110〕陳偉，〈包山楚簡所見邑、里、州的初步研究〉，《武漢大學學報》，1995 年 1 期，1995 年，頁 90～98。

〔註111〕藤田勝久，〈包山楚簡及其傳遞的楚國信息——紀年與社會體系〉，《簡帛研究》二○○三、二○○四，2006 年 10 月，頁 28。詹今慧，〈《包山楚簡》法律文書封建／郡縣權力結構初探〉，高明教授百歲冥誕紀念學術研討會，政治大學中文系，2008 年 10 月 4 日～5 日；或本論文〈第四章 第一節《包山楚簡》法律文書的地方行政權屬分析〉。

〔註112〕本文引用與〈受期簡〉相關論著包括劉彬徽等，〈包山二號楚墓簡牘釋文與考釋〉，頁 348～399。黃盛璋，〈包山楚簡辨證、決疑與發復〉，頁 186～199。李零，〈包山楚簡研究文書類〉，頁 131～147。曹錦炎，〈包山楚簡中的受期〉，《江漢考古》，1993 年 1 期，頁 68～73。夏淥，〈讀包山楚簡偶記——受賄、國幣、茅門有敗等字詞新義〉，《江漢考古》，1993 年 2 期，頁 77～85。周鳳五、林素清，〈包山二號楚墓出土文書簡研究〉，國科會成果報告，1995 年。賈繼東，〈包山楚簡中受期簡別解〉，《東南文化》，1996 年 1 期，頁 64～65。葛英會，〈包山簡文釋詞兩則〉，《南方文物》，1996 年 3 期，頁 92～95。陳偉，《包山楚簡初探》，頁 47～57。陳恩林、張全民，〈包山受期簡析疑〉，《江漢考古》，1998 年 2 期，頁 68～74。董蓮池，

〈受期簡〉（簡 17～79）之「期」字原簡作「![字]」，原釋文認爲它從「几」從「日」，與《說文》古文「期」字「![字]」從「丌」從「日」不盡相同，應是「期」字異體。但是袁國華認爲「期」、「![字]」二字古音有別，林澐、白於藍也認爲「几」、「期」韻部相隔甚遠，認定「![字]」、「吞（期）」並非一字。〔註113〕裘錫圭改釋「![字]」爲「幾」（音「機」），訓「期」，引《詩・小雅・楚茨》：「卜爾百福，如幾如式」，毛《傳》：「幾，期」爲證。李家浩再舉《新蔡葛陵楚簡》零 336、341 號與「![字]」相當之字作「幾」，補證裘先生的說法。

至於「受幾（期）」的意義，原釋文認爲是受理各種訴訟的時間及初步審理時間的記錄。除了黃盛璋「受稽」；曹錦炎「年度考核」；夏淥「受鐍」，指貪官收受錢財；董蓮池「理獄宜忌書」等比較特殊外；大部分都直接依「受期」作解。本文即參照陳偉所言「受期」即「期會」，「約定時間」的意思。舉例說明時，則遵從陳偉、李家浩以格式區分，不將簡 58、63、77 歸爲〈受期簡〉。

〈受期簡〉爲官方文書，其法定格式有二，一是「日期Ⅰ，A 受期，日期Ⅱ不遲（將）B 以廷，阩門又敗，某人敓之」，二是「日期Ⅰ，A 受期，日期Ⅱ不![字]事由，阩門又敗，某人敓之」。「A」，受期者，原釋文、李零認爲是接受報告的官員；陳偉認爲是被告責任人或被告本人；陳恩林、張全民認爲二說皆備。其實「A」爲「司敗」比例最高，故「A」的身分還是較近似於負責的官員。

同樣在討論〈受期簡〉前，首先必須疏理兩個聚訟紛紜的法律術語——「![字]門有敗」和「![字]」字。「![字]門有敗」之「![字]」，《包》20 作「![字]」、56 作「![字]」、224 作「![字]」、62 作「![字]」（下文全用「![字]」代替）。我曾嘗試以「丑、升部件

〈也說包山簡中的受期〉，《古籍整理研究學刊》，1999 年 4 期，頁 4～5。大西克也，〈關於包山楚簡由字的訓釋〉，《東京大學中國語中國文學研究室紀要》第三號，2000 年，頁 3。蘇杰，〈釋包山楚簡中的阩門又敗——兼釋「司敗」〉，《中國文字研究》3（廣西教育出版社，2002 年 10 月），頁 218～222。劉信芳，《包山楚簡解詁》，頁 30～76。裘錫圭，〈釋戰國楚簡中的「![字]」字〉，《古文字研究》26 輯，2006 年 11 月，頁 250～256。李家浩，〈談包山楚簡「歸鄧人之金」一案及其相關問題〉，頁 16～33；廣瀨薰雄，〈包山楚簡受期「阩門又敗」再探〉，《簡帛》第二輯，2007 年 11 月，頁 53～61。陳偉等，《楚地出土戰國簡冊〔十四種〕》，頁 1～91。上述引文依照首發時間排列，在〈受期簡〉節討論中僅舉「作者」代表全文，僅《楚地出土戰國簡冊〔十四種〕》以「書名」表示，凡在此註腳著錄的書目，在本節引用時皆不另外加註。

〔註113〕袁國華，《包山楚簡研究》（香港：香港中文大學中文部博士論文，1994 年 12 月），頁 186～189。白於藍，〈包山楚簡文字編校訂〉，頁 189。

同形」的角度對「月」字作過研究，即當楚簡文字出現「多」部件時，可同時將此「多」部件分析爲「丑」或「升」。〔註114〕本文擬在此基礎上，陸續增加近來裘錫圭、李家浩、廣瀨熏雄和大西克也等學者的新說，重新將眾說彙整成下表：

主張者	「月」字釋讀	「門」字釋讀	「月門」或「月門有敗」文意
夏淥	丑（茅）	門	楚法。
曹錦炎	升	門	升遷，考核評語。
黃盛璋			開審沒有結果。
李零			升堂開庭而審理失敗。
葛英會	升（登）	門（聞）	《爾雅·釋言》：「敗，覆也」，全句指「將治獄文書上報司寇並乞以詳察」。
蘇傑			「登聞，有敗」，「報告，有過錯」。
裘錫圭			「登聞有罰」。
李家浩			如果受期者不按照文件所說的指示辦，就以上聞有敗論處。
劉信芳	升（登／蒸）	門	楚司法官府名，敗壞法庭。
董蓮池	升（登）	門	登治獄之所的門，將有禍災，爲凶語。
原釋文	升（徵）	門（問）	「徵」，驗也。「敗」借作「害」。
何琳儀			「徵」、「問」對文見義，似與訟辭有關。
廣瀨熏雄			傳喚嫌疑人或證人，對其進行訊問。
大西克也	升（證）	門（問）	審案遇到了障礙。

茲就上表略做分析，僅夏淥將「月」字右半隸從「丑」讀「茅」，指「茅門」，楚法。其他學者皆將「月」字右半隸從「升」，再有「升」、「登」、「蒸」、「徵」、「證」等通讀。「門」字隸定沒有爭議，但通讀有「門」、「聞」、「問」三說。我本採用原釋文與何琳儀「升（徵）門（問）有敗」之見解，爾後再參酌廣瀨熏雄舉用的例證，包括《史記·淮南列傳》和《漢書·淮南王傳》的「徵問」、《睡虎地秦墓竹簡·封診式·治獄》的「有恐爲敗」，和《張家山漢墓竹簡·奏讞書》案例 18 的「恐爲敗」。上述之例皆說明「徵問」乃訴訟

〔註114〕詹今慧，《先秦同形字研究舉要》（臺北：政大中文所碩士論文，2005 年 1 月），頁 186～187。

程序的某個環節，即傳喚嫌疑人或證人，對其進行訊問。若「阤（徵）門（問）又（有）敗」，即表示審案失敗。但同時，葛英會「阤（登）門（聞）又（有）敗」的舊說，又開始獲得裘錫圭與李家浩的賞識，李家浩引《晉書・刑法志》所載《魏律序》，說明漢律《廏律》有「登聞道辭」科，《唐律疏議》卷二十四《鬥訟》有「登聞鼓」一詞，據《疏律》曰，「登聞」是「上聞」義，「登聞有敗」和漢律「登聞道辭」科有一定關係。爲評斷「阤（徵）門（問）又（有）敗」和「阤（登）門（聞）又（有）敗」二說的優劣，茲將漢高祖七年制詔御史的紀錄摘錄於下：

> ……獄之疑者，吏或不敢決，有罪者久而不論，無罪者久繫不決。自今以來，縣道官獄疑者，各讞所屬二千石官，二千石官以其罪名當報之。所不能決者，皆移廷尉，廷尉亦當報之。廷尉所不能決，謹具爲奏，<u>傅所當比律令以聞</u>……（《漢書・刑法志》）

末句「傅所當比律令以聞」，顏師古《注》：「傅讀曰附」。加上李學勤對《張家山漢墓竹簡・奏讞書》性質的理解，「讞」是獄刑之事有疑上報，《奏讞書》乃疑難案例彙編。〔註115〕凡此，皆可補充李家浩「如果受期者不按照文件所說的指示辦，就以上聞有敗論處」的推論可信，故改採李家浩「阤（登）門（聞）又（有）敗」說，指逐層上報審理有敗的法定過程。

　　楚簡「🀄」字，簡 22 作「🀄」、24 作「🀄」、30 作「🀄」、42 作「🀄」、47 作「🀄」。「🀄」字右邊所從部件，應該如何分析，長期以來眾說紛紜。若參考《郭店楚墓竹簡》，分別有「察」、「淺」、「竊」三說。〔註116〕根據許學仁與李運富的整理，「🀄」字「右」半，目前有「坣」、「粦」、「業」、「𢍺」、「辯字省形」、「帶」等字形分析；釋讀則有「對」、「蔽」、「驗」、「督」、「辯」、「竊」、「察」、「覆」等說法。〔註117〕構形得聲原因有劉釗、陳劍認爲從「辛」；趙彤

〔註115〕李學勤，《簡帛佚籍與學術史》（南昌：江西教育出版社，2001 年），頁 183。

〔註116〕「察」，如〈五行〉簡 8～9「思不清不🀄（察）」，帛書本對應字爲「察」，〈窮達以時〉簡 1「🀄（察）天人之分，而知所行矣」，〈五行〉簡 12～13「仁之思也清，清則🀄（察，察）則安，安則恩，恩則兌（悅）」，〈語叢一〉簡 68「🀄（察）天道以化民氣」。「淺」，如〈五行〉簡 46「進，莫敢不進；後，莫敢不後；深，莫敢不深；🀄（淺）莫敢不淺」、〈性自命出〉簡 22～23「笑，禮之🀄（淺澤）也。樂，禮之深澤也」。「竊」，如〈語叢四〉簡 8「🀄（竊）鉤者誅，🀄（竊）邦者爲諸侯」等。

〔註117〕許學仁，〈戰國楚簡文字研究的幾個問題——試讀戰國楚簡《語叢四》所錄《莊子》語暨漢墓出土《莊子》殘簡瑣記〉，古文字研究 23，2002 年 6 月，頁 121

認爲是「祭」之變體；王寧認爲由「訃」假借爲「覆」；裘錫圭、李家浩認爲從三體石經古文「踐」之聲旁；李零認爲從「卤」得聲等。〔註118〕其實從《包山楚簡》相關辭例驗證，仍以裘錫圭、廣瀨薰雄、李運富等將「譏」字作「察」義理解最適當。李運富認爲此非調查，也非審判，應是對已知情況的檢驗、核實和確認（若將司法程序分爲調查、審核和判決，「譏」字應屬於第二階段）。且推論楚簡「譏」所記錄的詞語，應即《說文解字》和《爾雅》等工具書用「察」、「審」做同義詞互訓的「覆」，「覆」、「僕（譏從僕得聲）」古音聲母相同，韻部覺屋旁轉相近，所以可借用來表示同一個詞。〔註119〕且本文還是贊成將此類「䍃」字依形隸定作「譏」，因爲《包山楚簡》有從「業」部件之字，直接從「業」得聲者，如「舒慶命案」之「僕」字（簡133），即隸定作「僕」，通讀作「僕」，爲第一人稱謙辭。

其次再分析「負責官員」和「被告」間有「上對下」、「下對上」和「平等」三類關係，負責官員已具備類似後世司法官的雛型，可與其他行政官員區隔，甚至獨立運作，執行任務時可不用顧忌「被告」身分等級的高低。

（一）負責官員與被告的關係歸屬於上級對下級

簡號	負責官員	被告（被起訴人）和事由
19	邸（鄙）正婁䓀㬥	葬（冀）倉
20	鄭司敗李㳹〔註120〕	不貞周悃之奴以至（致）命

～125。李運富，〈包山楚簡「譏」義解詁〉，簡帛研究網，2002 年 9 月 7 日；又見《古漢語研究》，2003 年 1 期，頁 59～63；又輯入《漢字漢語論稿》（北京：學苑出版社，2008 年元月），頁 397～404。李運富，〈楚簡「譏」字及相關諸字考辨〉，《漢字漢語論稿》，頁 405～430。

〔註118〕劉釗，〈利用郭店楚簡字形考釋金文一例〉，《古文字研究》24，2002 年 7 月，頁 277～281。趙彤，〈楚簡中用作聲旁的「祭」〉，簡帛研究網站，2002 年 9 月 12 日。王寧，〈申說楚簡中的「訃」〉，簡帛研究網站，2002 年 9 月 15 日。陳劍，〈甲骨金文"戋字補釋〉，《古文字研究》25，2004 年 10 月，頁 43。李家浩，〈談包山楚簡「歸鄧人之金」一案及其相關問題〉，頁 16～33。李零，〈古文字筆記：卤與竊〉，《清華大學藏戰國楚簡壹國際學術研討會論文集》，清華大學出土文獻研究與保護中心，2011 年 6 月。

〔註119〕李運富，〈包山楚簡「譏」義解詁〉，頁 397～404。李運富，〈楚簡「譏」字及相關諸字考辨〉，頁 405～430。

〔註120〕黃錫全，〈包山楚簡部分釋文校釋〉，《湖北出土商周文字集輯證》（武漢：武漢大學出版社，1992 年），頁 187。

22	邔司馬之州加公李瑞、里公隋臱（得）	不察隍（陳）宔頪之剔（傷）之古（故）以告
24	邔司馬豫之州加公李逗、里公陸（隋）臱（得）	不察隍（陳）雛之剔（傷）
30	邔司馬之州加公李偒、里公陸（隋）臱（得）	不察隍（陳）頪之剔（傷）以告
31	郮司敗鄬（蔡）酓（丙）	郮之己里人青辛
50	郮少司敗鄬（蔡）酓（丙）	郙辛
33	𥪝（臨）〔註121〕昜（陽）之馭（御）司敗黃異	五皮
34	𠊪𥜠之闊（關）戠（敵）公周童耳	𠊪𥜠之闊（關）人周敓、周琢（瑤）
39	付𥜠之闊（關）敵公周童耳	周敓、周琢
35	新遊宮中𥎟〔註122〕之州加公弻羆	𡠕（毓）
37	福昜（陽）𠟭（宰）尹之州里公妻毛	苟唇（晨）
40	萻（著）陵司敗嚤非	李兼
41	龏（恭）夫人之大夫番贏	邔郶
48	龏（恭）夫人之大夫番贏	吕郶
42	需里子之州加公文壬、里公苟誡	不察公孫虢之偵之死
45	五帀（師）偖腋司敗周𩵋	登（鄧）屝
57	偖腋之司敗周𩵋	登（鄧）屝
56	𢾭（彭）〔註123〕君之司敗遠𥆥（繩）	郘遏、鼌慶
62	𪗋（鄐）〔註124〕郢司慧（直）秢郘	安陸（陸）之下隓（隋）里人屈犬、少宦暘申

〔註121〕滕壬生，《楚系簡帛文字編》（武漢：湖北教育出版社，1995 年 7 月），頁 679。還可參《上博四·東大王泊旱》簡 1 和簡 53。

〔註122〕施謝捷釋爲「諭」或「酴」，參〈隨縣包山望山江凌郭店楚簡釋文〉（電子版），2003 年。陳偉等認爲中射（謝），參《楚地出土戰國簡冊〔十四種〕》，頁 27。朱曉雪認爲釋中舍，參《包山楚墓文書簡、卜筮祭禱簡集釋及相關問題研究》，頁 176。

〔註123〕李守奎，〈釋包山楚簡中的彭〉，《簡帛》第一輯，2006 年 10 月，頁 25～31。

〔註124〕《清華簡·楚居》簡 3 有「晉（巫）𪗋」，復旦大學讀書會認爲是「巫咸」。《清華簡·皇門》簡 6 有「𪗋祀天神」，今本作「咸祀天神」，所以我們認爲包山簡此字應讀爲「咸郢」。參復旦大學讀書會，〈清華簡〈楚居〉研讀札記〉，復旦大學出土文獻與古文字研究中心網，2011 年 1 月 5 日，http://www.gwz.fudan.edu.cn/Srcshow.asp?Src_ID=1353。朱曉雪，《包山楚墓文書簡、卜筮祭禱簡集釋及相關問題研究》，頁 206～207。

65	周賜之大夫陽義	訧𫞎豪（夷）、訧𫞎（獲）
66	邨（鄢）正婁郯（蔡）玄	登▓（𣪘）之子娥
69	大廄（廄）馭（馭）司敗𦑜𧆨（且）	大廄（廄）馭（馭）𡎛（陳）旲（己）〔註125〕
70	筐（匡）〔註126〕敆（圉）公若𩢍（雄）	絲發
75	兼陵縣正婁邵奇	訧▓（𤞤）〔註127〕
76	䵿君之司敗舒丹	周緩

將〈受期簡〉「A」判斷較有可能為負責官員，即是參照上表「A」多為「司敗」的緣故，包括簡 20、31、50、33、40、45、57、56、69、76。且發現因為「楚國屬於地方統治和封君並存的社會結構」，〔註128〕故有「郡縣司敗」，如簡 20「䣜縣司敗李𧆨」，同時亦有「封君司敗」，如簡 76「䵿君之司敗舒丹」。

〈受期簡〉的負責官吏首推「司寇」，其次為「地方基層行政官員」，此可應證《包山楚簡》之行政、司法分工尚處萌芽階段；而「地方基層行政官員」是以「州加公」、「里公」和「大夫」為主。陳偉將「里」讀為「理」或「李」，視作州、里中司掌治安的官吏。〔註129〕劉信芳將「加」讀為「家」，「家公」為私官。〔註130〕陳絜認為「加公」，可能為「父老」的地方性稱謂，「州里公」與「里公」為設於「州」、「里」的「里正」。〔註131〕

其他職官包括「正婁」（簡 19、66 和 75），因為「婁」可與「市（師）」、

〔註125〕陳偉等編，此形在《郭店・緇衣》簡 11、〈尊德義〉簡 5、《上博二・從政甲》簡 18 用作「己」，參《楚地出土戰國簡冊〔十四種〕》，頁 34。

〔註126〕白於藍，〈包山楚簡文字編校訂〉，頁 182。

〔註127〕陳偉等編，此形從水的寫法見於《上博四・簡大王泊旱》簡 1、11、12、18 皆用作「旱」，參《楚地出土戰國簡冊〔十四種〕》，頁 35。

〔註128〕藤田勝久，〈包山楚簡及其傳遞的楚國信息──紀年與社會體系〉，《簡帛研究》二○○三、二○○四，2006 年 10 月，頁 28。詹今慧，〈《包山楚簡》法律文書封建／郡縣權力結構初探〉，高明教授百歲冥誕紀念學術研討會，政治大學中文系，2008 年 10 月 4 日～5 日；或本論文〈第四章 第一節 《包山楚簡》法律文書的地方行政權屬分析〉。

〔註129〕陳偉，《包山楚簡初探》，頁 90～91。

〔註130〕劉信芳，〈包山楚簡職官與官府通考（上）〉《故宮學術季刊》，15 卷 1 期，1997 年 9 月，頁 60。

〔註131〕陳絜，〈包山簡「州加公」、「州里公」身分述論〉，劉澤華編，《中國思想與社會研究》（北京：中國社會科學出版社，2009 年），頁 204～214。

「敏（令）」、「連囂（敖）」等官吏對舉（參簡 5～6）。「司悳（直）」（簡 62），劉信芳引《淮南子‧主術》「湯有司直之人」，高誘《注》：「司直，官名，不曲也」爲證。「敔公」（簡 34、39 和 70），顏世鉉讀「圉」，邊境義；〔註132〕湯餘惠認爲「圉」、「圄」古通，相當後世獄丞、獄吏一類職官；〔註133〕羅運環認爲「吾」、「虞」上古皆爲魚部疑紐，是少數封國、大關口特設的虞官體制。〔註134〕

　　此處被告以平民爲主，但有兩則例外，簡 20 是「周悃之奴」。簡 42 雖無被告，但負責官員「鄙里子之州加公文壬」和「里公苟誡」需偵查「公孫虢之侸之死」。「侸」從「豆」聲，讀「豎」，陳偉引《史記‧酈生列傳》之《索隱》「豎者，僮僕之稱」等，認爲「侸」是未成年奴隸。〔註135〕但是陳絜引《郭店楚簡‧老子甲》簡 2「或命之，或豆」，裘錫圭將「豆」讀爲「屬」，所以「侸」也讀爲「屬」，爲附屬人口；「公孫虢之侸」，即隸歸於公孫虢的臣妾、屬役一類的私屬人員。〔註136〕

（二）負責官員與被告的關係歸屬於下級對上級

簡號	負責官員	被告（被起訴人）和事由
23	邻〔註137〕少（小）司敗臧未	邻大司敗以盟（盟）邻之檟里之敗（宣）無又（有）李𦱦凶（思）
36	𠦪（宰）𣆶	剽君
49	郙（鄢）喬差（佐）宋加	郙（鄢）左喬尹穆奬
51	陰疢之正差（佐）𩎟𩎟〔註138〕	陰大辻尹宋勞
78	長郙（沙）之旦𡦦倚	長郙（沙）正差（佐）鄦思

〔註132〕顏世鉉，〈包山楚簡地名研究〉，頁 250。

〔註133〕湯餘惠，〈包山楚簡讀後記〉，頁 72。

〔註134〕羅運環，〈釋包山楚簡𡧿敔宮三字及相關制度〉，《簡帛研究》二○○二、二○○三，2005 年 6 月，頁 8～9。

〔註135〕陳偉，《包山楚簡初探》，頁 115。

〔註136〕陳絜，〈包山簡「州加工」、「州里公」身分述論〉，《中國思想與社會研究》（北京：中國社會科學出版社，2009 年），頁 211。

〔註137〕原考釋讀「陰」。劉信芳讀「黔」，參《包山楚簡解詁》，頁 38。陳偉等讀「淦」，參編《楚地出土戰國簡策〔十四種〕》，頁 24。

〔註138〕劉釗釋「疳」，參〈包山楚簡文字考釋〉，頁 52。朱曉雪釋「瘚」，參《包山楚墓文書簡、卜筮祭禱簡集釋及相關問題研究》，頁 197。

《包山楚簡》簡 23 負責官吏為「鄰少（小）司敗臧未」，被告為「鄰大司敗」，兩者間「少（小）司敗」與「大司敗」的關係，明顯為下級對上級。「敁（旦）」讀為「亶」，引《爾雅·釋詁》：「亶，信也」、「亶，誠也」，確實義。〔註139〕全案陳述「鄰大司敗」必須出庭，盟證「櫋里」確無「李𧆑凶（思）」。

簡 36 負責官員「剤（宰）柯」，被告「𩏩（劌）君」，劉信芳判定《包山楚簡》的「宰」並非令尹，多參與治獄，如「福昜剤（宰）尹之州里公婁毛受」（簡 37）、「上新都人鄴（蔡）䜴訟新都南陵大宰繛𤽯、右司寇正陳得、正叓（史）赤」（簡 102），和「鄴（鄢）少宰尹𧘽（鄩）〔註140〕𢽬（詆）」（簡 157 反）等。若此，「柯」這位地方治獄小官「剤（宰）」，竟可拘提「𩏩（劌）君」這位封君，是「刑上大夫」的最佳寫照。

簡 49 和 51 負責官員分別是「鄴（鄢）喬差（佐）宋加」和「陰戻之正差（佐）𪏲臧（疽）」，被告分別是「鄴（鄢）左喬尹穆契」和「陰大辻尹宋勢」，判斷二者關係，在程序上必先考證「差（佐）」、「尹」的職等。「差（佐）」，為輔助地位的官員、僚屬，如《左傳·襄公三十年》：「有趙孟以為大夫，有伯瑕以為佐」。或是副位，如《周禮·夏官·田僕》：「掌佐車之政」，鄭玄《注》：「佐，亦副」。「尹」，參《爾雅·釋言》：「尹，正也」，郭璞《注》：「謂官正也」，郝懿行《義疏》：「是正兼官長、君長二義」。可見「尹」的職等應在「差（佐）」之上。至於簡 49 兩個「喬」字，劉信芳讀作「矯」，假也、攝也。因為負責官員和被告皆屬代職，不會影響上文判斷。

簡 78 負責官吏「長鄖（沙）之旦」，被告「長鄖（沙）正差（佐）郭思」，劉信芳認為「旦」是官府職員，庶民供職於官府者，可與《周官》之「徒」比附。若此說可信，「旦」的位階即低於「正差（佐）」，非秦簡作刑徒解的「城旦」。

（三）負責官員與被告的關係大致平等

簡號	負責官員	被告（被起訴人）和事由

〔註139〕劉樂賢，〈楚文字雜識七則〉，《第三屆國際中國古文字學研討會論文集》，頁 624～627。

〔註140〕李學勤，〈續釋「尋」字〉，《故宮博物院院刊》，2000 年 6 期，頁 11。

21	司[illegible]（禮或俸）〔註141〕司敗鄝[illegible]	[illegible]（集）獸（守）黃辱、黃蠱
25	司敗黃貴鈉	玉敘（令）[illegible]（疐）〔註142〕、玉婁痃
28	[illegible]（贅）尹〔註143〕尹之司敗郈㕣[illegible]	[illegible]（贅）尹之鄭邑公遠忻、莫囂（敖）遠䞓
38	㑋（射）㕣君之司敗臧𥎦	㑋（射）㕣君之司馬駕與㑋（射）㕣君之人南輊、登（鄧）敢
60	㑋（射）㕣君之司敗臧𥎦	㑋（射）㕣君之司馬周駕
46	邚（越）異之司敗番䞓	邚（越）異之大帀（師）邚（越）[illegible]（債）
52	邚（越）異司敗番豫	邚（越）異之大帀（師）[illegible]（債）
55	邚（越）異之司敗番逗	大帀（師）[illegible]（債）
64	邚（越）異之司敗番䞓	邚（越）異之大帀（師）邚（越）[illegible]（債）
71	中（中）昜（陽）司敗黃甬（勇）	中（中）昜（陽）之仟門人軋（范）慶
68	鄗君之耆州加公周逵（徛）	競（景）栖（酉）之司敗鄦愴
74	辻大敘珊之州加公周遷、里公周𨙶	辻御[illegible]（率）〔註144〕嘉
61	新大廏（廄）陳（陳）漸	不行〔註145〕代昜（陽）厩（廄）尹郙之人戕〔註146〕䢦（戟）於長𢈪（沙）公之軍
26	鄟昜（陽）大正登（鄧）生𢌜	鄟昜（陽）𡧜大夫
47	𩔁司敗李[illegible]	𩔁𡧜大夫[illegible]（軼）公遊（魯）㫷（期）、[illegible]

〔註141〕因爲古文字「豊」、「豐」同形，故可依照劉信芳通讀作「司豊（禮）」，參《周禮．秋官．司儀》。亦可依照陳偉通讀作「司豐（俸）」，司掌俸祿。參劉信芳，《包山楚簡解詁》，頁34。陳偉等編，《楚地出土戰國簡冊〔十四種〕》，頁22。

〔註142〕李零，〈讀《楚系簡帛文字編》〉，《出土文獻研究》5，1999年8月，頁141。張新俊，《上博楚簡文字研究》（長春：吉林大學博士論文，2005年4月），頁11，引《上博三．周易》簡4爲證。

〔註143〕陳偉等編：根據《上博四．柬大王泊旱》是楚國主持宗教事務的長官，與《周禮．春官．大宗伯》類似，參《楚地出土戰國簡冊〔十四種〕》，頁25。

〔註144〕陳偉等編：根據紅外影像釋出，可能是姓氏，有可能與「辻御」連讀爲職名，參《楚地出土戰國簡冊〔十四種〕》，頁35。

〔註145〕《廣雅．釋詁一》：「行，往也。」廣瀨薰雄作派遣，參《包山楚簡所見戰國時代的訴訟》（東京：東京大學人文社會系研究科思想文化領域碩士論文，2001年2月），頁99。

〔註146〕原釋文讀「鬪」。劉信芳讀「戲」，參《包山楚簡解詁》，頁63。但陳偉等編：簡文「之人」後例接人名，此例亦是人名，且《郭店．語叢四》簡8同字讀爲「誅」，參《楚地出土戰國簡冊〔十四種〕》，頁32。

〔註147〕劉樂賢釋讀「涅」，參〈楚文字雜識七則〉，《第三屆國際中國古文字學研討會

		〔註 147〕易（陽）公穆疴與周悃之分察以廷

　　上表特色在於被告多爲官員。負責官員以司敗爲主，僅簡 68 是封君附屬之州加公，簡 74 是地方管轄之州加公和里公。被告也多爲官員，如簡 21「槳（集）獸」，劉信芳認爲即《周禮・天官・獸人》；但陳偉等編《楚地出土戰國簡冊〔十四種〕》認爲「集」如〈鄂君啓節〉「集尹」和壽縣楚器「集脰」，是職司或府署名，「獸」疑當讀爲「守」。〔註 148〕比較不同的是簡 61 的負責人「新大廐（廄）陳漸」並非官吏，但此案被告「代易廐（廄）尹郜之人」也是平民，故歸併於此。

　　簡 26 與 47，涉及楚國地方行政制度之「縣」、「㽡」階級認定，「㽡」目前有「邑」、「序」、「㽡」、「宛（縣）」等釋讀，「縣」、「㽡」間的等級亦有「平等」或是「上下隸屬」二說。〔註 149〕本文還是贊成將《包山楚簡》這類「㽡」字隸定作「㽡」，將「縣」、「㽡」視爲同級單位，〔註 150〕故將其分類於此。

　　總之，《包山楚簡・受期簡》之「負責官員」與「被告」間的關係，與上文所論〈疋獄簡〉之「原告」和「被告」間的關係，不約而同皆呈現「上對下」、「下對上」和「平等」三種型態，尤其以後兩種「下對上」和「平等」型態，最能展現戰國時期楚國法律已將「平等意識」付諸實踐。

三、兩周時期「法律平等意識」之發展概況

　　所謂「平等」，具有兩項基本意義，一是相同或相等，二是兼具公道或理

論文集》，頁 613～617。何琳儀釋讀「愼」，參《戰國古文字典》（北京：中華書局，1998 年 9 月），頁 1116。施謝捷釋讀「蒯」，參〈隨縣包山望山江凌郭店楚簡釋文〉（電子版），2003 年。
〔註 148〕劉信芳，《包山楚簡解詁》，頁 34。陳偉等編，《楚地出土戰國簡冊〔十四種〕》，頁 22。
〔註 149〕湖北省文物考古研究所、北京大學中文系編，《九店楚簡》（北京：中華書局，2000 年），頁 114～115。羅運環，〈釋「㽡」〉，《古文字研究》，第 24 輯，2002 年 7 月，頁 345～346。趙平安，〈戰國文字中的「宛」及其相關問題研究——以與縣有關的資料爲中心〉，《第四屆國際中國古文字學演討會論文集》（香港：香港中文大學，2003 年），頁 529～540。朴俸柱，〈戰國楚的地方統治體制〉，《簡帛研究》二〇〇二、二〇〇三，2005 年 6 月，頁 13～23。
〔註 150〕詹今慧，〈《包山楚簡》法律文書封建／郡縣權力結構初探〉，高明教授百歲冥誕紀念學術研討會，臺北：政治大學中文系，2008 年 10 月 4 日～5 日；或本論文〈第四章　第一節　《包山楚簡》法律文書的地方行政權屬分析〉。

想。〔註151〕中國歷史上的「平等」，可再細分爲人格平等、政治平等、教育平
等及經濟平等。〔註152〕本文所論的「平等」爲「法律之前人人平等」之「形
式平等」，其他涉及「實質平等」與「公道」相關的議題，請參見本論文〈第
三章　血緣身份與軍功爵位在土地分配制度上的歷史轉變〉。

　　本文嘗試以「平等」觀點，重新詮釋戰國時期的《包山楚簡》法律文書，
此觀點得自於將「戰國楚簡」與「西周銘文」相較後的啓發。葉達雄曾引〈師
旅鼎〉、〈儔匜〉和〈鬲比攸鼎〉，謂「西周時代是有爲貴族階級而設刑法」。〔註
153〕上文僅舉〈儔匜〉（《集成》10285，西周晚期）爲例，茲先將稽考眾說後
的釋文逐錄於下：〔註154〕

> 佳（唯）三月既死霸甲申，王在葊上宮，白（伯）揚父迺（乃）成贄
> （讞）曰：「牧牛，敄！乃可（苛）湛（甚），女（汝）敢𢆶（以）
> 乃師訟，女（汝）上劮（忒）先誓。今女（汝）亦既又（有）𢆶（果）
> 誓，尃（薄）、趩（格）、嗇、覿、儔寽（造），亦茲五夫，亦既𢆶（果）
> 乃誓，女（汝）亦既從辭從誓，弋（式）可（苛），我義（宜）便（鞭）
> 女（汝）千，䲧（剭）䥿（黥）女（汝）。今我赦女（汝），義（宜）
> 便（鞭）女（汝）千，䥿（黜）䲧（剭）䥿（黥）女（汝）。今大赦女（汝），
> 便（鞭）女（汝）五百，罰女（汝）三百孚（鋝）。」白（伯）揚父

〔註151〕郭秋永，〈民主精英論及其政治平等概念〉，《正義及其相關問題》（臺北：中
　　　　研院中山社會科學研究所專書，1991 年），頁 355。
〔註152〕毛漢光，〈平等概念與平等實際〉，《佛光人文社會學刊》第三期，2002 年 12
　　　　月，頁 142。
〔註153〕葉達雄，《西周政治史研究》（臺北：明文書局，1982 年 12 月），頁 69～70。
〔註154〕龐懷清等，〈陝西省岐山縣董家村西周銅器窖穴發掘簡報〉，《文物》，1976 年
　　　　5 期，頁 31～34。程武，〈一篇重要的法律史文獻談儔匜銘文札記〉，《文物》，
　　　　1976 年 5 期，頁 50～54。唐蘭，〈陝西省岐山縣董家村新出西周重要銅器銘
　　　　辭的譯文和注釋〉，《文物》，1976 年 5 期，頁 58～59。盛張，〈岐山新出儔匜
　　　　若干問題探討〉，《文物》，1976 年 6 期，頁 40～44。李學勤，〈岐山董家村訓
　　　　匜考釋〉，《古文字研究》第 1 輯，1979 年 8 月，頁 149～156。劉海年，〈儔匜
　　　　銘文及其反應的西周刑制〉，《法學研究》，1984 年 1 期，又見《戰國秦代法
　　　　制管窺》（北京：法律出版社，2006 年），頁 449～462。于少時，〈青銅器法
　　　　典儔匜銘文試析〉，《文博》，1993 年 6 期，頁 41～42。陳公柔，〈西周金文中
　　　　的法制文書述例〉，《容庚先生百年誕辰紀念文集》（廣州：廣東人民出版社，
　　　　1998 年 4 月），頁 307～325。魏娟娥，〈儔匜新讀〉，《陝西歷史博物館館刊》
　　　　8 卷，2001 年 6 月，頁 377～381。王紅，〈對儔匜銘文涉及問題的幾點認識〉，
　　　　《歷史文物月刊》，16 卷 1 期，2006 年 1 月，頁 32～35。

迺或事（使）牧牛誓曰：「自今余敢燮（擾）乃小大事」，「乃師或吕（以）女（汝）告，則█（致）乃便（鞭）千，戳（剠）戲（黜）」。牧牛則誓，乃吕（以）告吏𤔲、吏曶于會。牧牛辭誓成，罰金，儥用乍（作）旅盉。

「█」，釋「刌」讀「忒」，引《老子》河上公《注》「爽也」，違背義。「█」裘錫圭釋「厄」讀「果」，「果誓」猶「信誓」，實現你的誓言。〔註155〕「𦙃（薄）、趞（格）、嗇、覬、儥宙（造），亦茲五夫」（李學勤的斷句），「𦙃（薄）、趞（格）、嗇、覬、儥宙（造）」即「五夫」。與「墨刑」相關的字形如下：

█、█、█、█

分別依形釋讀作「戳（剠）戲（黜）」、「鼅（鼓）戲（黜）」和「戳（剠）戲（黜）」。唐蘭解釋「戲」左上部與「屋」古文「█」同形，故隸定作「黜」，參《廣韻》：「黜，墨刑也」。〔註156〕李學勤認為「戳」從「旹」聲，古祭部字，疑讀為「剠」，引《史記‧張耳陳餘列傳》，訓「剠」為「刺」。「鼅」隸定作「鼅」，右上部從「之」，下面從「虫」略省，讀為「鼓」，《說文》云：「刺也」，與「剠」同義。「戲」字則同唐蘭，從古文「屋」，即訓墨刑的「黜」字。〔註157〕

銘文旨在陳述牧牛因為違背先前誓言，與他的上司儥，因為五個奴隸打官司，故遭受白（伯）揚父判處鞭刑、墨刑和罰鍰。通篇以「女（汝）敢吕（以）乃師訟」，最能傳達西周講究「等級觀念」之封建特質。

但自春秋中晚期「鄭子產鑄刑書、晉趙鞅鑄刑鼎」以降，中國經歷一場大變局，「法律開始產生公開性和一致性，百姓可以據法爭其權益，貴族也不能獲得寬宥，於是開啟編戶齊民社會的法律基礎」。〔註158〕尤其將西周中晚期〈儥匜〉「女（汝）敢吕（以）乃師訟」，與《包山楚簡》〈疋獄簡〉、〈受期簡〉上文的考證結果相對照，益發彰顯中國古代法律思想從西周封建「刑不上大

〔註155〕裘錫圭，〈釋「厄」〉，《紀念殷墟甲骨文發現一百週年國際學術研討會論文集》（北京：社會科學文獻出版社，2003 年 3 月），頁 125～133。

〔註156〕唐蘭，〈陝西省岐山縣董家村新出西周重要銅器銘辭的譯文和注釋〉，《文物》，1976 年 5 期，頁 58～59。

〔註157〕李學勤，《青銅器與古代史》（臺北：聯經出版事業股份有限公司，2005 年 5 月），頁 393。

〔註158〕杜正勝，《編戶齊民 傳統政治社會結構之形成》（臺北：聯經出版事業股份有限公司，1990 年 3 月初版，2004 年 6 月初版 3 刷，頁 243。

夫」，至戰國郡縣追求「法律地位平等」的遞嬗。〈疋獄簡〉之「原告」、「被告」，和〈受期簡〉之「負責官員」、「被告」間，經分析皆包含「上級對下級」、「下級對上級」和「平等」三種關係，此可再細分成兩個面向稍作說明。其一，每位平民（法律主體）皆擁有法律訴訟權，當自身權利遭受威脅，即可向官府申訴以自保。其二，被告不再有身分限制，官吏、封君亦可公開接受審判，與「凡命夫命婦，不躬坐獄訟。凡王之同族有罪，不即市」（《周禮‧秋官》）已判若雲泥。

下文擬更深入從「民（權力客體）」和「君（權力主體）」兩種觀點出發，分別探討《包山楚簡》法律文書內含「平等意識」之「正當性（legitimacy）」，以「平民（權力客體）對法律權力的認同」，和「君王（權力主體）對統治權力的控制」爲問題核心。〔註 159〕

（一）平民（權力客體）的認同

「平民（權力客體）」爲何認同法律權力，《商君書‧畫策》說：「民本，法也。故善治者，塞民以法，而名地作矣」；〈定分〉甚至說：「法令者，民之命也，爲治之本也，所以備民也」。爲何以「法」治國最能迎合民心？因爲法律就像規矩、權衡，提供客觀治理天下的標準，讓臣、民舉措皆有所據，如此則「群臣不敢爲姦，百姓不敢爲非」（《商君書‧畫策》）。又因法律「立法明分，中程者賞之，毀公者誅之，賞誅之法，不失其義，故民不爭」（《商君書‧修權》），和封建體制的最大差別，在於法律會讓「明主使其群臣不遊意於法之外，不爲惠於法之內」（《韓非子‧有度》），如此「法平則吏無姦」將不再是空言（《商君書‧靳令》、《韓非子‧飭令》）。反之，若「廢法度」，則貴族、官員魚肉鄉民之事將不可遏止，《商君書‧修權》有生動的描繪：

> 姦臣鬻權以約祿，秩官之吏隱下而漁民……故大臣爭於私而不顧其民，則下離上；下離上者，國之隙也。秩官之吏隱下以漁百姓，此民之蠹也。故國有隙蠹而不亡者，天下鮮矣。是故明主任法去私，國無隙蠹矣。

在法律杜絕官吏、豪強魚肉鄉民表象的背後，實富涵更深層次的心理因素等待抉發，即平民對「法律」身具「平等意識」特質的認同。《韓非子》包括諸

〔註 159〕「正當性」的定義，參考王健文，《奉天承運——古代中國的「國家」概念及其正當性基礎》（臺北：東大圖書公司，1995 年），頁 24。

多與「平等意識」相關的論述，茲略舉幾則於後。如〈有度〉「貴賤不相踰，愚智提衡而立」、「法不阿貴，繩不撓曲」、「法之所加，智者弗能辭，勇者弗敢爭」、「刑過不避大臣，賞善不遺匹夫」等，都是法律「紐羨齊非，一民之軌」的實踐。又如〈問田〉，韓子回答堂谿公「今先生立法術，設度數，臣竊以為危於身而殆於軀。何以效之」的提問時說：「夫治天下之柄，齊民萌之度，甚未易處也……故不憚亂主闇上之患禍，而必思以齊民萌之資利者，仁智之行也」，二度點明「齊民萌」的重要性，陳奇猷《校注》：「萌，氓同」。再如〈守道〉「則天下公平，而齊民之情正矣」等。韓非在論著中反覆申論之「紐羨齊非，一民之軌」、「齊民萌」和「齊民之情」，其用意皆在陳述戰國時期普通百姓對「法律平等」之殷殷期盼。

　　普通百姓遵守法律追求「法政地位平等」之心理，古今中外皆然。以西方羅爾斯（John Rawls）《正義論》提出兩項正義原則的第一條為例，參照《正義新論》的修正為：「每一個人對於平等的基本自由之充分相適的規制（scheme），都擁有相同的不可剝奪的權利」。〔註160〕謝世民分析此說之所以具有說服力，在於它體現「平等主義」精神，國家對其社會成員負有（至少）兩項道德義務：（1）不去侵犯個人在自然狀態所具有的權利；（2）公平地對待每個社會成員。〔註161〕以此兩項道德義務檢視本文分析之《包山楚簡》法律文書，發現戰國時期楚國無論官吏或封君，的確皆不能隨意侵犯平民在自然狀態所具有的權利，否則國家會依據法律，公平地賦予每位社會成員，擁有上兩節所陳述之「司法受益權」。

　　且參照《包山楚簡》法律文書，其除了保障每位平民擁有「平等權」之外，「自由權」在古代中國亦非完全不可能。英國著名政治哲學家柏林（Isaiah Berlin），將自由區分為「消極自由」與「積極自由」。〔註162〕平民在專制時代遵守法律，雖無「積極自由」，但至少擁有免於被「權貴」欺壓的「消極自由」。再依照當今我國憲法第八條第一項的規定：「百姓身體之自由，應予保障，除

〔註160〕羅爾斯（John Rawls），《作為公平的正義：正義新論》（臺北：左岸事業有限公司，2002 年 11 月），頁 53～54。
〔註161〕謝世民，〈政治權力、政治權威與政治義務〉，《政治與社會哲學評論》，第 1 期，2002 年 6 月，頁 33～35。
〔註162〕前者是「免於……的自由」（freedom from），後者是「去做……的自由」（freedom to）或自我掌控，也就是我成為自己的主人，摘引自郭秋永，〈權力概念的解析〉，《人文及社會科學集刊》，18 卷 2 期，2006 年 6 月，頁 224。

現行犯之逮捕，由法律另訂外，非經司法或警察機關依法定程序不得逮捕拘禁，非由法院依法定程序不得審問」，〔註163〕依此檢視《包山楚簡‧受期簡》所載之拘提過程，皆謹遵法定程序執行，讓每位平民與官員的人身自由都獲得最基本的保障。

（二）君王（權力主體）的認同

「君王（權力主體）」為何全力支持「法律」的存在，即中國古代專制君王為何願意變法新政，削弱官吏、封君、豪強的特權，為平民謀求（排除君王）的法律地位平等呢？或許只是將「君──臣──民」間的「潛藏衝突」，寄託於「虛假共識」，由於「虛假共識」生效，遂使衝突「潛藏」至無形。〔註164〕上文已站在「平民（權力客體）」的立場，申述其認同「法律平等」的可能原因，表面上是符合「平民（權力客體）」的主觀利益，但就「虛假意識」而言，此非但違反「平民（權力客體）」的真正利益，反倒契合「君王（權力主體）」的真正利益。下文擬揭發「君王（權力主體）」支持「法律平等」背後的真正意圖。

法家相當器重「君王（權力主體）」的威勢，如《韓非子‧功名》說：「夫有材而無勢，雖賢不能制不肖……立尺材於高山之上，則臨千仞之谿，材非長也，位高。桀為天子，能制天下，非賢也，勢重也；堯為匹夫，不能正三家，非不肖也，位卑也」。而「君王（權力主體）」之「威勢」的建構過程，勢必與「法治」雙管齊下，因為「令重則君尊，君尊則國安；令輕則君卑，君卑則國危。故安國在乎尊君，尊君在乎行令，行令在乎嚴罰」（《管子‧重令》）。實際執行時，可區分作「君──民」與「君──臣」兩種支配模式。

「君──民」權力支配，必透過法律程序的上行下效，若從「民（權力客體）」的角度推論其「正當性」，為使平民獲得與權臣、封君相當之平等地位。但從「君（權力主體）」的角度推論其「正當性」，則在於君王對「威勢」的認同，因為「法審則上尊而不侵，上尊而不侵則主強」（《韓非子‧有度》）。此可與上述《包山楚簡‧受期簡》「登聞有敗」之法律程序相對照，其背後的真正用意都在使君王掌握最終且最高的法律審判權。

「君──臣」權力支配，昔日吳起以楚國「大臣太重，封君太眾，若此則上偪主而下虐民，此貧國弱兵之道也」，規勸楚悼王變法圖強。商鞅則教導

〔註163〕鄭玉波，《法學緒論》（臺北：三民書局，2005年9月修定16版），頁141。
〔註164〕郭秋永，〈權力概念的解析〉，頁236～238。

－367－

秦孝公「塞私門之請而遂公家之勞」（《韓非子・和氏》）。由此可知，戰國時期變法，君王實施郡縣改制的最大阻礙並非來自平民，而是封建時代遺留之「大臣」、「封君」、「私門」和「重人」。所謂「重人」，即「無令而擅爲，虧法以利私，耗國以便家，力能得其君」（《韓非子・孤憤》）。法家一再重申「君臣共道則亂，專授則失」（《管子・明法》）的道理，韓非甚至爲此設計一套「有貴臣無重臣」的君臣統御術：

> 明主之國，有貴臣無重臣。貴臣者，爵尊而官大也；重臣者，言聽而力多者也。明主之國，遷官襲級，官爵受功，故有貴臣。言不度行，而有僞必誅，故無重臣也。（《韓非子・八説》）

此透過法律執行「言不度行，而有僞必誅」剷除「重臣」的手段，有助於君王建立法家所倡導「尊君卑臣」的政治格局。有關「尊君卑臣」的敘述，本文著重於法律訴訟面，「誠有過則雖近愛必誅」，因爲「近愛必誅，則疏賤者不怠，而近愛者不驕也」（《韓非子・主道》），「大臣之祿雖大，不得藉威城市；黨與雖眾，不得臣士卒」（《韓非子・愛臣》）。如此，君王才能在完全支配封建權貴以及平民的局勢下，建立自己獨當一面，不再與封建貴族分享的絕對權威。否則「擅主之臣」會讓「君令不下究，臣情不上通」，致使「善敗不聞，禍福不通」，甚至遺留難以解決的「不葬之患」（《韓非子・難一》）。

行文至此，或有人會質疑本文所述之「平等」，乃當今我們所熟知的「平等」嗎？因爲戰國時期《包山楚簡》法律文書，縱使難能可貴地將貴戚、官吏、平民、奴隸等皆納入法律條文，被「平等」的對待，但卻將楚國君王排除在外。此和中國傳統法律往昔給人的印象極類似：君王身爲「法律之制定暨頒布者、全國行政最高長官，及法律之最後裁定者」，竟可輕易地置身於體制之外，不受任何法律約束。當然此可能是因爲《包山楚簡》法律文書缺乏君王犯罪案例所致，但更可能是它再次證明此即「君主專制政體最嚴重的缺點」。〔註 165〕即使如此，對中國古代的「編戶齊民」而言，此份法律文書仍不失爲一個尚稱「平等」的政治制度吧！

四、小　結

本文嘗試探討《包山楚簡》法律文書已具備「平等意識」。從《包山楚簡・疋獄簡》之「原告／被告」，和〈受期簡〉之「負責官員／被告」間身分等級

〔註 165〕毛漢光，〈平等概念與平等實際〉，頁 161。

的考證，歸納其皆包含「上級對下級」、「下級對上級」和「平等」三種關係，其意義可再分作兩個面向申論，其一，每位平民（法律主體）皆擁有法律訴訟權，當自身權利遭受威脅，即可向官府申訴以自保；其二，被告不再有身分限制，官吏、封君皆可公開接受法律審判。然後再從「民（權力客體）」和「君（權力主體）」兩種角度切入，探討《包山楚簡》法律文書「平等意識」背後的「正當性（legitimacy）」為何？以「平民（權力客體）對法律權力的認同」，和「君王（權力主體）對統治權力的控制」為論述核心。

第六章　結　論

　　本論文《周秦漢出土法律文獻研究》，希望在字詞訓詁的基礎上，深入考察西周至漢初的律令制度，宏觀審視當時政治社會與歷史文化之各式沿革。

　　就「變革」而言，「春秋」、「戰國」正值中國歷史著名的「轉型」期，無論政治、社會、經濟、思想、文化皆有影響。本論文特別關注隨著西周「封建體制」的沒落、與秦漢「郡縣官僚體制」的出現，所衍生出的一系列變革。相較之下，西周「封建體制」的國君較少支配權，因封建諸侯各自獨立；戰國「郡縣官僚體制」的國君富有支配權，可直接管轄國境內的人、事、物。而中國歷史此段從「封建」至「郡縣官僚」的政治型態轉變，將如何反應至「周秦漢出土法律文獻」，十分值得留意。因為「中國古代法律制度」的誕生與成熟，正歸因於此「國家」專制政權的成形，與「郡縣官僚體制」的催生。

　　就「沿襲」而言，本論文是逐步以「家庭」、「社會」、「國家」等面向切入「周秦漢出土法律文獻」，嘗試剖析「中國古代法律制度」，與「家族主義」、「社會結構」、「國家制度」間的密切關係。除意圖描繪「中國古代法」的形成軌跡，更設想推論「中國古代法」如是形成的緣由，為之提出「整體性詮釋」，歸納支配整個中華法系的學理精神。雖然「法律制度」應是由社會住民，在長期相處磨合中漸次形成；但還是受到固有「社會組織」與「道德規範」的限制。以中國古代社會為例，「周秦漢出土法律文獻」必須顧及的「社會組織」為「宗族社會」；必須遵循的「道德規範」為「血緣倫理」。

　　簡言之，本論文的「研究成果」可初步歸納為「政治社會結構因革」與「血緣倫理對法律規範的支配性」兩大面向，下文將分別論述中國古代在超穩定的「宗族社會結構」中，「家庭」、「社會」、「國家」各是如何與「法律規

範」相互動，各自反應了哪些層面的「因襲」與「變革」；且尋繹出貫通整個中華法系的根本精神。除此，也將附上本論文的「自我檢討」與「未來展望」作結。

第一節　研究成果

　　本節將依照「政治社會結構因革」與「血緣倫理對法律規範的支配性」兩大層面分述成果；且附帶說明本論文於章節安排中蘊藏的各式「辯證關係」。

　　譬如「政治社會結構因革」之「地緣性法治國家組織」與「血緣性宗族社會組織」，爲本論文規模最大的一組「辯證關係」。概括而言，本論文的四、五章側重於闡述「地緣性法治國家組織」，二、三章偏重於說明「血緣性宗族社會組織」。雖然中華法系的核心價值無庸置疑絕對是父系血緣倫理，因爲中國古代農村聚落的社會關係，端賴父系血緣倫理維繫；但也不宜因此忽略國家政治權力，將不同父系血緣統整成一個政治實體的效力，行政層面的管理還是不可或缺。所以本論文企圖以「血緣宗族」與「地緣行政」這兩股勢力，在「周秦漢出土法律文獻」中的「衝突」與「匯合」作基調。

　　但其實「地緣性法治國家組織」與「血緣性宗族社會組織」的「辯證關係」並非如此簡單，譬如本論文：〈第二章　血緣倫理的確立與「人」基本價值的提升〉與〈第三章　血緣身份與軍功爵位在土地分配制度上的歷史轉變〉，實在很難「完全」歸納爲「血緣性宗族社會組織」，上文才會如是陳述：「概括而言……二、三章偏重於『宗族血緣結構』的說明……」，特別強調「概括而言」和「偏重」。首先以本論文〈第二章　第一節　戰國秦漢出土法律文獻所載「血緣倫理」與「法律規範」間的匯合衝突〉，與〈第二節　戰國秦漢出土法律文獻所載奴隸人權的保障與提升〉爲例。〈第一節〉的「血緣倫理」當是源自於「血緣性宗族社會組織」；但是〈第一節〉的「法律規範」與〈第二節〉的「法律人權」，卻是立基於「地緣性法治國家組織」。因爲只有「地緣性法治國家組織」，才會強調「法律規範」；只有「法律規範」，整個政治社會才會開始檢討「傳統家庭」中的「父子血緣倫理」與「主奴擬血緣倫理」，是否會對被支配者「子」與「奴」的「基本人權」造成損傷。再以〈第三章　第一節　西周宗法體制之血緣身份與土地分配〉與〈第二節　秦漢郡縣體制之軍功爵位與土地分配〉爲例。〈第一節〉以「血緣身份」分配土地，當是顧及

「血緣性宗族社會組織」，但是〈第二節〉以「軍功爵位」分配土地，則是出自「地緣性法治國家組織」的考量。

雖然本論文〈第二章〉的「法律規範」與「基本人權」，以及〈第三章〉的「軍功爵位」，都是由「地緣性法治國家組織」衍生而出的觀念；但中國傳統社會的基本結構為「血緣性宗族社會組織」，所以「血緣倫理」永遠具有優先性。故本〈結論〉還是將〈第二章〉與〈第三章〉，歸於下文〈第二節　血緣倫理對法律規範的支配性〉中陳述。且探討「血緣倫理」為了鞏固其位階，將如何讓深受「血緣倫理」支配的「法律規範」符合「政治合理性」；及「血緣倫理」將如何緩衝其與「法律規範」、「基本人權」、「軍功爵位」的衝突，甚至從理論層建構深具「血緣倫理」特色的「中國式法律規範」與「中國式基本人權」，以及強調依照「血緣身分」分配田宅，會比依照「軍功爵位」分配田宅，更契合中國傳統社會的正當期待。此與「地緣性法治國家組織」，會千方百計地與固有「血緣性宗族社會組織」融合，可說是如出一轍。

（一）政治社會結構因革

中國古代夏、商、周皆具「宗族式的統治機構」。〔註 1〕換句話說，中國古代政治社會長期維繫此「血緣（宗族式）」與「地緣（統治機構）」犬牙交錯的格局，以「宗族」作為「政治社會基本單位」的歷史型態從未改變。

西周是典型的宗法制國家，周天子據「血緣」親疏層層分封、展開統治。當西周「宗族式的分封」在發展「地緣單位政治性格」的同時，亦未放棄保有「宗族族群性格」。〔註 2〕「宗法制」是國家的早期型態，國家政治組織憑恃「血緣關係」進行權力劃分；但當周天子統治權力逐步為諸侯、卿大夫蠶食鯨吞之際，此以「血緣關係」作為國家內部權力分配原則的體制，便很難再持續。所以政治社會的總體趨勢，必朝向「郡縣官僚體制」邁進；尤其是「春秋」、「戰國」年間，列國諸侯王為了鞏固和擴張本國版圖，多聽從大臣如子產、李悝的建議，致力於「變法」革新。此「變法」的「法」，不單是「刑法」，更是「郡縣官僚國家」的基本框架與行政制度，如將農戶改採「什伍」編制，建立新的田賦徵收規則，實行「擇能而使之」（《左傳·襄公三十一年》）

〔註 1〕 張光直，《中國青銅時代》（臺北：聯經出版事業股份有限公司，1983 年），頁38。張光直，《中國青銅時代（第二集）》（臺北：聯經出版事業股份有限公司，2001 年 4 刷），頁 116～120。

〔註 2〕 許倬雲，《西周史》（北京：三聯書店，2001 年 1 月），頁 155。

的「尚賢」政策等。

雖然「春秋」、「戰國」年間，列國「變法」圖強的措施大同小異，因爲列強皆身處相同的歷史背景，面臨類似的政治課題。但當各國在「變法」時，對於中國傳統社會固有的父家長制，重視父系血緣關係，講究父慈子孝的血緣倫理等，皆很難做出根本性變革。因爲「父系血緣（宗族）倫理」，非但是「宗法封建體制國家」的根柢，亦是「郡縣官僚體制國家」的基石。

下文首先陳述「周秦漢出土法律文獻」與「地緣性法治國家組織」兩者間的助緣作用；畢竟「周秦漢出土法律文獻」是在「地緣性法治國家組織」的催促下誕生，若是沒有「地緣性法治國家組織」，「周秦漢出土法律文獻」還是會停留在原本「習慣」、「禮俗」的階段。其次再論證雖然整體趨勢都往「地緣性法治國家組織」的方向改變，但「血緣性宗族社會組織」的影響力，卻仍根留於「周秦漢出土法律文獻」中。簡言之，本文旨在探討中央「地緣性法治國家組織」的形成過程，將如何與地方「血緣性宗族社會組織」競合；社會「親緣團體」的力量，是如何與國家「官僚組織」維持著既聯繫又互補的關係。

1. 地緣性法治國家組織

中國古代政治可概分爲「宗法封建制國家」與「郡縣官僚制國家」兩大類。西周爲典型的「宗法封建制國家」，周王除了是封建國家的首領，也是多數封建諸侯的族長，因爲封建諸侯多系出王室，政治權力正通過以周王爲頂部的宗族結構委派給諸侯。至於「春秋」、「戰國」以後的諸侯國，則紛紛設「縣」，以打破舊有的血緣氏族秩序，重組原本的權力結構，建立「郡縣官僚制國家」。譬如商鞅在秦國變法時，便企圖瓦解世卿、世祿的封建舊制，貫徹執行郡縣體制；組織直屬中央的官僚體系，讓中央能夠掌握郡縣官員的任免與考核，且規劃讓此郡縣式的地方行政組織，成爲後世通制。

本論文所探討的「周秦漢出土法律文獻」，正處於西周「宗族社會」與「封建政權」相搭配的政治模式，向戰國秦漢以後同樣以「宗族社會」，但改與「郡縣官僚政權」相搭配的轉型期。從純粹的「氏族組織」到眞正的「國家型態」，於此漫漫長路，必衍生出無數類型的中間型態。以戰國時的楚國爲例，一方面具有自上而下類似於「郡縣鄉里」的地方行政體系，但另一方面仍存在著大量的「封君」；當楚國確已步入以「官僚行政體制」爲主的「中央集權」統治時，楚國「封君」仍共享部分西周封建諸侯王才擁有的自治權。本論文〈第

四章　封建體制與郡縣體制在行政制度上的雙軌現象〉，已分別從「地方行政權屬」和「舍人身分歸屬」，探討此政治社會結構「轉型期」，所可能展現的「過度樣貌」。

　　「國家」的出現是「社會」演化的必然結果，因某地的總人口必會直線上升，組成族群也會日益多元，文化禮俗亦會五花八門。當社會成員不再全恃「血緣氏族」，甚或包括「地緣組織」與「業緣團體」，統治者就必須在原有「血緣氏族」架構上，發展出跨越族群、設官分職的「政治組織」，方能將所有成員納入管理，透過分層負責的「郡縣官僚」統治，更有效率地掌握人力與物力；當衝突發生時，「國家」也才能總攬承理、化解紛爭。本論文〈第四章　第一節　包山楚簡法律文書的地方行政權屬分析〉，即探討楚懷王如何在原本「血緣氏族」上，發展出跨越族群、設官分職的「政治組織」。首先從文字考釋入手，確認此「政治組織」的各級行政單位，如或、敔、宮、㦰、迻等字的釋讀；再透過釋文解析，探賾索隱每個行政單位在「權力競技場」中，各是如何定位自己的身分屬性，既包括上級對下級的權力支配，亦包括同層級間的權力競爭。

　　中國古代商朝是比較封閉的民族和文化共同體，在商人宗族組織中，血緣因素極其重要，各子姓宗族成員爲商王國公民，異族異姓成員往往淪爲奴隸或犧牲。反之，西周則是多民族雜居共處的社會，特別是非血緣「家臣制度」的興起，削弱原本純血緣的隸屬關係。〔註3〕到了「春秋」、「戰國」，各諸侯國間的戰爭頻仍，相互兼併他國的領土與人民，以擴張自己的政治勢力。「尚賢」的需求，在此軍政體制下益形迫切，所以各諸侯國紛紛打破「親親」原則，大量任用沒有血緣關係的人才。此類賢能之士通常被劃歸爲「士階層」；「舍人」爲「士階層」的一份子。本論文〈第四章　第二節　戰國秦漢出土法律文獻所載舍人身分的雙重歸屬〉，專門探討「舍人」有時是王公貴族的賓客，有時是官僚體制的屬官；身兼「私臣」與「公職」。且據本文分析結果，益發深覺當時「舍人」歸屬於「私臣」的可能性仍遠大於「公職」，可見當時「郡縣官僚制國家」的轉型尚未完成。但「舍人」無論是「私屬家臣」或是「國家官吏」，可以肯定的是他們與「主人」或「上司」間並無血緣關係，此類「非血緣」社會關係的湧現，將會促使原本單純的「血族、氏族」政治社

〔註3〕朱鳳瀚，〈第一章　上古分封社會的典型宗族〉，見馮爾康等著，《中國宗族社會》（杭州：浙江人民出版社，1994年11月），頁43～51。

會，展開一系列的結構調整。

　　「地緣性法治國家組織」，除了呈現上述從「封建體制」至「郡縣體制」的轉型之外，當然還包括從「世襲貴族」至「官僚體系」的遞嬗。所謂的「官僚體系」，為國家統治階層不再全依血緣身分，專由王室貴族世襲；橫向而言，特重政府各部門間的專業分職；縱向而言，特重政府各部門內部與彼此間的階梯結構。本論文採用「周秦漢出土法律文獻」，最便於觀察的「政府部門」即「司法機關」。所以本論文〈第五章　第一節　兩周職官「士」政治權責演變與司法權獨立〉，旨在探討當「士」作「司法職官」義解釋時，其在中國古代「官僚行政體系」中，逐步「專業化」的軌跡。首先，西周金文的職官「士」，無法與我們現今所認知的執法人員畫上等號；因為我們認為執法人員應當專司的職務，西周仍由「軍事官吏」或「行政官吏」兼攝；而標舉職官「士」的銘文，卻揭示職官「士」不僅為執法人員，亦可兼管軍事、外交。其次，從《左傳》、《國語》所紀錄的晉國「士氏家族」為例，春秋晉國的司法權，已掌握於非公族、以官為氏的「士氏家族」手中；但「士氏家族」成員，仍兼管著軍政、外交。但戰國秦漢出土法律文書中的職官「士」，如「士師」、「士尹」和「左尹士」等，從其權責分析，卻已與「司寇」同樣完成「部份司法獨立」的階段性任務。中國古代「司法權」，雖自始至終皆無法完全脫離政治權力的操控，但已從軍事、外交中獨立，從「專業化」的標準審議，已算是邁開了相當艱難的一大步。

　　另外一項可作為評判「地緣性國家組織」之「司法體制」是否成熟的標準，為百姓是否具有「平等」的法律訴訟權。「地緣性法治國家組織」的成型，其中一項關鍵性因素就在於當時的社會成員不再全是「血緣氏族」，而是包括「地緣組織」與「業緣團體」，所以無法再全憑「宗族長」解決不同「血緣氏族」間的各式紛爭。在此歷史背景的驅策下，社會控制模式務必從「別異的禮」轉型為「齊一的法」，因唯有「法」的「公平性」，才能同時滿足不同「血緣氏族」之需求。所以本論文〈第五章　第二節　包山楚簡法律文書所載之法律地位平等〉，專從《包山楚簡·疋獄簡》之「原告」與「被告」，〈受期簡〉之「負責官員」與「被告」間的身分考證，分析他們的階層等級，竟皆包含「上級對下級」、「下級對上級」和「平等」三種型態，尤其是「下級對上級」和「平等」，更能驗證當時的「司法體系」已富含「平等」意識。此也是當時楚國民眾願意認同「楚國」政權（地緣性法治國家組織）的重要心理因素。

2. 血緣性宗族社會組織

中國古代社會國家，相當習慣依照「血緣關係」的親疏遠近，作為處理所有事務的參考標準。西周封建國家甚至承認或默認「血緣宗族團體」自行調處宗族內部糾紛；因為在周天子坐擁最高宗子權的前提下，讓各宗族長獨自承攬宗族內部事務，反可憑恃血緣關係維繫天子統治。所以本論文〈第三章　第一節　西周宗法體制之血緣身份與土地分配〉，根據《詩經》與〈琱生三器〉中與「召氏家族」相關的記載，推斷當時的大宗族長「召伯虎」對小宗「琱生」，賦有完全的「法律審判權」與「土地分配權」；且可依此鞏固「召氏家族」的向心力。

「春秋」、「戰國」之際，雖然立基於宗法血緣、王室貴族等級專政的封建統治已然瓦解，但是「家族」仍被視為最基本的政治社會單位。「法律」仍將「家長」或「族長」視為整體「家族成員」的代表，直接對「國家」負責。本論文〈第二章　第一節　戰國秦漢出土法律文獻所載「血緣倫理」與「法律規範」間的匯合與衝突〉，即從《包山楚簡》法律文書所展示的「居住狀態」、「職業類型」和「喪葬形式」，發現當時同姓之人，生時多同居一地，治相同生業，死後亦同葬一地等，推論戰國時楚國仍保留「血緣性宗族社會組織」。雖然本論文〈第四章　第一節　包山楚簡法律文書的地方行政權屬分析〉，已透過「郡縣、䣓、敔、宮、戠、里邑」等「郡縣權力結構」，充分展現楚國確已步入以「官僚行政體制」為主的「中央集權」統治，但「血緣性宗族社會組織」與「地緣性法治國家組織」的犬牙交錯，對中國古代國家社會而言，已司空見慣吧。

中國古代政治社會結構，傳統都以「縣」作為分界點，「縣」以上為中央集權帝國，是龐大的科層組織；「縣」以下為安土重遷的農業社會，不太輕易出現體制變革；所以最簡單的區分方式是，「縣」以上主要為「地緣性法治國家組織」所集權管理，「縣」以下主要為「血緣性宗族社會組織」所自治運作。但邢義田認為秦漢政府的地方力量，應該深入到「縣」以下的基層「鄉」，他是從「縣」、「鄉」的大小和交通條件等考量，認為漢代每年八月案比應是由「縣」負責，由「縣」派人下鄉，和「鄉里」的嗇夫、里正等共同查核戶口。〔註4〕近出《張家山漢墓竹簡・二年律令・戶律》：「恒以八月令鄉部嗇夫、吏、

〔註4〕邢義田，〈漢代案比在縣或在鄉？〉，《中央研究院歷史語言研究所集刊》，60卷2期，1989年，頁451～487。

令史相襍案戶籍，副臧其廷」（簡 328），支持邢先生的論點，可見秦漢帝國對地方基層控制之深入。但即使秦漢帝國的郡縣體制深入到「鄉」，甚至是「里」，但它們都無法破壞原有的「血緣聯繫」，而是必須設法與舊的「血緣聚落」融合。「地緣性法治國家組織」，只是讓與王室有血緣關係的貴族集團遠離政權核心，但是「郡縣」以下的基層社會，還是傾向維繫著依照血緣關係所組成的聚落共同體。

故從春秋、戰國以至於秦漢初年的政治社會結構，大體皆符合《周禮》所鋪陳的藍圖，既有《周禮‧大司徒》所載的「六鄉」（鄉黨組織）：

> 令五家爲比，使之相保；五比爲閭，使之相受；四閭爲族，使之相葬；五族爲黨，使之相救；五黨爲州，使之相賙；五州爲鄉，使之相賓。

亦有《周禮‧遂人》所載的「六遂」（鄰里組織）：

> 五家爲鄰，五鄰爲里，四里爲酇，五酇爲鄙，五鄙爲縣，五縣爲遂。

楊寬解釋「六鄉」多聚族而居，保有氏族組織的殘餘形式，在一定程度仍以血統關係作爲維繫紐帶。而「六遂」的鄰里組織，居民已完全以地域、鄰居關係取代血統關係。于省吾認爲此「鄉遂制度」僅在春秋時期的某些國家實行，並非西周制度。〔註 5〕本論文不擬詳論此頗具爭議的「鄉遂制度」，列舉上述引文，只想藉此陳述戰國時期列國變法是以「鄉里什伍」之制，在沒有破壞原本「血緣聚落」的前提下，將居民重新編組控管；中國「血緣性家族組織」，依然是中國傳統政治社會結構的基本單位，沒有任何地域組織能夠取而代之。

（二）血緣倫理對法律規範的支配性

古今中外的法律制度，都必備一套支配整體法律制度的根本原理。歐洲社會學派法理學家埃利希（Eugen Ehrlich）稱之爲「活法（the living law）」，他認爲每個社會都有「內在秩序」，用以組合社會眾人，即使沒有成爲現行法規，也支配著社會生活；此「內在秩序」相當於「文化型態」。〔註 6〕而本論

〔註 5〕 楊寬，〈試論西周春秋間的鄉遂制度和社會結構〉，《古史新探》（北京：中華書局，1965 年），頁 135～165。于省吾，〈關於〈論西周金文中六師八師和鄉遂制度的關係〉一文的意見〉，《考古》，1965 年 3 期，頁 161～163。

〔註 6〕 丹尼斯‧羅伊德（Dennis Lloyd），《法律的理念》（北京：新星出版社，2005 年 11 月），頁 167。

文「周秦漢出土法律文獻」，除擬探究從西周至漢初，「法律制度」與「家族制度」、「社會階級」、「國家政權」的交涉外，也嘗試深掘隱含其中的「活法」。

中國傳統法制學者多將「父系家族血緣倫理」，視爲中國傳統法律制度之「活法」。雖然具體的「父系家族血緣倫理」──以「五服制」爲核心的儒家倫理禮制，眞正成爲國家法律遵循的原則，始見於晉武帝《泰始律》，大成於《唐律》。〔註 7〕但其實「血緣倫理」對「法律制度」、「家族制度」、「社會階級」、「國家政權」等，早就有相當的約束力。中國古代社會之「父系血緣」聯繫始終是地方團體組織的基礎，因此維持鄉里秩序除了法律，仍要倚靠孝悌、敬老等家族倫理。所以在家族、宗族意識都十分堅強的國家社會，「血緣倫理」必爲組織的核心價值，非朝夕所能盡革；以致立基於此社會型態的國家所制定的法律，非但不能破壞家族倫理，還要特別明文保障。本節擬關注的即是此「父系血緣倫理」，在「地緣性法治國家組織」的形成過程中，如何不斷地滲透至「地緣性國家組織」所擬構的「法律」中，讓「周秦漢出土法律文獻」，隨處皆能展示其深受「父系血緣倫理」支配的親緣屬性。

1. 血緣倫理（含主奴倫理）與法律規範

中國古代法律規範向來具有濃厚的倫理屬性，特重父系血緣關係，此爲「個人關係化」的「特殊主義」；背離法律規範強調「去個人關係化」的「普遍主義」。所以本論文〈第二章　第一節　戰國秦漢出土法律文獻所載「血緣倫理」與「法律規範」間的匯合衝突〉，即探究「血緣倫理」的特殊性，與「法律規範」的普遍性，兩者潛藏的「緊張」關係。茲舉楚人直躬，其父攘羊的案件爲例。身爲中國人，究竟應該謹遵「儒家」學說替父「容隱」：

> 葉公語孔子曰：「吾黨有直躬者，其父攘羊，而子證之。」孔子曰：
> 「吾黨之直者異於是。父爲子隱，子爲父隱，直在其中矣。」（《論
> 語・子路》）

還是應該採取「法家」規範將父繩之以法：

> 楚之有直躬，其父竊羊而謁之吏，令尹曰：「殺之」，以爲直於君而
> 曲於父，報而罪之。以是觀之，夫君之直臣；父之暴子也。（《韓非
> 子・五蠹》）

〔註 7〕邢義田，〈秦或西漢初和姦案中所見的親屬倫理關係──江陵張家山二四七號
墓《奏讞書》簡 180～196 考論〉，收入柳立言主編，《傳統中國法律的理念與
實踐》（臺北：中央研究院歷史語言研究所，2008 年 6 月），頁 101～159。

平心而論，若是採用「法家」規範，就「君臣倫理」而言是「直臣」，但就「父子倫理」而言則淪為「暴子」，此將嚴重違背中國人固有的情義觀。

「戰國秦漢出土法律文獻」所載「血緣倫理」與「法律規範」間匯合與衝突之事例，不只上文所舉之「親屬相容隱」，依照本論文所及，尚包括「孝道」、「家罪」、「非公室告」、「收孥」、「緣坐」、「復讎」等，凡此皆說明「戰國秦漢出土法律文獻」已深具「血緣倫理」價值取向，但此是否會與法律所遵循的「公共倫理」相抵觸呢？其實，對中國古代法律規範而言，「血緣倫理」價值取向非但不會與「公共倫理」相衝突，甚至還有維繫「公共倫理」的功效。

「戰國秦漢出土法律文獻」的「血緣倫理」價值取向，除導因於中國古代「家族本位社會結構」外；主要還是著眼於「情實」二字。因為法律規範必須「緣情而作」（《禮記·曾子問》），只有制定符合常人真實情感的法律規範，其社會控制力才能長久。且中國古代法律規範之「血緣倫理」，對「公共倫理」還有加乘作用。因為儒家學者主張從「私人領域」至「公共領域」為發展上的「連續體」。孔門弟子有若曾言：「其為人也孝悌，而好犯上者，鮮矣；不好犯上，而好作亂者，未之有也」（《論語·學而》）；對「家庭（私人領域）」盡「孝」，乃是對「國家（公共領域）」盡「忠」的基礎；從家族的孝悌觀念，可延伸出社會的敬老意識，再擴展成國家的忠君思想。若是每個人都可在「血緣關係網絡」中覓得一安身立命的位置，確認其「職」與「德」，此非但不會違背「法律規範」，還能藉此提升人民對「國家法律」的認同與服從。

至於在「戰國秦漢出土法律文獻」，「家庭」是否仍為最初級的法律審判單位，（本文主要談論「父子血緣關係」與「主奴擬血緣關係」，不涉及「夫妻姻親關係」）。「家庭」內部的糾紛與衝突，是否仍先交由「族長」或「主人」仲裁，無法「息訟」時，才交由國家司法機構審理呢？中國傳統法制史上，此類「家法」與「國法」間的權力競逐從未息兵，歷朝各代的情景都不太相同。以本文所探討戰國秦至秦帝國的《睡虎地秦墓竹簡》法律文書為例，「家長」並不能私自對「家庭」內的「子女」或「奴隸」動用私刑，當時「國法」的位階凌駕於「家法」之上，「法律規範」仍保有與「血緣倫理」相互抗衡的主體性。

2. 血緣倫理（含主奴倫理）與法律人權

中國傳統文化價值體系之「人的尊嚴」是遍及一切「人」，包括「奴隸」。

但是中國古代政治社會與人的刻板印象，似乎皆僅重視「父對子」與「主對奴」之「上對下」的「倫理支配」。在中國古代「家庭」裡，「父兄」對有「血緣」關係的「子弟」，與「主人」對「擬血緣」關係的「奴隸」，皆握有十足的支配權。如是倫理規範將導致「部分個體」（如「子」與「奴」），在「家庭」中淪喪其自主權，「個體」人格完全被「家庭」吸收，一切聽命於「父家長」或是「主人」，毫無個人意志；完全無法與近代法律保障之「權利主體」相比擬，以今日眼光盱衡，可說是悖離「基本人權」的普世價值。

首先，本論文〈第二章 第一節 戰國秦漢出土法律文獻所載「血緣倫理」與「法律規範」間的匯合與衝突〉，於文末已先討論「血緣倫理」與「基本人權」間的匯合與衝突。本節從「戰國秦漢出土法律文獻」中，舉證多則與「孝道」、「家罪」、「非公室告」、「親屬相容隱」、「收孥」、「緣坐」和「復讎」等議題相關的案例，說明中國古代法律規範是以「父系血緣家族」作爲「法律主體」，根本沒有自覺此已漠視部分「個別主體」之「人」的權利。但中國式的「人權」定義著重「團體責任」，與近代西方重視「個體權利」大相逕庭；所以中國古代法律對每位「個體」的「權利」與「義務」，端視其在「家族」中的「血緣身分」擬定。

且中國古代法律之「血緣倫理」價值取向，非但不會對「基本人權」造成損害，反而隱藏對「基本人權」的尊重與維護。因爲中國傳統儒家哲學，認爲看重「血緣倫理」，正是「人」與「其他動物」的最大畛域。因爲「人」不但是理性的動物，亦是情感的動物，當人開始傾聽內心眞正的聲音，面對「血緣至親」時，本就很難做到「大公無私」。且孟子還巧妙地將「仁」從傳統的「孝悌」，轉換成具價值自覺的「惻隱之心」；「孝」可因此「價值自覺」，成爲確立「人」之尊嚴，與突顯「人」之主體性的重要途徑。

其次，本論文〈第二章 第二節 戰國秦漢出土法律文獻所載奴隸人權的保障與提升〉，於文末亦討論「主奴倫理」與「基本人權」間的匯合與衝突。本節將殷商甲骨文、西周金文與戰國秦漢簡牘法律文獻中，確認爲「奴隸」的「人權」事例相對照，以描繪當時「人權」漸獲保障的歷程。中國古代「奴隸」，雖也曾喪失作爲「人」該有的自由與尊嚴，會被視爲財物賞賜買賣，且在人口登記時，會與田宅、牛馬、車船等同列財產簿等。但隨著春秋、戰國「編戶齊民」的改制，和「哲學突破」所帶來「人」之意識覺醒，凡此皆對啓發中國古代社會開始重視「奴隸人權」，發揮一定效力。所以「戰國秦漢出

土法律文獻」的「奴隸」，開始以「人」的身分登記在戶籍；生命權開始獲得國家法律保障；開始承擔刑事責任；最特別的是「奴隸」竟可免良，在一定條件下甚至可代戶繼承主人財產。

但也不宜推論過度，因爲「奴隸」畢竟還是位居社會結構的最底層，他們和其他階級成員並不具有「完全平等」的法律地位。譬如從《睡虎地秦墓竹簡》和《張家山漢不竹簡》法律文書的相關記載，「奴隸」對「主人」不具控告權，《睡虎地秦墓竹簡》甚至逕將「奴告主」歸爲「家罪」和「非公室告」，即使提出告訴，國家法權機構也不受理。可見戰國秦漢之際的「奴隸」，一方面獲得法律保障，一方面卻沒有完全的人身自由；他們承擔一定義務，卻僅享有部分權利；已非純粹法律客體，但又不是完全的法律主體。

中國古代文明對「人權」的定義，與近代西方對「人權」的定義非常不同，我們強調的是「團體責任」，西方強調的是「個體權利」。但對於「人之主體性」與「人之尊嚴」的重視卻是如出一轍；或許我們可因此歸納「人權」的普世價值，應來自於對「人格尊嚴」的強調。應將每個「人」視爲「目的」，只要是「人」，沒有附帶條件，就值得尊重。「奴隸」也是人，所以也值得尊重；「人」所具有的基本權利，「奴隸」皆一併享有。「周秦漢出土法律文獻」所記載的「奴隸人權」，雖未臻於完善，但無疑地是朝向重視「人權」的大道邁進。

3. 血緣身份與軍功爵位

社會總資源有限，所以「分配」始終是古今中外每個社會所必需面對的核心問題；但究竟應該依循什麼原則「分配」，才能既符合「平等」、「公道」、「正義」等人類社會亙古追尋的價值，又能讓「總體」及「個人」的「最大經濟效益」付諸實現。本論文〈第三章　第一節　西周宗法體制之血緣身份與土地分配〉，挑選西周〈琱生三器〉所記「血緣宗法體制」依照「歸屬性地位」（ascribed status）分配土地；〈第二節　秦漢郡縣體制之軍功爵位與土地分配〉，挑選漢初《張家山漢簡・二年律令・戶律》（簡 310～313、314～316）所錄「郡縣官僚體制」貌似依照「獲得性地位」（achieved status）分配土地；且在〈第三節　西周血緣身份與秦漢軍功爵位比較〉，對照上述兩種制度，觀察究竟依照何種「分配準則」，會比較符合中國古代社會的「正當期待」，且能提升整體社會的效率、合作與穩定性。

中國傳統律令制度，當處理「戶婚田土錢債」等民事案件時，經常以「宗

法等級觀念」為核心的「禮」作參照，據此解決民事糾紛。西周〈琱生三器〉
中的大宗召伯虎，決定依循「血緣身分」進行土地等級分配，即最佳且時代
較早的例證。此「分配」參照體系背後所象徵的意義為「勿使散亡」（〈琱生
尊〉），或是「糾合宗族」（《詩經‧常棣》）；維繫此「分配」模式的「合理性」，
為「宗族共同體」的所有成員，皆可因此獲得心理層面的「血緣情感認同」。

法家並非反對「禮」，所以秦孝公變法時，會對公孫鞅、甘龍、杜摯三位
大夫說：「今吾欲變法以治，更禮以教百姓，恐天下之議我也」（《商君書‧更
法》）。所謂「變法」只是「更禮」，其目標也是建立一個貴賤、尊卑、上下有
序的等級社會。論證法家也贊同「社會階級」，以前僅能引述「明尊卑爵秩等
級，各以差次名田宅，臣妾衣服以家次」（《史記‧商君列傳》）；近出《張家
山漢墓竹簡‧二年律令》中的兩則〈戶律〉（簡 310～313、314～316），詳實
記錄漢初參照「二十等軍功爵位」，依次分配田宅的過程；生動勾勒出當時「軍
功等級社會」的實貌。

《張家山漢墓竹簡‧二年律令》的兩則〈戶律〉（簡 310～313、314～316），
依據「二十等軍功爵位」劃分土地，此「分配」模式背後的象徵意義一，是
將分配標準從「身分」向「才能」開放。若依血緣親疏遠近的「歸屬性地位」
（ascribed status）劃分土地，社會成員將持「命定論」，無法憑恃個人努力改
變社經地位，總體社會將呈現缺乏階級流動的「封閉型態」；若改依軍功爵位
高低的「獲得性地位」（achieved status）劃分土地，社會成員將可憑恃後天努
力改善社經地位，整個社會將成為充滿階級流動的「開放型態」。其象徵意義
二，是對「機會平等」的崇尚。此時被分配對象，除擁有「二十等軍功爵」
者外，竟包括「平民」與「輕型罪犯」；平民如「公卒」、「士伍」和「庶人」；
輕型罪犯如「司寇」和「隱官」等。雖然「皇帝」、「諸侯王」，以及「隸臣妾」、
「城旦舂」、「鬼新白粲」等還是被排除在外，但與其他分配制度相較，此是
最貼近於「機會平等」原則的分配方式，也代表當時的「國家」權力結構，
有了更寬廣的「社會」基礎。

但中國歷史上，依照「血緣身份」親疏遠近劃分土地，一直是中國基層
社會的主流；而按照「軍功爵位」分配土地，僅在戰國秦漢年間曇花一現。
究其原因，或許依照「血緣」分配，對傳統中國人而言，可獲得「愛、感情
與歸屬感」；而按照「軍功」分配，獲得的是「自我實現」。中國傳統思維習
慣將「個體價值」融入「群體價值」中衡量，所以傳統基層社會更倚重「宗

族共同體」所提供的「歸屬感」，此社會凝聚力比「個體」的「自我實現」更重要。因此中國傳統社會，經常在國家政權允諾的前提下，當民間遭逢土地、民事等「私法」案件時，大都會仰賴宗法力量先行調解，如本文所舉西周〈琱生三器〉，大宗召伯虎依照「血緣身份」進行土地分配。反觀「軍功爵位」，此必須在兵馬倥傯、國家分裂的政治背景下才能發揮作用，當國家秩序回復日常，「軍功爵制」即頓失依存條件。

梅因（Henry Maine）聲稱「社會體系」由「身分」演化爲「契約」是一種進步。斯賓塞（Herbert Spencer）也將文明發展過程劃分爲兩個階段，前者是原始或軍事的社會型態，以戰爭、強制和身分作爲規範社會的手段；後者是較高或工業的社會型態，以和平、自由和契約作爲支配因素。〔註8〕梁治平認爲此「從身分到契約」的公式，可以轉換爲「從團體本位到個人本位」，個人逐漸從家族分離，成爲獨立的法律單位，契約關係中的個人是平等的原子。〔註9〕就中國傳統社會而言，「個人」似乎很難從「家族（庭）」分離，中國傳統法律的基本單位依舊是「家族（庭）」、而非「個人」，所以每逢土地繼承，依照「血緣」親疏遠近分配，還是最穩妥的方式。但此也並非表示中國社會沒有「契約關係」，以本論文<u>〈第四章　第二節　戰國秦漢出土法律文獻所載舍人身分的雙重歸屬〉</u>，「舍人」雖然有時是王公貴族的賓客，有時是國家官僚體系的屬官；但「舍人」與「主人」或「上司」間皆無「血緣關係」，可歸類爲「主賣官爵，臣賣智力」（《韓非子・外儲說右下》）的「契約關係」。只是在中國傳統社會盤根錯節的「血緣網絡」中，「契約關係」幾乎被淹沒，稍不留意就會完全忽略。

4. 社會公道與法律平等

中國傳統法律因具「血緣倫理」價值取向，或依韋伯（Max Weber）歸爲實質、不理性的「傳統法」；或依派深思（Talcott Parsons）歸爲重視「個人關係化」的「特殊主義」。〔註10〕以西方學者眼光衡量，中華法系似乎缺乏「平

〔註 8〕丹尼斯・羅伊德（Dennis Lloyd），《法律的理念》（北京：新星出版社，2005年 11 月），頁 160。博登海默（Edgar Bodenheimer）《法理學》（臺北：漢興書局，1999 年 11 月），頁 117。

〔註 9〕梁治平，〈從身分到契約：社會關係的革命〉，《法辨》（北京：中國政法大學出版社，2002 年 11 月），頁 36～48。

〔註10〕林端：韋伯將世界法律分成四類，包括天啓法（形式——不理性）、傳統法（實質——不理性）、自然法（實質——理性）和制訂法（形式——理性）。韋伯

等」意識。其實不然，「平等」應分作「法律地位」與「社經地位」兩個層次
討論。「法律地位平等」，人類社會不拘是中國古代「編戶齊民」的專制社會，
或是西方近代自由民主的開放社會，「法律主體」不斷追求自我與他人「法律
地位平等」之理想從未改變，只是前者必須把統治者排除在外，後者必須把
統治者涵攝進來。至於「社經地位平等」，古往今來在顧及經濟發展效率和社
會總體利益的前提下，除早期氏族社會和近代共產社會，「社經地位平等」從
不列入執政者藍圖中；因為「社經地位」追求的不應是齊頭式的「假平等」，
而應該是「公道」。

　　本論文為了探究「法律地位平等」，在〈第五章　第二節　包山楚簡法律
文書所載之法律地位平等〉，將西周〈儩匜〉與《包山楚簡》法律文書作對照。
西周〈儩匜〉翔實紀錄當時社會不允許牧牛違背誓言，與他的上司儩，因為
五個奴隸打官司。牧牛因不具備對上級儩的「司法訴訟權」，所以被伯揚父判
處鞭刑、墨刑和罰鍰。但此「法律地位」不平等的現象，從「鄭子產鑄刑書」
和「晉趙鞅鑄刑鼎」後，整體社會秩序的控制模式面臨前所未見的大變革。
簡言之，從推崇等級的「禮」，轉型為講究平等的「法」。促成此社會型態轉
變的條件，在於當時的社會關係除了「血緣」之外，還包括「地緣」與「業
緣」；所以「社會控制模式」必須更換為不隨人之血緣身分、親疏遠近而變異
的「法」，藉「法」之「普遍性」以服眾，此可參照《包山楚簡》法律文書。
如〈疋獄簡〉之「原告」與「被告」，和〈受期簡〉之「負責官員」與「被告」，
經論證皆包含「上級對下級」、「下級對上級」和「平等」三種關係。此結果
的象徵意義有二，一每位平民皆有法律訴訟權，當自身權利遭受威脅時，皆
可向官府申訴自保。二被告不再有身分限制，官吏、封君亦可公開接受審判。
君王同意此變革，是為了奪取境內臣民的「人身支配權」；但人民同意此變革，
原因就出自於內心對「法律平等」之嚮往。

　　而「社經地位」追求的是「公道」，並非齊頭式的「假平等」。本論文〈第
三章　血緣身份與軍功爵位在土地分配制度上的歷史轉變〉，已依據「周秦漢
出土法律文獻」列舉兩種「社經地位」排序，一是依照「血緣關係」的親疏

中國傳統法（實質──不理性）與西方制訂法（形式──理性）的對比，即
派深思所謂「特殊主義」與「普遍主義」間的對比，亦即重視「個人關係化」
與強調「去個人關係化」法律間的對比，參考《韋伯論中國傳統法律》（臺北：
三民書局，2004 年 5 月初版 2 刷），頁 7、40～41。

遠近，一是依照「軍功爵位」的高低大小。本節上文已陳述在中國傳統思維裡，普遍認爲「血緣共同體」之「歸屬感」比「個體」之「自我實現」更加重要；所以中國傳統社會「社經地位」的排列順序，多數時候仍是謹遵「血緣身份」，而非「軍功成就」。而下文將繼續申論此依照「血緣身份」劃分「社經地位」，在司法審判時特別考量「血緣」因素等，是否更符合「中國式的公道」呢？

中國古代社會，多僅讓「嫡長子」享有「爵位身分」與「戶主身分」的繼承權，且參照「血緣身份」的親疏遠近分配土地田宅額度，形成「社經地位」的等級差異，此舉是否較「公道」；或是換用羅爾斯（John Rawls）的「正義理論」，是否較「正義」？羅爾斯重視群體成員是否憑據「正義原則」，獲得「應得」（deserve）的東西。所謂「正義原則」，即「國家」務必提供「社會」一種基本分配權利和義務的辦法，以確保社會合作的總體利益。且分配額度是否合理，會影響整體社會運作的效率、合作和穩定性。這些東西並不要求平等，只要每個人遵守現有的遊戲規則，那麼他最後賺取的報酬，都應被視爲「應得」。〔註11〕對中國古代社會而言，以「血緣身份」劃分「社經地位」高下，此類「社會結構」，所導致大小宗間「社經地位」的不平等，比較不易衍生疏離、激發衝突，反倒可憑恃同宗族間的血緣情感，加速傳統社會的有機整合。

而司法審判在法律規範容許的範圍內，特別考量「血緣」因素，是否會因此喪失西方近代法律所追求的「形式合理性」。其實中國古代社會法官斷案，會同時考量「法」、「理」、「情」。「法」、「理」尙具普遍性與客觀性，而「情」則具有特殊性與主觀性，「血緣」因素爲「情」的範圍。斷案時若特別顧及「血緣倫理」，的確可能破壞既定的法律規範，但也不宜爲了維持表面的「形式合理」，而「異化」人性尊嚴。譬如總不能爲了成就己身的大公無私，而親自舉發父兄所犯下的罪行吧！在中國傳統價值體系裡，若是輕忽對「血緣倫理」的實踐，「人」將無異於「禽獸」。爲了確保「法律形式平等」，而喪失「人」之所以爲「人」的本質，是不會獲得中國傳統價值體系的認同。

〔註11〕羅爾斯（John Rawls），《正義論》（北京：中國社會科學出版社，1988 年 3 月），頁 1～7、58～59、304、312。羅爾斯（John Rawls），《作爲公平的正義：正義新論》（臺北：左岸事業有限公司，2002 年 11 月），頁 11。周保松，〈自由主義、平等與差異原則〉，《政治與社會哲學評論》第 8 期，2004 年 3 月，頁142。

5. 禮與法

「禮」與「法」皆是社會規範，是中國古代用以建構和維護家庭、社會、國家秩序的兩大不可或缺手段。在中國古代傳統思維裡，「禮」與「法」通常沒有明確的界限，譬如西周依「禮」維繫以血緣關係為基礎的宗法制度，甚至依「禮」統攝國家政治、經濟、法律與文化，將「法」納入「禮」的範疇。又如春秋、戰國時期的「禮」、「法」之爭，實導因於「鄭子產鑄刑書」、「晉趙鞅鑄刑鼎」引發的情緒反彈，恐懼「刑法」將取「禮制」而代之。其實無論是「禮法之爭」或是「以法代禮」都不太可能，「禮」與「法」皆只是不斷適應大時代環境的變化，隨機調整己身定義，對維持國家社會秩序而言，兩者皆不可偏廢。

西周原本依血緣關係建立的貴族等級禮治，當王室東遷、政治權力下移、「禮樂征伐自諸侯出」（《論語・季氏》），社會上的親緣意識漸趨淡薄、禮序毀壞，整個社會處於「禮崩樂壞」的失範狀態。此時鄭國的子產，就是深刻體認到固有禮制已經不堪使用，建立新型法治社會只是為了「救世」。因為「法」可以最迅速地將人們的行為，有效地約束在合理的範圍內，盡快讓失序的社會回復常態。且法治維護的是由「君王」直接統治「臣民」的嶄新社會型態。

但「法」還是有局限性，「法」僅片面強調人類好利惡害、崇尚功利的本性，無法引導人們從內心自覺的善性，真誠的實踐與所有人和諧相處。「禮」則恰好相反，「禮」強調正視人類的道德情感，支持以家族血緣關係為基礎的宗族社會。中國古代社會的「禮序」，是不容許被毀壞，否定親情，斬斷血緣，違反人性的東西都無法長久。故漢代承平後，「禮序」旋即恢復，其過程為「援禮入法」，讓「法序」與「禮序」截長補短、相互為用。「法序」為國家郡縣行政體系的基礎，是皇帝直接統治臣民的憑藉；而「禮序」為家庭（家族）穩定發展的根底，是宗族社會維繫血緣情感的理論依據。

中國古代社會之「禮」，為最原始且最普遍的社會規範，「法」是伴隨新型「國家」的成立而出現，在時間先後順序上晚於「禮」；但是「法」憑恃「國家」軍隊武力和官僚體制作後盾，比「禮」更賦有社會控制力。但中國古代社會的特殊性，就在於即使國家政權統治模式改變了，但是地方社會的宗族血緣倫理卻依然故我的發揮作用力；所以中國古代國家制定的法律，為了配合地方宗族社會的實際需求，「引禮入律」為必要途徑，「法律」須以「禮俗」為據，才能有效地達成社會控制，所以《四庫全書總目提要》會總括《唐律

疏議》為「一準乎禮」。本論文探討的即是此「禮法結合」的過程，觀察「周秦漢出土法律文獻」，如何將「禮制精神」內化至「法律條文」或「案例」當中。

「禮」，大致包括「祭祀」、「禮儀」和「制度」等意義，乃圍繞著「血緣倫理」所推衍而出的規範，代表社會關係中最穩定保守的一面；所以「法律」必須遵循「禮俗」，經常引以為證的便是「律法」必須包含「道德人倫主義」與「家族主義」等「禮制」特質。下文將以傳世文獻對「禮」的定義，檢視本論文所探討之「周秦漢出土法律文獻」，是否具備這些「禮制」條件。

其一，「禮」即「人道」，如「人道曰禮」（《逸周書·武順解》）、「禮者，人道之極也」（《荀子·禮論》），或「禮由人起」（《史記·禮書》）。「禮」的本質必吻合「人道」，如本論文<u>〈第二章　第一節　戰國秦漢出土法律文獻所載「血緣倫理」與「法律規範」間的匯合衝突〉</u>，其中所論及「孝」的概念，就是從自然血親的「人道」觀念推衍而出，「孝」被認為是人生而有之的自然情感，所以子女若是不孝順父母，法律就必須嚴懲；推而廣之，當血緣親屬犯罪時，就應該「容隱」；當血緣親屬權利遭受威脅時，就應該「復仇」；當血緣親屬隕歿時，其身分、財產最合乎「人道」的繼承順序，就是依照血緣關係。

其二，「禮」特別強調「等級差異」，如「樂合同，禮別異」（《荀子·樂論》），和「夫禮者所以定親疏，決嫌疑，別同異，明是非也」（《禮記·曲禮》），皆可視為「禮」對「別異」之重視。至於「禮別異」的實際作法，可概分為「血緣關係」與「階級屬性」，茲先條列幾則傳世文獻於下：

1. 王命諸侯，名位不同，禮亦異數，不以禮假人。（《左傳·莊公十八年》）

2. 禮也者，貴者敬焉，老者孝焉，長者弟焉，幼者慈焉，賤者惠焉。（《荀子·大略》）

3. 禮者，貴賤有等，長幼有差，貧富輕重皆有稱者也。故天子袾裷衣冕，諸侯玄裷衣冕，大夫裨冕，士皮弁服……（《荀子·富國》）

4. 孔子曰：「……非禮無以辨君臣上下長幼之位也，非禮無以別男女父子兄弟之親、昏姻疏數之交也……」（《禮記·哀公問》）

5. 以正君臣、親父子、和長幼。君臣正，父子親，長幼和，而后禮義立。（《禮記·冠義》）

中國傳統社會本就特別重視「血緣關係」和「階級屬性」，以上述引文為例，
就「血緣關係」而言，如「老者孝焉，長者弟焉，幼者慈焉」（《荀子‧大略》），
特別講究長幼之別。就「階級屬性」而言，如「故天子袾裷衣冕，諸侯玄裷
衣冕，大夫裨冕，士皮弁服」（《荀子‧富國》），特別強調天子、諸侯、士大
夫的身分等級。「禮」，即是透過此「差異性」，讓社會上的每個人，在適宜的
名分約束下，享其應享的權利，盡其應盡的義務，社會才能穩定進步。

　　中國傳統法制史學者也贊同「秦漢法律」蘊藏「家族主義」與「等級觀
念」。〔註12〕其實不只「秦漢法律」，若依本論文研究，西周金文〈琱生三器〉
和戰國《包山楚簡》法律文書，同樣具有「家族主義」與「等級觀念」等「禮
制」特質。其思想淵源可參照上述「禮」對「血緣關係」與「階級屬性」之
「別異」功能。譬如 <u>〈第三章　血緣身份與軍功爵位在土地分配制度上的歷
史轉變〉</u>，西周〈琱生三器〉依照血緣關係分配土地，大宗土地多於小宗，此
不但是「名位不同，禮亦異數」（《左傳‧莊公十八年》）的實際行動，更是「長
幼有差」（《荀子‧富國》）的具體表現。又如《張家山漢墓竹簡‧二年律令‧
戶律》（簡 310～313、314～316）依照「軍功爵位」分配田宅，此「二十等軍
功爵位」不僅展示西漢初年的社會階級；土地等級分配更是與「禮制」之「貴
賤有等」（《荀子‧富國》）遙相呼應。除此，「禮」強調的是「義務」，不是「權
利」；是「群體」，不是「個人」；所以在中國古代社會，依照「血緣身分」分
配土地，會比依照「軍功爵位」分配土地，更契合「中國式的禮制文化」。

　　但是本論文「周秦漢出土法律文獻」，既然以「法律」稱呼這些社會規範，
可見它們還是具備「法律」的某些特定條件，如強制性、客觀性、公開性或
平等性；且法治維護的是君王治理臣民的社會秩序，所以會出現「編戶齊民」、
「客卿」和「郡縣」等制度。以本論文所專門探討的議題為例，可特別提出
的「法律」觀念為「人權」和「平等」，制度為「郡縣」和「客卿」。

　　其一，對「人權」的重視與對「法律平等」之追求。本論文<u>〈第二章　第
二節　戰國秦漢出土法律文獻所載奴隸人權的保障與提升〉</u>，以社會最底層的
「奴隸階級」作為觀察對象，如商周「奴隸」的生命權無法自己掌握，完全
歸「主人」宰制；但到了《睡虎地秦墓竹簡》，當「私人奴隸」犯法時，「主
人」已喪失懲戒權，必須交由國家法制機構審理，此對「奴隸人權」的基本

〔註12〕 楊振紅，〈從出土秦漢律看中國古代的「禮」、「法」觀念及其法律體現──中
　　　　國古代法律之儒家化說商兌〉，《中國史研究》，2010 年 4 期，頁 75～106。

保障，便是法治精神的體現。又如本論文〈第五章　第二節　包山楚簡法律文書所載之法律地位平等〉，從《包山楚簡》法律文書的〈疋獄簡〉與〈受期簡〉歸納，社會階層地位相仿者可以互告，甚至社會階級下層可以控訴上層，被告不再有身份限制等，顯示的皆爲司法審判機制的成熟，與「法律平等意識」的深植人心。

其二，對「郡縣制」與「客卿制」的具體實踐。本論文〈第四章　封建體制與郡縣體制在行政制度上的雙軌現象〉，便企圖從《包山楚簡》法律文書所著錄的「地方行政體系」，與「戰國秦漢出土法律文獻」所記載的「舍人」身分權屬，探討當時的「郡縣制」與「客卿制」，其具體實踐的過程。由其觀察當時「封君」勢力仍大行其道的楚國，「郡縣」與「封建」將如何競爭與合作。且於「戰國秦漢出土法律文獻」中大量出現的「舍人」，其身分也算是「客卿」的一種，因爲無論將他們歸屬於「貴族私臣」或是「國家公職」，「舍人」與「主人」皆無「血緣關係」，他們憑恃個人的專業能力以換取職位與俸祿。

第二節　檢討與展望

（一）自我檢討

本論文《周秦漢出土法律文獻研究》，最大的不足之處或許是對論題所引證史料的「非全面性」，與無法對所引證「出土法律文獻」之每個待議古文字，進行詳細考證。畢竟一切理論性的結論，一切規律性的表述，皆應儘可能地在對所有史料進行詳盡分析的基礎上得出，但此理想在實際執行時會有困難。

譬如本論文是先決定研究「周秦漢出土法律文獻」，再將主題鎖定在「家庭」、「社會」與「國家」等；但是反過來說，與上述議題相關之研究，無論是「父系宗族血緣社會」或是「國家官僚行政體系」等，皆會面臨所引證材料不應侷限於「出土法律文獻」，還應包括其他主題的「出土文獻」（譬如日書）、「傳世文獻」以及「考古材料」（譬如古代聚落遺址）等。但從「周秦漢出土法律文獻」，將所有與本論文主題相關的材料引證而出，就已經相當困難了；限於論文撰寫時間與篇幅字數，從「周秦漢出土法律文獻」中，挑選若干材料做例證的情形還是無法避免。譬如〈第四章　第一節　包山楚簡法律文書的地方行政權屬分析〉，和〈第五章　第二節　包山楚簡法律文書所載之法律地位平等〉，暫時都只能引述《包山楚簡》法律文書的相關內容作討論。

　　再如本論文的章節架構，實在不適宜對所引證「出土法律文獻」的每個
待議古文字進行詳細考證。因為本論文在草擬架構時，每個章節都有預設至
少一個待討論課題，長文考釋會影響整本論文的可讀性。所以本論文想到的
折衷辦法是：若遇到與本論文探究議題密切相關、且具爭議性的古文字，將
在正文中羅列各家說法後詳細考證；其他與本論文探討議題不密切相關者（譬
如人名、地名）、或不具爭議者，將直接以寬式隸定釋文呈現，較新出的意見
會標注作者與文章出處；若有需要精簡說明者，將全部移至當頁註腳；所謂
「精簡」，當然還是會盡量博探眾見，反應該待考字的最新研究動態。

　　或許本論文上述所提的兩項不足處，可以及時在當初決定論文題目與章
節架構時避免。譬如論文題目若不是「周秦漢出土法律文獻」，就不必進行「長
時段」研究，只要將焦點鎖定在《包山楚簡》法律文書即可；此即涉及本論
文的研究動機了。原本也只想勾勒《包山楚簡》法律文書，在「中國古代法
制史」的歷史地位；但為了彰顯《包山楚簡》法律文書與其他古代法制史料
的「共性」與「特殊性」，都勢必將這份法律文書與其它出土法律文書相較。
首先比對的是《睡虎地秦墓竹簡》法律文書，再因「漢承秦律」，繼續比對《張
家山漢墓竹簡》法律文書，赫然發現《包山楚簡》法律文書與「秦漢律」的
「共性」遠高於「特殊性」；所以更有意思的比對方式，應是將「戰國秦漢出
土法律文獻」與「西周金文出土法律文獻」相對照，此中的「轉型」歷程，
將更具研究價值。簡言之，本論文是為了呈現「中國古代法形成」的動態發
展，才不得已將引證史料的時間幅度擴大、再擴大。且在撰寫過程中，為了
讓每章節的論述主題聚焦，才將舉證史料的數量精簡、再精簡。所以本論文
〈第三章　血緣身份與軍功爵位在土地分配制度上的歷史轉變〉，才會出現直
接將西周〈琱生三器〉與漢初《張家山漢墓竹簡・二年律令》的兩則〈戶律〉
（簡 310～313、314～316）相對照的章節安排。

　　當然支援本論文《周秦漢出土法律文獻》如是安排的最大動力，還是在
為藉此期勉自己拓展研究的視野與關懷，讓自己嘗試在訓詁字詞外，繼續考
察西周至秦漢初年的律令制度，宏觀審視當時政治社會制度的沿襲與變革。
所以本論文在書寫時，得陸續跨越學科界限，涉及範圍遍及古文字學、文獻
學、歷史學和社會學等等；雖然總不忘抱著如臨深淵、如履薄冰的精神，盡
量做到「探賾索隱，致遠鉤深」（《史通・鑒識》）、「多聞闕疑，慎言其餘」（《論
語・為政》），但還是經常因為能力不足而遭遇瓶頸，或許顧亭林在〈先生初

刻《日知錄》自序〉所言的一段話，可略表一二：

> 炎武所著《日知錄》，因友人多欲鈔寫，患不能給，遂於上章閹茂之歲，刻此八卷。歷今六七年，老而益進，**始悔向日學之不博，見之不卓，其中疏漏，往往而有，而其書已行於世，不可掩**……

雖然不斷「漸次增改」，但仍「未敢自以爲定」。〔註13〕只是論文撰寫始終要有畫上休止符的時候，最後我只能檢討通過此「周秦漢出土法律文獻」的撰寫，我嘗試提出一些問題，讓自己更加明白「法律制度」與「家族主義」、「社會結構」、「國家政權」間的關聯；且更加肯定在「中國古代法」的形成歷程中，其內在支配原則無疑是「父系血緣倫理」。或許提出的問題不夠成熟，考慮的層面不夠周詳，處理問題時囿於學力，以致讓整本論文無論是文字考釋、章節安排或是觀點論述，都有待完善的空間。但至少此是我嘗試跨出文字學領域的一份階段性報告，其他不足之處，都只能留待日後參照更齊全的資料，進行更細緻的分析，才能建構出更客觀有據的論述，以臻於「如常山之蛇，擊其首則尾應，擊其尾則首應，擊其中則首尾皆應」的境界。

（二）未來展望

本論文《周秦漢出土法律文獻研究》，根據上述「自我檢討」仍留有諸多待完善的空間，現今的不足即代表日後可進行的研究尚很多，下文將條列幾則本論文原擬研究，但暫時無法顧及的面向。

1. 中國古代法的形成

以「中國古代法律史」，特別是「中國古代法如何形成」的角度而言，若是能繼續將「西周金文出土法律文獻」與「戰國秦漢出土法律文獻」相較，試圖勾勒「中國古代法」從萌芽至成熟的演進歷程，將更饒富歷史意義。

「西周金文出土法律文獻」，哪些西周金文可歸類爲法律文獻，本身就極具爭議性。因爲西周宗法封建體制尚未崩潰，當時的政治社會結構也不及春秋、戰國複雜，依靠「禮制」尚足以維繫封建領主與領民的關係，所以還不迫切需要類似後世的「成文法典」。嚴謹的說，某些西周金文僅具有後世「成文法典」的某些特質。但春秋、戰國以降，在列國中央集權化的進程中，頒行「成文法典」遂成爲一個普遍且必然的發展，「鄭子產鑄刑書」、「晉趙鞅鑄

〔註13〕顧炎武著，黃汝成集釋，欒保群、呂宗力校點，《日知錄集釋》（上海：上海古籍出版社，2007年9月2刷），〈卷十三 周末風俗〉，頁1。

刑鼎」，和大批的「戰國秦漢出土法律文獻」相繼面世，都是順應新時代來臨，改以「明文法令」約束「執政者」、「貴族」與「齊民」的例證。所以「西周金文出土法律文獻」與「戰國秦漢出土法律文獻」，可供比較的議題將不限於本論文所列舉的這些。

　　另外「戰國秦漢出土法律文獻」的大批出現，本論文僅選取《包山楚簡》、《睡虎地秦墓竹簡》和《張家山漢墓竹簡》，其實尚包括湖北江陵磚瓦廠楚簡、四川郝家坪秦更修〈爲田律〉、湖北雲夢龍崗六號〈秦律〉、湖北江凌王家台〈效律〉、湖南龍山《里耶秦簡》、湖南大學《嶽麓書院秦簡》，和山東臨沂《銀雀山漢墓竹簡‧守法守令十三篇》等。雖然據此描繪戰國秦漢法律發展史，就現有公布資料而言，仍稍嫌不足，但隨著《里耶秦簡》與《嶽麓書院秦簡》大批新材料的陸續公布，若是能將這批新舊材料，展開更細緻的分類研究，如時代、地域、國別、施行對象的社會階層等，我們將更能掌握「中國古代法形成」的概況。

2. 宗族社會

　　中國古代「宗族社會」原貌，依據朱鳳瀚《商周家族型態研究（增訂本）》，杜正勝〈古代聚落的傳統與變遷〉，以及邢義田〈從戰國至西漢的族居、族葬、世業論中國古代宗族社會的延續〉和〈從出土資料看秦漢聚落形態和鄉里行政〉等，〔註 14〕可以肯定中國古代基層社會的「血緣性」與「地緣性」始終犬牙交錯，兩者並不相互排斥。當戰國秦漢「郡縣鄉里」地方行政體系大行其道時，作爲國家基層行政單位的「里」，其內部依舊保有非常強烈的血緣性因子。中國古代的「血緣性家族組織」與「地緣性國家地方權力機構」，始終維繫著競合關係；「地緣」與「血緣」并力作用於基層社會，乃中國古代社會的一大特色。

　　而其他可供深究的議題，其一是商朝是否已有「超血緣地域組織」。近來陳絜分析商朝族氏銘文，發現商朝居住在殷墟聚落內的居民，並非由單一「子」

〔註 14〕　朱鳳瀚，《商周家族型態研究（增訂本）》（天津：天津古籍出版社，1990 年初版，2004 年 7 月增定本）。杜正勝，〈古代聚落的傳統與變遷〉，《第二屆中國社會經濟史研討會論文集》（臺北：漢學研究資料及服務中心，1983 年 7 月），頁 205～256。邢義田，〈從戰國至西漢的族居、族葬、世業論中國古代宗族社會的延續〉，《新史學》，6 卷 2 期，1995 年 6 月，頁 1～44。邢義田，〈從出土資料看秦漢聚落形態和鄉里行政〉，收入黃寬重主編，《中國史新論‧基層社會分冊》（臺北：中央研究院‧聯經出版事業公司，2009 年 6 月），頁 13～126。

姓族氏組成，當地居民至少包括子姓、姜姓、改姓、妘姓，可能還有任姓，同在殷墟聚落內繁衍生息。〔註15〕林澐亦以殷墟爲例，指出「殷墟當時也會有以地域組織整合不同姓的眾多宗族之舉」，並推測商代已有「超血緣地域組織」。〔註16〕若是陳絜、林澐的之說可信，則商朝可能已經不如我們原先所認知的完全以「血緣」作爲「聚居」的必要條件。

其二是西周基層地域組織「里」、「邑」的性質。陳絜認爲「西周『里』的規模，主要根據貴族宗族的大小而定，里上並無郡、縣、鄉之類的上級行政單位，它們直接面對的是王朝與侯國的最高執政，甚至周王與封君本人。西周國家對社會的控制力和控制度相當有限，這些以『里』爲編次的大大小小宗族，有很大的自治權，還算不上是王朝或侯國的地方行政區劃」。〔註17〕即西周王朝尚未出現類似戰國群雄或是秦漢帝國，將庶民編次於鄉里，讓國家權力真正滲透至社會底層，此類對基層社會強制支配的控制手段。

其三是戰國、秦漢時期「里」、「邑」中的居民，是以「異姓聚居」爲主，還是以血緣關係爲紐帶的「聚族里居」爲主呢？朱鳳瀚、陳絜認爲當時並不存在大範圍、大規模的宗族聚居，「聚族里居」很難成立。〔註18〕此與邢義田主張「聚族里居」才是戰國秦漢時的常態大異其趣。〔註19〕此必須經過更詳盡的考證才有辦法判斷。但若是與商周時期的「里」、「邑」相較，就必須將「社會階層」的因素納入考慮。因受現有出土史料的客觀限制，戰國、秦漢時期的「里」、「邑」居民多爲庶民階層，其親緣團體的規模組織，與殷商、西周時期多爲貴族階層相較，本就相對薄弱；因爲秦漢庶民宗族很難同西周貴族大小宗，具有如此龐大且細密的組織。但是殷商、西周時期庶民宗族的內部結構究竟如何，譬如商代的眾，西周、春秋時期的庶民，可供比對的資料相對稀少，也會延宕真相水落石出的時程。

〔註15〕陳絜，〈試論殷墟聚落居民的族系問題〉、《南開學報》，2002 年 6 期，頁 73～80。
〔註16〕林澐，〈「百姓」古義新解——兼論中國早期國家的社會基礎〉，《吉林大學社會科學學報》，2005 年 4 期，頁 193～200。
〔註17〕陳絜，〈血緣組織地緣化與地緣組織血族化——關於周代基層組織與基層社會的幾點看法〉，《社會科學戰線》，2009 年 1 期，頁 116～123。
〔註18〕陳絜，〈里耶「戶籍簡」與戰國末期的基層社會〉，《歷史研究》，2009 年 5 期，頁 23～40。
〔註19〕邢義田，〈從戰國至西漢的族居、族葬、世業論中國古代宗族社會的延續〉，《新史學》，6 卷 2 期，1995 年 6 月，頁 1～42。

　　附帶一提，中國古代「家庭」中的「母系血緣關係」與「姻親關係」。本論文〈第二章　第一節　戰國秦漢出土法律文獻所載「血緣倫理」與「法律規範」間的匯合衝突〉，專門討論父子間的「血緣」倫理；〈第二節　戰國秦漢出土法律文獻所載奴隸人權的保障與提升〉，專門討論主奴間的「擬血緣」倫理。但其實所謂的「家庭」成員，除了「父系血緣關係」，與奴婢、賓客、部曲等附屬人口的「擬血緣關係」之外，還包括「母系血緣關係」與「姻親關係」等。茲以中國法律史上著名的「誅九族」為例，漢代經學家對「九族」有兩種說法，一是古文學家，完全依照父系血緣關係，往上推四代至高祖，往下推四代至玄孫，包括自己同代共九族。二是今文學家，同時考量父族、母族與妻族，以父族四，母族三，妻族二」的比例共九族，其中的「母族」與「妻族」為「異姓親族」。對「中國古代法律制度」與「中國古代宗族社會-」而言，「家庭」中的「母系血緣關係」和「姻親關係」，甚至是社會上的「男女關係」，也是相當重要的「倫理」課題，皆有深入探究的必要。

3. 官僚體系

　　中國傳統「國家」本質偏重於「文化認同」，所以中華帝國所以能歷久不衰的關鍵，在於「官僚行政體系」的早熟運作。但此套「官僚行政體系」應源自何時？傳統先秦史學界的主流意見為「封建體系」與「官僚行政體系」相互排斥，西周「封建」臣屬相互之間沒有行政階層的統隸關係，所以「官僚行政體系」應源自「春秋」、「戰國」。「官僚行政體系」與「律令制度」同步發展，旨在讓君王所頒布的律令，可透過層層負責的官僚系統，下達編戶齊民，此乃戰國、秦漢政制的特色。但「官僚行政體系」絕非晚自「春秋」、「戰國」，所謂源自「春秋」、「戰國」者，應專指以「皇帝」為核心的「官僚行政體系」。

　　專論「西周官僚行政體系」的文章甚多，不乏大家之作，如楊筠如〈周代官名略考〉、郭沫若〈周官質疑〉、斯維至〈兩周金文職官考〉、左言東〈西周官制概述〉、楊寬〈西周中央政權機構剖析〉與〈西周王朝公卿的官爵制度〉、李零〈兩周金文中的職官系統〉、汪中文《兩周官制論稿》等，尤其是張亞初、劉雨合著的《西周金文官制研究》，可謂階段性集大成之作。〔註20〕但也遺留不少待努力的空間，譬如宮長為總結出五大課題：1. 西周王朝官制

〔註20〕汪中文，《兩周官制論稿》（高雄：復文圖書出版社，1993 年）。張亞初、劉雨，《西周金文官制研究》（北京：中華書局，1986 年）。

的結構問題，是否在掌管行政系統的「卿事寮」、掌管祭祀系統的「太史寮」之外，加上「公族寮」或是掌管軍事的師氏系統。2. 西周王朝職官的分類問題，目前學術界依照舊有框架很難把問題說清楚。3. 西周王朝官制的斷代問題。4. 西周諸侯國官制問題（材料不足）。5. 西周王朝官制與《周禮》一書的比較。〔註21〕又如陳絜、李晶認爲西周的職官體系，與戰爭有關的司馬一系，以及與祭祀有關的宗、祝、卜、史一系發展較爲完備，但與民事最爲密切的司徒與司寇體系卻甚爲粗略。〔註22〕西周與民事相關的職官體系是否較粗略，若是，原因爲何等，都是相當值得驗證的課題。再如李峰認爲張亞初、劉雨的《西周金文官制研究》，有一個研究方法的缺憾，他們很少區別一個人的「職官名稱」與「官員職責」，下一步該做的是從「官名」考證，上升至眞正的「官制」研究。〔註23〕至於「秦漢時期的官僚行政體系」，可依《漢書‧百官公卿表》窺其梗概，亦有一些專著可供參考，如《秦漢官制史稿》、《秦漢官吏法研究》等。〔註24〕

　　近來針對中國古代官僚行政體系的研究，以李峰《西周的政體：中國早期的官僚制度與國家》最值得推薦，因此書無論是「研究方法」或是「研究成果」，皆十分具有啓發性。李峰認爲「西周官僚行政體系」已相當成熟，譬如西周政府職位的「世襲」，僅是進入政府服務的資格，並非擔任與其父、祖相同職位的絕對權利。又如西周政府錄用官員已有「世襲」（世卿世祿）和「非世襲」兩種途徑，在西周中期，由周王任命的官員，出於「非世襲」的已多於「世襲」。〔註25〕可見一個相對開放的體系、允許社會各階層彼此競爭，官僚體系所必備的「仕途發展結構」已落實。或許我們以前都太低估「西周官僚行政體系」的成熟度，若是將西周金文經常出現的「取徵若干孚」，依照馬承源、朱鳳瀚的解釋指「政府官吏俸祿」，〔註26〕則當時領「俸祿」的「官吏」

〔註21〕宮長爲，〈西周官制研究的回顧與展望〉，《史學月刊》，1995 年 5 期，頁 16～21。

〔註22〕陳絜、李晶，〈夨季鼎、揚簋與西周法制、官制研究中的相關問題〉，《南開學報》，2007 年 2 期，頁 101～112。

〔註23〕李峰，《西周的政體：中國早期的官僚制度與國家》（北京：生活‧讀書‧新知三聯書店，2010 年 7 月），頁 46。

〔註24〕安作璋、熊鐵基，《秦漢官制史稿》（濟南：齊魯書社，1984～1985）；安作璋、陳乃華，《秦漢官吏法研究》（濟南：齊魯書社，1993）。

〔註25〕李峰，《西周的政體：中國早期的官僚制度與國家》（北京：生活‧讀書‧新知三聯書店，2010 年 7 月），頁 199、229。

〔註26〕馬承源，〈說𤭢〉，《古文字研究》12，1985 年，頁 173～180。朱鳳瀚，〈西周

比例將不容小覷。陳絜甚至直言西周可能是「封建世襲與行政官僚」雙軌並行制，只是「封建世襲」表現的更加顯著，常讓我們忽略「行政官僚制」已悄然出現。陳絜舉證西周中晚期的金文，認為周王朝往往會在王畿範圍內的各個經濟或軍事要地，委派專人管理，而非由周王或執政大臣親力親為。此類官員多以貨幣為俸祿，目前也沒有看到家族世襲跡象。所以說地方行政管理的萌芽，恐怕要上推至西周中期。〔註27〕

　　若依李峰、陳絜新論，中國古代從「西周」至「秦漢」的「官僚行政體系」演變歷程，實際上已到了可依據「新出土材料」與「新研究方法」重新估量的時機。或許以前我們都太高估「春秋」、「戰國」在「官僚行政體系」的轉型意義，太低估依照西周金文排列「官僚行政體系」所代表的意義。因此，未來較周延的研究方式，應是更細緻地將「西周金文」和「戰國秦漢簡牘」，與「官僚行政體系」相關的史料並置。更可行的辦法或許是將每個職官的名號、任命、執掌、統屬等皆附上時間，先觀察每個職官的歷史演變，再綜論總體「官僚行政體系」的發展趨勢。譬如本論文〈第五章　第一節　兩周職官「士」政治權責演變與司法權獨立〉，即是觀察「士」當它作「司法職官」義理解時，其「專業分工」的「官僚化」過程。必須將類似於「職官士」，此單一職官的歷史演變累積至一定分量，才能客觀地綜述中國古代「官僚行政體系」的成熟途徑。如任官方式是否由「親親」而「尚賢」，由「父死子繼」而「中央委派」。再如政府結構是否往「專業化」的趨勢發展，讓不同官吏專司不同職務；且讓所有職官具有秩級差別，形成「行政階梯」（hierarchy），如此周王命令才能更有效率的，依序從中央頂層向各級底層傳達。而秦漢政府的郡縣制度，是帝制中國中央集權式官僚政治的基本規模，所以本論文〈第四章　第一節　包山楚簡法律文書的地方行政權屬分析〉，會特別關注《包山楚簡》法律文書所呈現的郡縣體制。若是能釐清西周、春秋、戰國、秦漢各時期，中央、地方以及列國的行政體制，將更能釐清所有職官在整體「行政階梯」中的相對位置。

　　當然歷史演進的過程相當複雜並非機械式地往單一方向邁進。舉任官的總趨勢為例，大體是由西周貴族世襲，逐漸轉變為秦漢的中央委派；但此並

金文中的「取徽」與相關諸問題〉，《古文字與古代史》，第一輯（臺北：中央研究院歷史語言研究所，2007 年 9 月），頁 191～212。

〔註27〕陳絜，〈周代農村基層聚落初探〉，《新出金文與西周歷史》（上海：上海世紀出版股份有限公司，2011 年 5 月），頁 139～140。

非表示職官的世襲將永遠消失,「良冶之子,必學爲裘;良弓之子,必學爲箕」（《禮記‧學記》）還是存在。如西周〈曶鼎〉的首段爲冊命文字,講述周王冊命「曶」賡續其祖、父之占卜職事;〈史牆盤〉詳列其世系,陳述其家歷代皆任史官。《張家山漢墓竹簡‧二年律令‧史律》,也同樣記載史、卜、祝之子,當十七歲爲學童時,所學仍爲使、卜、祝之事（簡 474～487）。即占卜類職事,從西周至漢初皆爲世襲。又如楊寬認爲春秋、戰國年間,中央集權官僚政治的特點是「官分文武」,〔註28〕此說大致無誤;但邢義田認爲東漢年間,「文武備具」仍是士人共同認同的價值和典範。〔註29〕故任何推論,都必須在對材料進行更細緻的分類前提下,方能進行更深入的研究。

4. 經濟體系

中國歷史具有「渾融一體性」,所以〈緒論〉已提及中國政治史、社會史、經濟史,皆當在「一體性」中研究。〔註30〕本論文既已探討「周秦漢出土法律文獻」的「政治組織」與「社會結構」,「經濟體系」當然也是不可或缺的一環。

傳統中國因自然環境使然,長久以來皆以務農爲生,所以「經濟體系」中最重要的資產莫甚於「土地」。本論文<u>〈第三章　血緣身份與軍功爵位在土地分配制度上的歷史轉變〉</u>,已討論與「社會結構」密切相關的「分配」問題,宗族財產的分割雖然可歸爲經濟過程,但同時也是社會過程,因爲財產分配與社會結構的變化息息相關,故優先於本論文中討論。但是「土地」問題層出不窮,不限於「分配」,還有形形色色待議的糾紛,如「所有權」。

攸關西周土地所有權的代表作,首推李朝遠《西周土地關係論》,〔註31〕當然李峰《西周的政體:中國早期的官僚制度與國家》的某些章節亦有討論。譬如李峰將西周國家土地區分成「受王室管理的西部」及「由諸侯國負責的東部」兩大類。西周王室管理的西部王畿地區,還可歸納出三種不同類型的土地財產,以及三種不同的土地所有權,包括「王家財產」、「貴族宗族資產」及「國家所有的土地和資產」。〔註32〕本論文〈第三章　第一節　西周宗法體

〔註28〕 楊寬,《戰國史》（上海:人民出版社,1981 年）,頁 203。

〔註29〕 刑義田,〈允文允武:漢代官吏的一種典型〉,《中央研究院歷史語言研究所集刊》,75 卷 2 期, 2004 年,頁 1～66。

〔註30〕 錢穆,《中國歷史研究法》（北京:三聯書店,2007 年 2 月 8 刷）,頁 61。

〔註31〕 李朝遠,《西周土地關係論》（上海:人民出版社,1997 年 1 月）。

〔註32〕 李峰,《西周的政體:中國早期的官僚制度與國家》（北京:生活‧讀書‧新知三聯書店,2010 年 7 月）,頁 152～161。

制之血緣身份與土地分配〉，其中〈瑚生三器〉的「僕庸土田」，爲「召氏家族」的「貴族宗族資產」。

中國古代「土地所有權」的探究意義，在於「春秋」、「戰國」代表性的變革之一爲「經濟體系」的「土地制度」，正由「井田制」向「私田制」轉型。西周「井田制」是否存在，或是以何種方式存在，尙有討論空間，至少應非傳世文獻所載的如此規整。「春秋」、「戰國」年間，由於鐵製農具出現，以及牛耕技術的發達，以一家一戶爲單位的個體勞動，逐漸取代以世族血緣關係爲紐帶的集體勞動。隨著個體私田開墾的土地日益增多，列國也必須開始改革賦稅制度，如「晉於是乎作爰田」（《左傳・僖公十五年》），其中「爰田」應該如何解釋，僅「爰」字的釋讀就聚訟紛紜了。且直言「春秋」以降的土地制度爲「私田制」又太過於簡略，與當今出土「戰國秦漢簡牘」所載不符；據《睡虎地秦墓竹簡》和《張家山漢墓竹簡》的法律文書，幾乎可以確認在「春秋」、「戰國」之際，由國家控制土地、授田人民並收取田租，才是最主要的土地使用型態。但頻繁的私人土地買賣與豪強土地兼併，所導致「富者田連阡陌，貧者無立錐之地」（《漢書・食貨志》）的社會現象也是實情。故應當如何詮釋西周至漢初「土地所有權制」的演變，需對「所有權」進行更精確的法學定義和案例分析，才是解決之道。

綜觀「周秦漢出土法律文獻」，可發現中國自古以來即十分擅長運用「政治權力」干涉「市場經濟」，如《包山楚簡》法律文書中的「食田」（簡 151～152）、「煮鹽於海」（簡 147）、「關金」（簡 149）與「貸金」（簡 103～119）等，皆說明當時楚國農業、製鹽業和關稅制度，背後都有國家意志的介入。〔註33〕而國家強勢主導經濟發展的合理性，就在於它較能保障讓國境內的最多人獲得最大幸福，因國家最能依法照顧弱勢團體。以「翟（糴）種」爲例，《包山楚簡》法律文書的「貸金簡」（簡 103～119），記錄楚政府在春播前貸款給各地以購買稻種，各地在收穫後，得歸還貸款的法條。此又見於湖北江陵紀南城鳳凰山十號墓出土的「鄭稟（廩）簿」，此簿記錄鄭里 25 戶貸糧總額，頗能反應兩漢中央和地方官員爲救荒或勸農，不斷向百姓「貸種食」與「假與種糧」之實錄。〔註34〕所以放任市場價格波動未必合理，政府介入至

〔註33〕王穎，〈從包山楚簡看戰國中晚期楚國的社會經濟〉，《中國社會經濟史研究》，2004 年 3 期，頁 14～17。

〔註34〕裘錫圭，〈湖北江陵鳳凰山十號漢墓出土簡牘考釋〉，《文物》，1974 年 7 期，

少可避免「糴甚貴傷民，甚賤傷農；民傷則離散，農傷則國貧」（《漢書‧食貨志上》），此是保障農民和其他行業人民間合理交易的手段。

當然「周秦漢出土法律文獻」的「思想文化體系」，即法律制度背後的價值理念亦是相當重要的一環，本論文已初步涉及「禮」、「法」議題的討論，其實待開發的空間仍很大，如「出土法律文獻」與「傳世法律文獻」的比較，「出土法律文獻」較著重於治獄理訟的實務層面，「傳世法律文獻」則較傾向於政治措施的理念層面，兩者如何相輔相成、互為表裡。又如「書籍類」出土文獻中的「法律」思想，所謂「書籍類」出土文獻，包括《郭店楚墓竹簡》、《上海博物館藏戰國楚竹書》等，其中論述治國之道的篇章如〈緇衣〉等，亦有零星與「法律」思想密切相關的主張等待抉發。

總之，可供研究的議題甚夥，當我嘗試拓寬既有的視野，更加能夠深刻體悟，所有研究皆無法畢其功於一役，本論文充其量只是一個小小的開端，所有的不足之處，都將作為未來繼續努力的方向。

頁 49～63。邢義田，〈從出土資料看秦漢聚落形態和鄉里行政〉，收入黃寬重主編，《中國史新論‧基層社會分冊》（臺北：中央研究院‧聯經出版事業公司，2009 年 6 月），頁 13～126。

參考書目

一、傳統文獻

1. 《十三經注疏・詩經》（臺北：藝文印書館，1997 年 8 月 13 刷）。
2. 《十三經注疏・左傳》（臺北：藝文印書館，1997 年 8 月 13 刷）。
3. 《十三經注疏・周禮》（臺北：藝文印書館，1997 年 8 月 13 刷）。
4. 《十三經注疏・禮記》（臺北：藝文印書館，1997 年 8 月 13 刷）。
5. 《十三經注疏・論語》（臺北：藝文印書館，1997 年 8 月 13 刷）。
6. 《十三經注疏・孟子》（臺北：藝文印書館，1997 年 8 月 13 刷）。
7. 《十三經注疏・詩經》（北京：北京大學出版社，1999 年 12 月）。
8. 楊伯峻編著，《春秋左傳注》，（臺北：洪葉文化事業有限公司，1993 年 5 月）。
9. 孫詒讓，《周禮正義》（上海：上海古籍出版社，1995 年）。
10. 孫希旦，《禮記集解》（北京：中華書局，1995 年 2 刷）。
11. 程樹德，《論語集釋》（北京：中華書局，2006 年 11 月 5 刷）。
12. 焦循，《孟子正義》（北京：中華書局，2007 年 5 月 6 刷）。
13. 瀧川龜太郎，《史記會注考證》（臺北：宏業書局，1990 年）。
14. 楊家駱主編，《新校本史記三家注并附編二種》（臺北：鼎文書局，1984 年）
15. 楊家駱主編，《正史全文標校讀本漢書》（臺北：鼎文書局，1981 年）。
16. 徐元誥編，《國語集解》（北京：中華書局，2002 年 6 月）。
17. 高誘注，《戰國策》（上海：上海古籍出版社，1978 年）。
18. 王先謙，《荀子集解》（北京：中華書局，2007 年 4 月 5 刷）。
19. 北大哲學系，《荀子新注》，臺北：里仁書局，1983 年 11 月 15 日。

20. 高亨，《商君書注譯》（北京：中華書局，1974 年 11 月）。

21. 陳奇猷，《韓非子集釋》（上海：上海人民出版社，1974 年 7 月）。

22. 黎翔鳳，《管子校注》（北京：中華書局，2006 年 4 月 2 刷）。

23. 孫詒讓，《墨子閒詁》（北京：中華書局，2001 年）。

24. 楊丙安，《十一家注孫子校理》（北京：中華書局，1999 年）。

25. 劉俊文點校，《唐律疏議》（北京：中華書局，1983 年版）。

二、近人著作（依照姓名筆畫排序）

二畫

1. 丁山，〈召穆公傳〉，《中央研究院歷史語言研究所集刊》2 卷 1 期，1930 年 5 月，頁 89～100。

2. 丁山，《甲骨文所見氏族及其制度》（北京：中華書局，1988 年），頁 36。

3. 丁聲樹，〈詩經「式」字說〉，《中央研究院歷史語言研究所集刊》，6 卷 4 期，1936 年，頁 487～495。

4. 卜憲群，〈二十等賜爵制與官僚制〉，《原學》6（北京：中國廣播電視出版社，1998 年），頁 92、94。

5. 卜憲群，《秦漢官僚制度》（北京：社會科學文獻出版社，2002 年），頁 161。

三畫

1. 于少時，〈青銅器法典𫘝匜銘文試析〉，《文博》，1993 年 6 期，頁 41～42。

2. 于省吾，《雙劍誃殷契駢枝》三編，石印本，1944 年 5 月。

3. 于省吾，〈從甲骨文看商代的社會性質〉，《東北人民大學人文科學學報》，1957 年，2～3 卷合刊，頁 97～136。

4. 于省吾，〈關於《釋臣和鬲》一文的幾點意見〉，《考古》，1965 年 6 期，頁 309～310。

5. 于省吾，〈釋鬲隸〉，《史學集刊復刊號》，1981 年 10 月，頁 69～72。

6. 于省吾，《雙劍誃群經新證　雙劍誃諸子新證》（上海：上海書店，1999 年）。

7. 于振波，〈從「公室告」與「家罪」看秦律的立法精神〉，《湖南大學學報》，第 19 卷 5 期，2005 年 9 月，頁 39～44。

8. 大西克也，〈關於包山楚簡由字的訓釋〉，《東京大學中國語中國文學研究室紀要》第三號，2000 年，頁 3。

9. 大西克也，〈論古文字資料中的「邦」和「國」〉，《古文字研究》23，2002 年 6 月，頁 186～194。

10. 大庭脩，《秦漢法制史研究》（上海：上海人民出版社，1991 年）。

11. 工藤元男，《睡虎地秦簡所見秦代國家與社會》（上海：上海古籍出版社，2010 年 11 月）。

四畫

1. 中國文物研究所、湖北省文物考古研究所，《龍崗秦簡》（北京：中華書局，2001 年 8 月）。

2. 中國社會科學院考古研究所，《殷周金文集成》（北京：中華書局，1984～1994 年）。

3. 中國社會科學院考古研究所，《甲骨文編》（北京：中華書局，2004 年 6 刷）。

4. 中國政法大学法律古籍整理研究所編，《中國古代法律文獻研究》，1～4 輯（成都：巴蜀書社，1999 年月、2004 年 6 月、2007 年月、2010 年）。

5. 中華書局編輯部編，《雲夢秦簡研究》（北京：中華書局，1981 年 7 月版）。

6. 丹尼斯·朗（Dennis H.Wrong），《權力：它的形式、基礎和作用》（臺北：桂冠圖書股份有限公司，2000 年 3 月 2 刷）。

7. 丹尼斯·羅伊德(Dennis Lloyd)，《法律的理念》(北京：新星出版社，2005 年 11 月)。

8. 太田辰夫著，蔣紹愚、徐昌華譯，《中國語歷史文法》（北京：北京大學出版社，1987 年），頁 382。

9. 仁井田陞，《中國法制史》（上海：上海古籍出版社，2011 年 7 月）。

10. 孔慶明，《秦漢法律史》（西安：陝西人民出版社，1992 年）。

11. 尹在碩，〈睡虎地秦簡《日書》所見「室」的結構與戰國末期秦的家族類型〉，《中國史研究》，1995 年 3 期，頁 137～151。

12. 尹在碩，〈秦律所反映的秦國家政策〉，《簡帛研究譯叢（第 1 輯）》（長沙：湖南出版社，1996 年），頁 74。

13. 尹在碩，〈睡虎地秦簡和張家山漢簡反映的秦漢時期后子制和家系繼承〉，《中國歷史文物》，2003 年 1 期，頁 31～43。

14. 文炳淳，《包山楚簡所見楚官制研究》（臺北：台大中文所碩士論文，1998 年 1 月）。

15. 方勇，〈釋五年琱生尊中的蔑字〉，先秦史研究室網站，2007 年 12 月 18 日，http://www.xianqin.org/xr_html/articles/jwyj/627.html。

16. 方勇，〈釋五年琱生尊中的𪓐字〉，先秦史研究室網站，2008 年 1 月 9 日，http://www.xianqin.org/xr_html/articles/lgxd/644.html。

17. 方述鑫，〈召伯虎簋銘文新探〉，《考古與文物》，1997 年 1 期，頁 61～69。

18. 方稚松，〈甲骨文考釋四則〉，復旦大學出土文獻與古文字研究中心網站，

2009 年 5 月 1 日，http://www.guwenzi.com/SrcShow.asp?Src_ID=778。

19. 毛漢光，〈平等概念與平等實際〉，《佛光人文社會學刊》第三期，2002年 12 月，頁 142。

20. 王人聰，〈琱生簋銘「僕墉土田」辨析〉，《考古》，1994 年 5 月，頁 443～446。

21. 王力，《漢語史稿》（北京：中華書局，1980 年初版，2001 年 2 月 4 刷）。

22. 王世民，〈西周春秋金文中的諸侯爵稱〉，《歷史研究》1983 年 3 期，頁 3～17。

23. 王占奎，〈琱生三器銘文考釋〉，《考古與文物》，2007 年 5 期，頁 105～108。

24. 王玉哲，〈琱生簋銘新探跋〉，《中華文史論叢》，1989 年 1 期，頁 97～101。

25. 王沛，〈「獄剌」背景下的西周族產析分——以琱生器及相關器銘爲中心的研究〉，《法制與社會發展》，2009 年 5 期，頁 38～47。

26. 王沛，〈琱生三器集釋〉，《中國法制史考證續編 第十三冊 法律史料考釋》（北京：社會科學文獻出版社，2009 年 8 月），頁 40～59。

27. 王彥輝，〈從張家山漢簡看西漢時期私奴婢的社會地位〉，《東北師大學報》，2003 年 2 期，頁 13～14。

28. 王彥輝《張家山漢簡《二年律令》與漢代社會研究》（北京：中華書局，2010 年 8 月）。

29. 王紅，〈對僕匜銘文涉及問題的幾點認識〉，《歷史文物月刊》，16 卷 1 期，2006 年 1 月，頁 32～35。

30. 王紅星，〈包山楚墓墓地試析〉，《考古》，1988 年 5 期，頁 32～34。

31. 王紅星〈包山簡牘所反映的楚國曆法問題〉，劉彬徽〈從包山楚簡記時材料論及楚國記年與楚曆〉，均見《包山楚墓》（北京：文物出版社，1991年），頁 521～532、533～547。

32. 王准，〈上博四《東大王泊旱》中的祈雨巫術及相關問題〉，《江漢論壇》，2008 年 5 月，頁 109。

33. 王准，〈包山楚簡所見楚國「里」的社會生活〉，《中國社會經濟史研究》，2011 年 2 期，頁 1～7

34. 王偉，〈睡虎地秦簡論著目錄〉，武漢大學簡帛網，2009 年 11 月 30 日，http://www.bsm.org.cn/show_article.php?id=1185。

35. 王健文，《奉天承運——古代中國的「國家」概念及其正當性基礎》（臺北：東大圖書公司，1995 年）。

36. 王國維，《海寧王靜安先生遺書》（臺北：台灣商務印書館，1979）。

37. 王國維，《觀堂集林》（北京：中華書局，2004 年）。

38. 王晶，〈卌三年逑鼎銘中的「歷人」即《周禮》中的「校人」〉，《中原文物》，2007 年 3 期，頁 51～52、63。

39. 王皓昱，《政治社會學：政治學的宏觀視野》（臺北：三民書局，2008 年 9 月）。

40. 王貽梁，〈周官司寇考辨〉，《考古與文物》，1993 年 4 期，頁 96～99。

41. 王進鋒，〈西周文盨與殷見樂〉，《交響——西安音樂學院學報季刊》，2008 年 2 期，頁 18～22。

42. 王進鋒、邱咏海，〈五年琱生尊與琱生器人物關係新論〉，《寶雞文理學院學報》， 2008 年 3 期，頁 45～49。

43. 王進鋒，〈保卣銘剩義新探〉，《唐都學刊》，2008 年 5 月，頁 57～60。

44. 王進鋒，〈新出〈五年琱生尊〉與琱生三器新釋〉，《歷史教學》，2008 年 6 期，頁 87～92。

45. 王寧，《訓詁學原理》（北京：中國國際廣播，1996 年）。

46. 王寧，〈申說楚簡中的「訏」〉，簡帛研究網站，2002 年 9 月 15 日。

47. 王輝，〈駒父盨蓋銘文試釋〉，《考古與文物》，1982 年 5 期，頁 56～59。

48. 王輝，《商周金文》（北京：文物出版社，2006 年 1 月），頁 44～47。

49. 王輝，〈青銅器銘文未談及行賄受賄〉，《西安晚報·要聞快報版》，2006 年 11 月 22 日。

50. 王輝，〈讀扶風縣五郡村窖藏銅器銘文小記〉，《考古與文物》，2007 年 4 期，頁 13～15。

51. 王輝，〈琱生三器考釋〉，《考古學報》，2008 年 1 期，頁 39～63。

52. 王輝，〈古文字所見的早期秦楚〉，《古文字與古代史》第二輯（臺北：中央研究院歷史語言研究所，2009 年 12 月），頁 165～187。

53. 王澤文，〈對琱生諸器人物關係的認識〉，《中國史研究》，2007 年 4 期，頁 3～14。

54. 王曉波，《中國法家思想史論》（臺北：聯經出版事業公司，1991 年）。

五畫

1. 古文字詁林編纂委員會編纂，《古文字詁林（八）》（上海：上海教育出版社，1999 年）。

2. 台灣簡牘學會編輯部編，《簡牘學報·秦簡研究專號》，1981 年 7 月。

3. 史傑鵬，〈關於包山楚簡中的四個地名〉，《陝西歷史博物館館刊》第 5 輯，1998 年 6 月，頁 138～140。

4. 史傑鵬，〈讀包山司法文書簡札記三則〉，《簡帛研究》二〇〇一上冊（桂林：廣西師範大學出版社，2001 年 9 月），頁 19～24。

5. 史傑鵬，〈包山楚簡研究四則〉，《湖北民族學院學報》，2005 年 3 期，頁 63。

6. 史鳳儀，《中國古代的家族與身份》（北京：社會科學出版社，1999 年 9 月）。

7. 平勢隆郎，〈楚王和縣君〉，《日本中青年學者論中國史》（上海：上海古籍出版社，1995 年 12 月），頁 212～245。

8. 田昌五，〈中國古代社會的土地問題〉，《華夏文明》（北京：北京大學出版社，1990.2），頁 177。

9. 白川靜，《金文通釋》卷一下，〈宜侯矢簋〉（白鶴美術館，1964 年 11 月～1966 年 6 月），頁 529～560。

10. 白於藍，〈包山楚簡零拾〉，《簡帛研究》2，1996 年 9 月，頁 41～43。

11. 白於藍，〈包山楚簡文字編校訂〉，《中國文字》，新 25 期，1999 年 12 月，頁 187～198。

12. 石泉，《楚國歷史文化辭典》（武漢：武漢大學出版社，1996 年），頁 308。

六畫

1. 向光忠，〈古文獻施受句謂語體詞間之「于」考〉，《徐州師範大學學報》，2000 年 1 期，頁 64～66。

2. 守屋美都雄，《中國古代的家族與國家》（上海：上海古籍出版社，2010 年 3 月）。

3. 安東尼‧吉登斯（Anthony Giddens），《社會學（上冊）》（臺北：唐山出版社，1997 年 7 月）。

4. 安東尼‧吉登斯（Anthony Giddens），《社會學第五版》（北京：北京大學出版社，2009 年 4 月）。

5. 朱紅林，《張家山漢簡二年律令集釋》（北京：社會科學文獻出版社，2005 年）。

6. 朱紅林，《張家山漢簡二年律令研究》（哈爾濱市：黑龍江人民出版社，2008 年）。

7. 朱紹侯，《軍功爵制研究》（上海：上海人民出版社，1990 年）。

8. 朱紹侯，〈從《二年律令》看與軍功爵制有關的三個問題〉，《張家山漢墓竹簡《二年律令》研究文集》（桂林：廣西師範大學出版社，2007 年 6 月），頁 75～76。

9. 朱紹侯，《軍功爵制考論》（北京：商務印書館，2008 年 11 月）。

10. 朱漢民、陳松長主編，《嶽麓書院藏秦簡（壹）》（上海：上海辭書出版社，2011 年 1 月）。

11. 朱鳳瀚，〈殷墟卜辭中「眾」的身分問題〉《南開學報》，1981 年 2 期，頁

57～74。

12. 朱鳳瀚，〈琱生簋銘新探〉，《中華文史論叢》，1989 年 1 期，頁 79～96。

13. 朱鳳瀚，〈第一章 上古分封社會的典型宗族〉，見馮爾康等著，《中國宗族社會》（杭州：浙江人民出版社，1994 年 11 月），頁 43～51。

14. 朱鳳瀚，〈士山盤銘文初釋〉，《中國歷史文物》，2002 年 1 期，頁 4～7。

15. 朱鳳瀚，《商周家族型態研究增訂本》（天津：天津古籍出版社，2004 年 7 月）。

16. 朱鳳瀚，〈西周金文中的「取徽」與相關諸問題〉，《古文字與古代史》第一輯（臺北：中央研究院歷史語言研究所，2007 年 9 月），頁 191～211。

17. 朱鳳瀚，〈再讀殷墟卜辭中的「眾」〉，《古文字與古代史》第二輯（臺北：中央研究院歷史語言研究所，2009 年 12 月），頁 1～37。

18. 朱鳳瀚，〈琱生簋與琱生尊的綜合考釋〉，《新出金文與西周歷史》（上海：上海世紀出版股份有限公司，2011 年 5 月），頁 71～81。

19. 朱德熙、裘錫圭，〈平山中山王墓銅器銘文的初步研究〉，《文物》，1979 年 1 期，頁 51。

20. 朱德熙，〈釋梓〉，《朱德熙古文字論集》（北京：中華書局，1995 年），頁 154～155。

21. 朱曉雪，《包山楚墓文書簡、卜筮祭禱簡集釋及相關問題研究》（長春：吉林大學古籍研究所，2011 年 6 月 8 日）。

22. 朴俸柱，〈戰國楚的地方統治體制〉，《簡帛研究》二○○二、二○○三，2005 年 6 月，頁 13～23。

23. 江林昌，〈眉縣新出青銅器與西周王室世系、年代學及相關問題〉，《文史哲》，2003 年 5 期，頁 13。

24. 西嶋定生，〈關於中國古代社會結構特質的問題所在〉，《日本學者研究中國史論著選譯（二）》（北京：中華書局，1993 年 10 月），頁 18～25。

25. 西嶋定生，《中國古代帝國的形成與結構》（北京：中華書局，2004 年 10 月）。

七畫

1. 佐竹靖彥，〈秦國的家族與商鞅的分異令〉，《史林》，63～1，1980 年，頁 13。

2. 何有祖，〈包山楚簡試釋九則〉，簡帛網，2005 年 12 月 15 日，http://www.bsm.org.cn/show_article.php?id=132。

3. 何有祖，〈上博六〈景公瘧〉初探〉，簡帛網，2007 年 7 月 11 日，http://www.bsm.org.cn/show_article.php?id=605。

4. 何炳棣，〈商周奴隸社會說糾謬〉，《人文及社會科學集刊》，7 卷 2 期，

1995 年 9 月，頁 80。

5. 何浩，〈戰國時期楚封君初探〉，《歷史研究》，1984 年 5 期，頁 101～111。

6. 何浩，〈論楚國封君制的發展與演變〉，《江漢論壇》，1991 年 5 期，頁 72
～77。

7. 何浩，〈魯陽君、魯陽公及魯陽設縣的問題〉，《中原文物》，1994 年 4 期，
頁 50。

8. 何琳儀，〈長沙銅量銘文補釋〉，《江漢考古》，1988 年 4 期，頁 97～98。

9. 何琳儀，〈包山竹簡選釋〉，《江漢考古》，1993 年 4 期，頁 55～61。

10. 何琳儀，《戰國古文字典》（北京：中華書局，1998 年 9 月）。

11. 何琳儀、胡長春，〈釋攀〉，《漢字研究》，第一輯（北京：學苑出版社，
2005 年 6 月），頁 422～428。

12. 何琳儀、徐在國，〈釋「蒝」〉，《新出楚簡文字考》（合肥：安徽大學出版
社，2007 年），頁 294～298。

13. 余宗發，《雲夢秦簡中思想與制度鉤摭》（臺北：文津出版社，1992 年）。

14. 余英時，《士與中國文化》（上海：人民出版社，1987 年）。

15. 余英時，〈古代知識階層的興起與發展〉，《中國知識人之史的考察》（桂
林：廣西師範大學出版社，2004 年）。

16. 余英時，〈君尊臣卑下的君權與相權——反智論與中國政治傳統餘論〉，
《中國思想傳統的現代詮釋》（南京：江蘇人民出版社，2004 年）。

17. 余英時，〈從價值系統看中國文化的現代意義〉，《中國思想傳統的現代詮
釋》（南京：江蘇人民出版社，2004 年）。

18. 余英時，〈關於新教倫理與儒學研究〉，《儒家倫理與商人精神》（桂林：
廣西教育出版社，2004 年）。

19. 宋華強，《新蔡葛陵楚簡初探》（武漢：武漢大學出版社，2010 年 3 月）。

20. 吳良寶，《戰國楚簡地名輯證》（武漢：武漢大學出版社，2010 年 3 月）。

21. 吳振武，〈鄂君啓節錢字解〉，《第二屆國際中國古文字學研討會論文集》
（香港：香港中文大學，1993 年），頁 273～292。

22. 吳振武，〈戰國銘刻中的泉字〉，《華學》2，1996 年 12 月，頁 50。

23. 吳振武、王占奎等，〈曲沃北趙晉侯墓地 M114 出土叔矢方鼎及其相關問
題研究筆談〉，《文物》，2002 年 5 期，頁 69～77。

24. 吳福助，《睡虎地秦簡論考》（臺北：文津出版社，1994 年 7 月）。

25. 吳慧蓮，〈從王褒〈僮約〉看漢代奴婢的生活與地位〉，《歷史月刊》第七
期，1988 年 8 月，頁 49～55。

26. 吳曉懿，〈《上海博物館藏戰國楚竹書（四）》所見官名輯證〉，簡帛網，

2009 年 6 月 5 日，http://www.bsm.org.cn/show_article.php?id=1063。

27. 吳鎮烽，〈琱生尊銘文的幾點考釋〉，《考古與文物》，2007 年 5 期，頁 103～104，111。

28. 呂文郁，《周代的采邑制度（增訂版）》（北京：社會科學文獻出版社，2006年）。

29. 李力，《出土文物與先秦法制》（鄭州：大象出版社，1997 年 12 月）。

30. 李力，〈《九刑》、「司寇」考辨〉，《法學研究》，1999 年 2 期，頁 123～130。

31. 李力，《「隸臣妾」身分再研究》（北京：中國法制出版社，2007 年 7 月）。

32. 李力，《張家山 247 號墓漢簡法律文獻研究及其述評》（東京外國語大學アジア・アフリカ言語文化研究所，2009 年 11 月 13 日）。

33. 李天石，〈從睡虎地秦簡看秦朝奴隸與唐代奴婢的異同〉，《中國經濟史研究》，2005 年 3 期，頁 132～138。

34. 李天虹，〈《包山楚簡》釋文補正 35 則〉，中國古文字第九屆學術研討會，1992 年 10 月，後收入《江漢考古》，1993 年 3 期，頁 84～86。

35. 李天虹，〈上博六《景公瘧》字詞校釋〉，《古文字學論稿》（合肥：安徽大學出版社，2008 年 4 月），頁 335～336。

36. 李守奎，〈古文字辨析三組〉，《吉林大學古籍整理研究所建所十五週年紀念文集》（長春：吉林大學出版社，1998 年 12 月），頁 79～81。

37. 李守奎，《楚文字編》（上海：華東師範大學出版社，2003 年）。

38. 李守奎，〈釋包山楚簡中的彭〉，《簡帛》第一輯，2006 年 10 月，頁 25～31

39. 李守奎，〈包山楚簡 120～123 號簡補釋〉，「出土文獻與傳世典籍的詮釋——紀念譚樸森先生逝世兩周年國際學術研討會」，（上海：復旦大學，2009 年 6 月 13 日～14 日）。

40. 李守奎、蔡麗利隸作「屌」，釋爲「居」。參〈楚簡中「尸」與「人」的區別與訛混——釋楚簡中「作」與「居」的異體〉，「網路時代與中國文字研究」國際高級專家研討會，上海，2010 年 9 月。

41. 李伯謙，〈叔矢方鼎銘文考釋〉，《文物》，2001 年 8 期，頁 39～42。

42. 李均明，〈簡牘文書學概要〉，臺北：中國文化大學史學系主辦「第一屆簡帛學術討論會論文」，1999 年。

43. 李均明，〈張家山漢簡所見規範繼承關係的法律〉，《中國歷史文物》，2002 年 2 期，頁 26～32。

44. 李均明，〈張家山漢簡奴婢考〉，《國際簡牘學會會刊》第四號，2002 年 5 月，頁 1～11。

45. 李均明，〈張家山漢簡收律與家族連坐〉，《文物》，2002 年 9 期，頁 62。

46. 李均明，〈簡牘法制史料概説〉，《中國史研究》，2005 年增刊，頁 63～74。

47. 李均明，《簡牘法制論稿》（桂林：廣西師範大學出版社，2011 年 4 月）。

48. 李明輝，《儒學與現代意識》（臺北：文津出版社，1991 年 9 月）。

49. 李明輝，《儒家與康德》（臺北：聯經出版事業股份有限公司，1997 年初版 2 刷）。

50. 李家浩，〈信陽楚簡「澮」即從「美」之字〉，《中國語言學報》第一期，1983，頁 195～196。

51. 李家浩，〈楚國官印考釋兩篇〉，《語言研究》，1987 年 1 期，頁 124。

52. 李家浩，〈從曾姬無卹壺銘文談楚滅曾的年代〉，《文史》33，1990 年 10月，頁 13。

53. 李家浩，〈包山楚簡的旌旆及其他〉，《第二屆國際中國古文字學研討會論文集》（香港：香港中文大學，1993 年），頁 375～392。

54. 李家浩，〈南越王墓車駟虎節銘文考釋〉，《容庚先生百年誕辰紀念文集》（廣州：廣東人民出版社，1998 年 4 月），頁 662～671。

55. 李家浩，〈先秦文字中的縣〉，《著名中年語言學家自選集·李家浩卷》（合肥：安徽教育出版社，2002 年 12 月），頁 15～34。

56. 李家浩，〈齊國文字中的「遂」〉，《著名中年語言學家自選集·李家浩卷》（合肥：安徽教育出版社，2002 年 12 月），頁 42。

57. 李家浩，〈戰國官印考釋三篇〉，《出土文獻研究》第六輯，2004 年 12 月，頁 14～16、20）。

58. 李家浩，〈談包山楚簡「歸鄧人之金」一案及其相關問題〉，《出土文獻與古文字研究》，第一輯（上海：復旦大學出版社，2006 年 12 月），頁 16～33。

59. 李家浩，〈談清華戰國竹簡《楚居》的「夷䨲」及其他──兼談包山楚簡的「墉人」等〉，《清華大學藏戰國楚簡壹國際學術研討會論文集》，清華大學出土文獻研究與保護中心，2011 年 6 月；又見《出土文獻》第二輯（上海：中西書局，2011 年 11 月），頁 55～66。

60. 李峰，《西周的滅亡》（上海：上海古籍出版社，2007 年 10 月），頁 129～130。

61. 李峰，《西周的政體：中國早期官僚制度和國家》（北京：三聯書店，2010年 8 月）。

62. 李根蟠，〈從秦漢家庭論及家庭結構的動態變化〉，《中國史研究》，2006年 1 期，頁 3～25。

63. 李朝遠，《西周土地關係論》（上海：上海人民出版社，1997 年 1 月）。

64. 李超，〈也談秦代隱官〉，簡帛研究網，2009 年 12 月 27 日，

http://www.bsm.org.cn/show_article.php?id=1182。

65. 李隆獻，〈復仇觀的省察與詮釋〉，《台大中文學報》，22 期，2005 年 6 月，頁 120。

66. 李運富，《楚國簡帛文字構形系統研究》（長沙：嶽麓書社，1997 年 10 月）。

67. 李運富，〈包山楚簡「䑐」義解詁〉，簡帛研究網，2002 年 9 月 7 日；又見《古漢語研究》，2003 年 1 期，頁 59～63。

68. 李運富，《漢字漢語論稿》（北京：學苑出版社，2008 年元月）。

69. 李零，〈包山楚簡研究文書類〉，中國古文字研究會第九屆學術討論會，1992 年 11 月。

70. 李零，《李零自選集》（桂林：廣西師範大學出版社，1998 年 2 月）。

71. 李零，〈郭店楚簡校讀記〉，《道家文化研究》第 17 輯（北京：三聯書店，1999 年 8 月），頁 520。

72. 李零，〈讀《楚系簡帛文字編》〉，《出土文獻研究》5，1999 年 8 月，頁 141～145。

73. 李零，〈讀楊家村出土的虞述諸器〉，《中國歷史文物》，2003 年 3 期，頁 16～27。

74. 李零，〈古文字筆記：鹵與竊〉，《清華大學藏戰國楚簡壹國際學術研討會論文集》，清華大學出土文獻研究與保護中心，2011 年 6 月。

75. 李學勤，〈近年考古發現與中國早期奴隸社會〉，《新建設》，1958 年 8 期，頁 51。

76. 李學勤，〈岐山董家村訓匜考釋〉，《古文字研究》第 1 輯，1979 年 8 月，頁 149～156。

77. 李學勤，〈青銅器與周原遺址〉，《西北大學學報》，1981 年 2 期。

78. 李學勤，〈論仲爯父簋與中國〉，《中原文物》，1984 年 4 期，頁 31～32、39。

79. 李學勤，〈論習鼎及其反應的西周制度〉，《中國史研究》，1985 年 1 期，又見《青銅器與古代史》（臺北：聯經出版事業股份有限公司，2005 年 5 月），頁 374～388。

80. 李學勤，〈魯方彝與西周商賈〉，《史學月刊》，1985 年 1 期，頁 31～34。

81. 李學勤，〈大盂鼎新論〉，《鄭州大學學報》，1985 年 3 期，頁 53～54。

82. 李學勤，〈宜侯夨簋與吳國〉，《文物》，1985 年 7 期，頁 13～16、25。

83. 李學勤，《新出青銅器研究》（北京：文物出版社，1990 年）。

84. 李學勤，〈包山楚簡中的土地買賣〉，《中國文物報》，1992 年 3 月 22 日。

85. 李學勤，〈奏讞書解說（上）〉，《文物》，1993 年 8 期，頁 26～31。

86. 李學勤，〈奏讞書解說（下）〉，《文物》，1995 年 3 期，頁 39～44。

87. 李學勤，〈中國古代文明的起源〉，《走出疑古時代》（瀋陽：遼寧大學出版社，1997 年），頁 34～35。

88. 李學勤，〈太保玉戈與江漢的開發〉，《走出疑古時代》（瀋陽：遼寧大學出版社，1997 年），頁 139。

89. 李學勤，〈簡帛書籍的發現及其影響〉，《文物》，1999 年 10 月，頁 38～43、59。

90. 李學勤，〈續釋「尋」字〉，《故宮博物院院刊》，2000 年 6 期，頁 11。

91. 李學勤，〈郭店楚簡《六德》的文獻學意義〉，《人文論叢》特輯，《郭店楚簡國際學術研討會論文集》（武漢：湖北人民出版社，2000 年），又見《中國古代文明研究》（上海：華東師範大學出版社，2005 年 4 月），頁 213～218。

92. 李學勤，〈《日書》和楚、秦社會〉，《簡帛佚籍與學術史》（南昌：江西教育出版社，2001 年 9 月），頁 134～144。

93. 李學勤，〈談叔矢方鼎及其他〉，《文物》，2001 年 10 期，頁 67～70。

94. 李學勤，〈亢鼎賜品試說〉，《南開學報》，2001 年增刊，又見《中國古代文明研究》（上海：華東師範大學出版社，2005 年 4 月），頁 87～89。

95. 李學勤，《簡帛佚籍與學術史》（南昌：江西教育出版社，2001 年）。

96. 李學勤，〈《詩論》說《關雎》等七篇釋義〉，《齊魯學刊》，2002 年 2 期，頁 92。

97. 李學勤，〈叔虞方鼎試證〉，《晉侯墓地出土青銅器國際學術研討會論文集》（上海書畫出版社，2002 年），頁 249～251。

98. 李學勤，〈楚簡所見黃金貨幣及其計量〉，《中國錢幣論文集》第 4 輯（北京：中國金融出版社，2002 年），又見《中國古代文明研究》（上海：華東師範大學出版社，2005 年 4 月），頁 279～282。

99. 李學勤，〈四十三年佐鼎與牧簋〉，《中國史研究》，2003 年 2 期，又見《中國古代文明研究》（上海：華東師範大學出版社，2005 年 4 月），頁 154。

100. 李學勤，〈「三焰食日」卜辭辨誤〉，《李學勤文集》（上海：上海辭書出版社，2005 年），頁 160。

101. 李學勤，《青銅器與古代史》（臺北：聯經出版事業股份有限公司，2005 年 5 月）。

102. 李學勤，〈琱生諸器銘文連讀研究〉，《文物》，2007 年 8 期，頁 71～75。

103. 李學勤，《東周與秦代文明》（上海：上海人民出版社，2007 年 11 月）。

104. 李學勤，〈文盨與周宣王中興〉，《文博》，2008 年 2 月，頁 4～5。

105. 李學勤主編，《清華大學藏戰國竹簡》（上海：中西書局，2010 年）。

106. 杜正勝，《周代城邦》（臺北：聯經出版事業股份有限公司，1979 年 1 月初版，2003 年 11 月初版 5 刷）。

107. 杜正勝，〈傳統家族試論〉，《大陸雜誌》，65 卷 2～3 期，1982 年，頁 57～85、127～151。

108. 杜正勝，《編戶齊民 傳統政治社會結構之形成》（臺北：聯經出版事業股份有限公司，1990 年 3 月初版，2004 年 6 月初版 3 刷）。

109. 杜正勝，《古代社會與國家》（臺北：允晨文化實業股份有限公司，1992 年）。

110. 杜維運，《史學方法論（增訂新版）》（臺北：三民書局，2005 年 3 月）。

111. 汪中文，《兩周官制論稿》（高雄：復文圖書出版社，1993 年）。

112. 汪榮祖，《史學九章》（臺北：麥田出版社，2002 年 12 月）。

113. 沈長雲，〈珊生簋銘「僕庸土田」新釋〉，《古文字研究》22，2000 年，頁 73～78。

114. 沈剛，〈戰國秦漢時期舍人試探〉，《南都學壇》，第 24 卷第 5 期，2004 年 9 月，頁 5～8。

115. 沈家本，《歷代刑法考‧刑法分考》（北京：中華書局，1985 年）。

116. 沈培，〈卜辭「雉眾」補說〉《語言學論叢》第 26 輯（北京：商務印書館，2002 年），頁 237～256。

117. 沈寶春，〈人鬲新解〉，《古文字論稿》（合肥：安徽大學出版社，2008 年 4 月），頁 106～113。

118. 谷口滿，〈包山楚簡受期類釋地三則〉，《簡帛》第一輯，2006 年 10 月，頁 33～34。

119. 谷川道雄，〈中國社會構造的特質與士大夫的問題〉，《日本學者研究中國史論著選譯（二）》（北京：中華書局，1993 年 10 月），頁 178～179。

120. 辛怡華、劉棟，〈五年珊生尊銘文考釋〉，《文物》，2007 年 8 期，頁 76～80。

121. 邢義田，〈漢代的父老、僤與聚族里居──「漢侍延里父老僤買田約束石券」讀記〉，《漢學研究》1 卷 2 期，1983 年，頁 355～377。又見《秦漢史論稿》（臺北：東大圖書股份有限公司，1987 年 6 月），頁 229～243。

122. 邢義田，〈從戰國至西漢的族居、族葬、世業論中國古代宗族社會的延續〉，《新史學》，6 卷 2 期，1995 年 6 月，頁 1～42。

123. 邢義田，〈從張家山漢墓竹簡〈二年律令〉論秦漢的刑期問題〉，《台大歷史學報》31 期，2003 年 6 月，頁 311～323。

124. 邢義田，〈張家山漢簡《二年律令》讀記〉，《燕京學報》，新 15，2003 年 11 月，頁 1～46。

125. 邢義田，〈從張家山漢墓竹簡〈二年律令〉重論秦漢的刑期問題〉，《台大歷史學報》36，2005 年 12 月，頁 407～432。

126. 邢義田，〈秦或西漢初和姦案中所見的親屬倫理關係——江陵張家山二四七號墓《奏讞書》簡 180～196 考論〉，收入柳立言主編，《傳統中國法律的理念與實踐》（臺北：中央研究院歷史語言研究所，2008 年 6 月），頁 101～159。

127. 邢義田，〈從出土資料看秦漢聚落形態和鄉里行政〉，收入黃寬重主編，《中國史新論‧基層社會分冊》（臺北：中央研究院‧聯經出版事業公司，2009 年 6 月），頁 13～126。

128. 邢義田，《天下一家：皇帝、官僚與社會》（北京：中華書局，2011 年 1 月）。

129. 邢義田，《地不愛寶：漢代的簡牘》（北京：中華書局，2011 年 1 月）。

130. 邢義田，《治國安邦：法制、行政與軍事》（北京：中華書局，2011 年 1 月）。

八畫

1. 周亞，〈鄙王職壺銘文初釋〉，《上海博物館集刊》8，2000 年 12 月。

2. 周法高、張日昇編，《金文詁林附錄》（香港中文大學出版社，1977 年）。

3. 周法高，《中國古代語法‧造句篇》上（臺北：中央研究院歷史語言研究所專刊三十九，1993 年）。

4. 周保松，〈自由主義、平等與差異原則〉，《政治與社會哲學評論》第 8 期，2004 年 3 月，頁 142。

5. 周清海，〈兩周金文裡的被動式和使動式〉，《中國語文》，1992 年 6 期，頁 418～420。

6. 周鳳五，〈「䣄䣝命案文書」箋釋——包山楚簡司法文書研究之一〉，《台大文史哲學報》，41 期，1994 年 6 月，頁 1～17。

7. 周鳳五，〈包山楚簡「集箸」「集箸言」析論〉，《中國文字》，新 21 期，1996 年 12 月，頁 23～49。

8. 周鳳五，〈讀上博楚竹書《從政（甲篇）》札記〉，簡帛研究網，2003 年 1 月 10 日，http://www.jianbo.org/Wssf/2003/zhoufengwu01.htm。

9. 周鳳五，〈楚簡文字瑣記（三則）〉，《簡帛研究匯刊》，第一輯，臺北：文化大學歷史系，2003 年 5 月，頁 10。

10. 周鳳五，〈郭店〈性自命出〉「怒欲盈而毋暴」說〉，《新出土文獻與古代文明研究》（上海：上海大學出版社，2004 年 4 月），頁 185～186。

11. 周鳳五，〈試說〈季康子問於孔子〉的榮駕鵝〉，《屈萬里先生百歲誕辰國際學術研討會》（臺北：國家圖書館主辦，2006 年 9 月 15～16 日），頁 1

〜8。

12. 周鳳五，〈上博四《柬大王泊旱》重探〉，《簡帛》第一輯（上海：上海古籍出版社，2006 年 10 月），頁 119〜135。

13. 周鳳五，〈眉縣楊家村窖藏〈四十三年逨鼎〉銘文初探〉，《康樂集》（廣州：中山大學出版社，2006 年），頁 56。

14. 孟蓬生，〈上博竹書（二）字詞劄記〉，簡帛研究網，2003 年 1 月 14 日，http://www. jianbo.org/Wssf/2003/mengpengsheng01.htm。

15. 李旭昇，《詩經古義新證》（北京：學苑出版社，2001 年 6 月）。

16. 李旭昇，《說文新證（上冊）》（臺北：藝文印書館，2002 年 10 月初版）。

17. 李旭昇，〈由上博詩論「小宛」談楚簡中幾個特殊的從月的字〉，《漢學研究》，20 卷 2 期，2002 年 12 月，頁 377〜397。

18. 李旭昇主編，《上海博物館藏戰國楚竹書（二）讀本》（臺北：萬卷樓圖書股份有限公司，2003 年 7 月）。

19. 李旭昇主編，《上海博物館藏戰國楚竹書（一）讀本》（臺北：萬卷樓圖書股份有限公司，2004 年 6 月）。

20. 李旭昇，《說文新證（下冊）》（臺北：藝文印書館，2004 年 11 月初版）。

21. 李旭昇主編，《上海博物館藏戰國楚竹書（三）讀本》（臺北：萬卷樓圖書股份有限公司，2005 年 10 月）。

22. 李旭昇主編、袁國華協編，《上海博物館藏戰國楚竹書（四）讀本》（臺北：萬卷樓圖書股份有限公司，2007 年 3 月）。

23. 李旭昇，〈說「烈」及其相關之字〉，《第二十屆中國文字學國際學術研討會論文集》（高雄：中山大學，2009 年 5 月 1〜2 日），頁 39〜45。

24. 尚志儒，〈試論西周金文中的人鬲問題〉，《西周史研究》，1984 年，頁 340〜345。

25. 屈萬里，《詩經詮釋》（臺北：聯經出版事業股份有限公司，1984 年）。

26. 彼得‧柏克（Peter Burke），《歷史學與社會理論》（臺北：麥田出版社，2002 年）。

27. 東晉次，〈秦漢帝國論〉，《日本學者研究中國史論著選譯二》（北京：中華書局，1993 年 10 月），頁 334。

28. 松丸道雄，〈西周後期出現的變革萌芽──曶鼎銘解釋的初步解決〉，《日本學者研究中國史論著選譯》第三卷上古秦漢（北京：中華書局，1993 年 11 月），頁 150〜188。

29. 林小安，〈殷墟卜辭牽字考辨〉，《第三屆國際中國古文字學研討會論文集》（香港：香港中文大學，1997 年），頁 147〜154。

30. 林文華，〈琱生簋「厥我考我母命」新考〉，復旦大學出土文獻學古文字

研究中心網站，2009 年 2 月 16 日，
http://www.gwz.fudan.edu.cn/SrcShow.asp?Src_ID=697。

31. 林火旺，〈公共理性的功能及其限制〉，《政治與社會哲學評論》第 8 期，
2004 年 3 月，頁 59。

32. 林素英，《從郭店簡探究其倫常觀念》（臺北：萬卷樓圖書股份有限公司，
2003 年 1 月），頁 44～45。

33. 林啓屏，《先秦儒法思想中的血緣問題與國家》（臺北：台大中文所博士
論文，1995 年）。

34. 林啓屏，〈從五口之家的新社會基礎論商鞅韓非支配格局的建立〉，《台大
中文學報》，11 期，1999 年 5 月，頁 25～39。

35. 林啓屏，《儒家思想中的具體性思維》（臺北：學生書局，2004 年 2 月）。

36. 林清源，〈釋「萬」及其相關諸字〉，《中國文字》，新 34，2009 年 2 月，
頁 27～49。

37. 林端，《儒家倫理與法律文化》（北京：中國政法大學出版社，2002 年 5
月）。

38. 林端，《韋伯論中國傳統法律》（臺北：三民書局，2004 年 5 月初版 2 刷）。

39. 林劍鳴，〈試論商鞅變法成功的原因〉，《西北大學學報》，1978 年 2 期，
頁 1～15，38。

40. 林劍鳴，〈三辨隸臣妾——兼談歷史研究中的方法論問題〉，《學術月刊》，
1985 年 9 期，頁 62～67。

41. 林澐，〈說王〉，《考古》，1965 年 6 期，頁 311～312。

42. 林澐，〈琱生簋新釋〉，《古文字研究》3，1978 年古文字學會發表，1980
年，頁 120～135。

43. 林澐，〈豐豐辨〉，《古文字研究》12，1985 年，頁 181～186。

44. 林澐，《古文字研究簡論》（長春：吉林大學出版社，1986 年 9 月），頁
76。

45. 林澐，〈讀包山楚簡筒記七則〉，《江漢考古》，1992 年 7 期，頁 83。

46. 林澐，〈琱生三器新釋〉，2007 年 12 月 21 日在復旦大學出土文獻與古文
字研究中心演講，參見復旦大學出土文獻學古文字研究中心網站，2008
年 1 月 1 日，http://www.guwenzi.com/SrcShow.asp?Src_ID=284～286。

47. 林澐，〈琱生尊與琱生簋的連讀〉，《古文字研究》27，2008 年 9 月，頁
206～211。

48. 武振玉，〈金文「以」字用法初探〉，《北方論叢》，2005 年 3 期，頁 6～8。

49. 武振玉，〈兩周金文「暨」字用法試論〉，《古文字研究》27，2008 年 9
月，頁 216～219。

50. 武樹臣，《中國傳統法律文化》（北京：北京大學出版社，1994年）。

51. 邵維國，〈周代家臣制述論〉，《中國史研究》，1999年3期，頁39～50。

52. 金立，〈江凌鳳凰山八號漢墓竹簡試釋〉，《文物》，1976年6期，頁69～75。

九畫

1. 侯外盧，《中國思想通史》（北京：人民出版社，1992年）。

2. 姚孝遂，《姚孝遂古文字論集》（北京：中華書局，2010年）。

3. 施偉青，〈「鬲」非奴隸辨〉，《廈門大學學報》，1987年3期，頁72～76。

4. 施謝捷，〈隨縣包山望山江凌郭店楚簡釋文〉（電子版），2003年。

5. 胡平生，〈說包山楚簡的「譙」〉，《第三屆國際中國古文字學研討會論文集》，頁663～670。

6. 胡留元、馮卓慧，《夏商西周法制史》（北京：商務印書館，2006年7月）。

7. 范忠信，〈親親相爲隱：中外法律的共同傳統——兼論其根源及其與法治的關係〉，《比較法研究》，1997年2期，頁113～135。

8. 范忠信選編，《梁啓超法學文集》（北京：中國政法大學出版社，2004年3月），頁69～120。

9. 范常喜，〈《上博六・用曰》短札二則〉，簡帛網，2007年10月16日，http://www.bsm.org.cn/show_article.php?id=734。

10. 唐友波，〈釋𦊒〉，《江漢考古》，2003年3期，頁82～84。

11. 唐鈺明、周錫䪖，〈論先秦漢語被動式的發展〉，《中國語文》，1985年4期，頁281～285。

12. 唐贊功，〈從雲夢秦簡看秦代社會的主要矛盾〉，《歷史研究》，1977年5期，頁92～100。

13. 唐蘭，〈陝西省岐山縣董家村新出西周重要銅器銘辭的譯文和注釋〉，《文物》，1976年5期，頁58～59。

14. 夏含夷，〈從《駒父盨蓋》銘文談商王朝與南淮夷的關係〉，《考古與文物》，1988年1期，頁95～98。

15. 夏淥，〈讀包山楚簡偶記——受賄、國帑、茅門有敗等字詞新義〉，《江漢考古》，1993年2期，頁77～85。

16. 派深思（Talcott Parsons）著，章英華譯，《社會的演化》（臺北：遠流出版社，1991年）。

17. 約翰・羅爾斯（John Rawls），《正義論》（北京：中國社會科學出版社，1988年3月）。

18. 約翰・羅爾斯（John Rawls），《作爲公平的正義：正義新論》（臺北：左

岸事業有限公司，2002 年 11 月）。

19. 重近啓樹，〈圍繞秦漢兵制的若干問題〉，《殷周秦漢史學的基本問題》（北京：中華書局，2008 年 9 月），頁 253～261。

20. 韋伯（Max Weber）著、簡惠美譯，《中國的宗教》（臺北：遠流出版社，1989 年）。

21. 韋伯（Max Weber）著、康樂譯，《支配社會學 I》（臺北：遠流出版社，1993 年）；此書有時翻成《支配的類型》。

十畫

1. 孫亞冰，〈眉縣楊家村卌二、卌三年逨鼎考釋〉，《中國史研究》，2003 年 4 期，頁 25～32。

2. 孫飛燕，〈害字小議〉，簡帛網，2008 年 4 月 22 日，
http://www.bsm.org.cn/show_article.php?id=821。

3. 孫常敘，〈智鼎銘文通釋〉，《孫常敘古文字學論集》（長春：東北師範大學出版社，1998 年），頁 163～261。

4. 孫詒讓，《名原（下）》（臺北：齊魯書社，1986）。

5. 孫詒讓，《古籀拾遺》（北京：中華書局，2005 年 1 月 2 刷）。

6. 孫詒讓，《古籀餘論》（北京：中華書局，2005 年 1 月 2 刷）。

7. 孫廣德，《中國政治思想專題研究集》（臺北：桂冠圖書股份有限公司，1999 年 6 月）。

8. 容庚，《金文編》（北京：中華書局，1998 年 11 月 6 刷）。

9. 徐少華，《周代南土歷史地理與文化》（武漢：武漢大學出版社，1994 年）。

10. 徐少華，〈包山楚簡釋地八則〉，《中國歷史地理論叢》，1996 年 4 期，頁 91～93。

11. 徐少華，〈包山楚簡釋地五則〉，《江漢考古》1996 年 4 期，頁 64。

12. 徐少華，〈包山楚簡釋地十則〉，《文物》，1996 年 12 期，頁 60～66。

13. 徐少華，〈包山楚簡地名數則考釋〉，《武漢大學學報》，1997 年 4 期，頁 105～106。

14. 徐世虹，〈「三環之」、「刑復城旦舂」、「繫城旦舂某歲」解──讀〈二年律令〉札記〉，《出土文獻研究》，第 6 輯，2004 年，頁 79～82。

15. 徐世虹，〈秦漢簡牘中的不孝罪訴訟〉，《華東政法學院學報》，2006 年 3 期，頁 124～129。

16. 徐在國，〈讀《楚系簡帛文字編》札記〉，《安徽大學學報》，1998 年 5 期，頁 81～83。

17. 徐在國、黃德寬，〈郭店楚簡文字續考〉（成都：紀念徐中舒先生誕辰一

百週年暨國際漢語古文字學研討會論文，1998 年）。

18. 徐在國，〈新蔡葛陵楚簡札記〉，簡帛研究網，2003 年 12 月 7 日，又見《中國文字研究》，第 5 輯，2004 年 11 月。

19. 徐在國，〈郭店簡考釋二則〉，《中國文字研究》第四輯，2003 年 12 月，頁 148～150。

20. 徐在國編，《傳抄古文字編（上）》（北京：線裝書局，2006 年 10 月），頁 276～277。

21. 徐富昌，《睡虎地秦簡研究》（臺北：文史哲出版社，1993 年）。

22. 徐義華，〈新出土《五年琱生尊》與琱生器銘試析〉，《中國史研究》，2007 年 2 期，頁 17～27。

23. 徐道鄰，《唐律通論》（臺北：台灣中華書局，1966 年）。

24. 徐鴻修，〈「釐（萊）僕」與「人鬲」〉，《文史哲》，1992 年 6 期，頁 78～79。

25. 恩格斯，《家庭、私有制和國家起源》（北京：人民出版社，1972 年）。

26. 晁福林，〈「匹馬束絲」新釋——讀曶鼎銘文雜記〉，《中華文史論叢》，1982 年 8 期，頁 68。

27. 晁福林，〈上博簡《甘棠》之論與召公奭史事探析〉，《南都學壇》，23 卷 5 期，2003 年 9 月，頁 19～25。

28. 晁福林，〈從士山盤看周代「服」制〉，《中國歷史文物》，2004 年 6 期，頁 4～9。

29. 栗勁，《秦律通論》（濟南：山東人民出版社，1985 年）。

30. 荊門市博物館編著，《郭店楚墓竹簡》（北京：文物出版社，1998 年）。

31. 袁金平，〈新見西周琱生尊銘文考釋〉，先秦史研究室網站，2006 年 12 月 9 日，http://www.xianqin.org/xr_html/articles/lgxd/436.html。

32. 袁國華，〈包山楚簡文字考釋〉，《第二屆國際中國古文字學研討會論文集》（香港：香港中文大學，1993 年），頁 440～442。

33. 袁國華，《包山楚簡研究》（香港：香港中文大學中文部博士論文，1994 年 12 月）。

34. 袁國華，〈郭店楚墓竹簡從「七」諸字及相關字詞考釋〉，《中央研究院歷史語言研究所集刊》，第 74 本第 1 分，2003 年 3 月，頁 17～33。

35. 郝士宏，《古漢字同源分化研究》（合肥：安徽大學出版社，2008 年 4 月）。

36. 郝本性，〈試論楚國器銘中所見的府和鑄造組織〉，《楚文化研究論集》（長沙：荊楚書社，1987 年），頁 313～356。

37. 馬承源主編，《商周青銅器銘文選（三）》（北京：文物出版社，1988 年）。

38. 馬承源主編，《上海博物館藏戰國楚竹書（二）》（上海：上海古籍出版社，

2002 年 12 月）。

39. 馬承源主編,《上海博物館藏戰國楚竹書（三)》（上海：上海古籍出版社，2003 年 12 月）。

40. 馬承源主編,《上海博物館藏戰國楚竹書（五)》（上海：上海古籍出版社，2005 年 12 月）。

41. 馬承源主編,《上海博物館藏戰國楚竹書（六)》（上海：上海古籍出版社，2007 年 7 月）。

42. 馬斯洛（Abraham Maslow）著、程實定譯,《動機與人格》（臺北：結構群文化，1991 年）。

43. 馬塞爾·莫斯（Marcel Mauss),《禮物》（上海人民出版社，2005 年 9 月）。

44. 馬衛東、張林,〈周代社會中禮物的功能及其流變〉,《社會科學戰線》，2004 年 4 期，頁 145～149。

45. 高亨,《古字通假會典》（濟南：齊魯書社，1997 年 7 月 2 刷）。

46. 高明,〈從臨淄陶文看鄉里制陶業〉,《古文字研究》19，1992 年 8 月，頁 304～321。

47. 高明,〈論商周時代的臣〉,《容庚百年誕辰紀念文集》（廣州：廣東人民出版社，1998 年 4 月），頁 97～112。

48. 高恒,〈秦簡中的私人奴婢問題〉,《雲夢秦簡》（北京：中華書局，1981 年），頁 131～151。

49. 高恒,《秦漢簡牘中法制文書輯考》（北京：社會科學文獻出版社，2008 年）。

50. 高敏,《雲夢秦簡初探》（鄭州：河南人民出版社，1979 年）。

51. 高敏,〈秦簡「隸臣妾」確爲奴隸說——兼與林劍鳴先生商榷〉,《學術月刊》，1984 年 9 期，頁 69。

52. 高敏,《睡虎地秦簡初探》（臺北：萬卷樓圖書股份有限公司，2000 年 4 月）。

53. 高敏,《秦漢史論稿》（臺北：五南圖書出版，2002 年 8 月）。

54. 高敏,〈《張家山漢墓竹簡·二年律令》中諸律的製作年代試探——讀張家山漢簡箚記四〉,《史學月刊》，2003 年 9 期，頁 36。

55. 高智,〈包山楚簡文字校釋十四則〉,《于省吾教授百年誕辰紀念文集》（長春：吉林大學出版社，1996 年），頁 184。

56. 高鴻縉,《中國字例》（臺北：廣文書局，1962～1964）。

十一畫

1. 商艷濤,〈金文中的巡省用語〉,《殷都學刊》，2007 年 4 期，頁 66～68。

2. 商豔濤，〈金文中「微」值得注意的用法〉，《華南師範大學學報》，2007年 5 期，頁 143～145。

3. 商豔濤，〈金文中的「微」〉，《語言科學》，2009 年 3 月，頁 147～154。

4. 堀毅，《秦漢法制史論考》（北京：法律出版社，1988 年 8 月）。

5. 崔永東，《金文簡帛中的刑法思想》（北京：清華大學出版社，2000 年 3月）。

6. 崔永東，《簡帛文獻與古代法文化》（武漢：湖北教育出版社，2003 年）。

7. 崔永東，〈張家山漢簡中的法律思想〉，《法學研究》，2003 年 5 期，頁 139～147。

8. 張玉金，《甲骨卜辭語法研究》（廣州：廣東高等教育出版社，2002 年 6月）。

9. 張玉金，《西周漢語語法研究》（北京：商務印書館，2004 年 8 月），頁 157～158。

10. 張光直，《中國青銅時代》（臺北：聯經出版事業股份有限公司，1983 年初版，1998 年初版六刷）。

11. 張光直，〈連續與破裂：一個文明起源心說的草稿〉，《九州學刊》，第一期，1986 年，頁 1～8；

12. 張光直，《中國青銅時代（第二集）》（臺北：聯經出版事業股份有限公司，1990 年初版，2001 年 4 刷），頁 120。

13. 張光直，《考古學專題六講》（臺北：稻鄉出版社，1999 年 6 月 3 刷）。

14. 張光裕、袁國華，《包山楚簡文字編》（臺北：藝文印書館，1992 年）。

15. 張光裕、袁國華，〈讀包山竹簡札移〉，《中國文字》新 17，1993 年，頁 304。

16. 張光裕、袁國華，《郭店楚簡研究第一卷文字編》（臺北：藝文印書館，1999 年元月）。

17. 張光裕，〈西周士百父盨銘所見史事試釋〉，《古文字與古代史》第一輯（臺北：中研研究院歷史語言研究所，2007 年 9 月），頁 213～221。

18. 張守中，《包山楚簡文字編》（北京：文物出版社，1996 年）。

19. 張亨，〈荀子的禮法思想試論〉，《臺大中文學報》，第 2 期，1988 年 11月，頁 75～76。

20. 張伯元，《法律文獻學》（杭州：浙江人民出版社，1999 年）。

21. 張伯元，〈秦漢法典考述〉，參見王立民主編《中國法律與社會》（北京：北京大學出版社，2006 年 12 月），頁 137～150。

22. 張亞初，〈兩周金文所見某生考〉，《考古與文物》，1983 年 5 期，頁 83～89。

23. 張亞初、劉雨，《西周金文官制研究》（北京：中華書局，1986 年）。

24. 張松，〈睡虎地秦簡與張家山漢簡反應的秦漢親親相隱制度〉，《南都學壇》25 卷 6 期，2005 年 11 月，頁 22。

25. 張金光，〈商鞅變法後秦的家庭制度〉，《歷史研究》，1988 年 6 期，頁 74～90。

26. 張金光，《秦制研究》（上海：上海古籍出版社，2004 年 12 月）。

27. 張俊民，〈江陵秦讞書誤讀一例〉，簡帛研究網，2004 年 8 月 17 日。

28. 張建國，〈試析漢初約法三章的法律效力——兼談二年律令與蕭何的關係〉，《法學研究》，1996 年 1 期，頁 154～160。

29. 張建國，〈前漢文帝刑法改革及其展開的再探討〉，《帝制時代的中國法》（北京：法律出版社，1999 年）。

30. 張建國，〈論西漢初期的贖〉，《政法論壇》，2002 年 5 期，頁 41。

31. 張家二四七號漢墓竹簡整理小組編，《張家山漢墓竹簡（二四七號墓）》（北京：文物出版社，2001 年）。

32. 張家二四七號漢墓竹簡整理小組編，《張家山漢墓竹簡釋文修訂本》（北京：文物出版社，2006 年）。

33. 張晉藩主編，《中國法制通史》（北京：法律出版社，1999 年）。

34. 張桂光，〈古文字考釋六則〉，《于省吾教授百年誕辰紀念文集》，長春：吉林大學出版社，1996 年，頁 280。

35. 張國光，〈西周金文被動句「於」字式質疑〉，《貴州文史叢刊》，1997 年 6 期，頁 40～44。

36. 張崇禮，〈釋《景公瘧》中的「敷情不偷」〉，簡帛研究網，2007 年 7 月 24 日，http://jianbo.sdu.edu.cn/admin3/2007/zhangchongli003.htm。

37. 張新俊，《上博楚簡文字研究》（長春：吉林大學博士論文，2005 年 4 月）。

38. 張經，〈智鼎新釋〉，《故宮博物院院刊》，2002 年 4 期，頁 49～57。

39. 張榮強，〈二年律令與漢代課役身分〉，《中國史研究》，2005 年 2 期，頁 25～41。

40. 張福建，〈羅爾斯的差異原則及其容許不平等可能程度〉，《正義及其相關問題》（臺北：中央研究院中山人文社會科學研究所，1991 年），頁 284～289、291～292。

41. 張銘新，〈秦代奴隸的法律地位〉，《法學評論》，1983 年 1 期，頁 91～94。

42. 曹旅寧，《秦律新探》（北京：中國社會科學出版社，2002 年 12 月）。

43. 曹旅寧，〈張家山 247 號墓漢律製作時代新考〉，《出土文獻研究》第六輯（上海：上海古籍出版社，2004 年），頁 118～119。

44. 曹旅寧，《張家山漢律研究》（北京：中華書局，2005 年）。

45. 曹錦炎,〈關於《宜侯夨簋》銘文的幾點看法〉,《東南文化》,1990 年 5 期,頁 174～175。

46. 曹錦炎,〈包山楚簡中的受期〉,《江漢考古》,1993 年 1 期,頁 68～73。

47. 梁治平,《尋求自然秩序中的和諧》(上海:上海人民出版社,1991 年)。

48. 梁治平,《清代習慣法:社會與國家》(北京:中國政法大學出版社,1996 年)。

49. 梁治平,《法辨》(北京:中國政法大學出版社,2002 年 11 月)。

50. 梁啓超,《先秦政治思想史》(北京:東方出版社,1996 年),頁 26。

51. 梁漱溟,《中國文化要義》(上海:學林出版社,1987 年),頁 162～188。

52. 梁靜,〈《上博六・景公瘧》重編新釋與版本對比〉,簡帛網,2008 年 11 月 25 日,http://www.bsm.org.cn/show_article.php?id=901。

53. 梁濤,《郭店竹簡與思孟學派》(北京:中國人民大學出版社,2008 年 5 月)。

54. 盛張,〈岐山新出儠匜若干問題探討〉,《文物》,1976 年 6 期,頁 40～44。

55. 章景明,〈〈曲禮〉「禮不下庶人,刑不上大夫」的解釋〉,《孔德成先生學術與薪傳研討會論文集》(臺北:台灣大學中國文學系,2009 年 12 月),頁 1～16。

56. 許倬雲,《中國古代社會史論——春秋戰國時期的社會流動》(桂林:廣西師範大學出版社,2006 年 1 月 1 刷,此書英文版作於 1965 年)。

57. 許倬雲,〈漢代家庭的大小〉,《求古編》(臺北:聯經出版事業股份有限公司,1982 年初版,2003 年 9 月初版五刷),頁 515～541。

58. 許倬雲,《西周史》(北京:三聯書店,2001 年 1 月)。

59. 許學仁,〈楚文字考釋〉,《中國文字》第 7 輯,1983 年,頁 107～114。

60. 許學仁,《古文四聲韻古文研究 古文合證篇》(臺北:文史哲出版社,1997 年)。

61. 許學仁,〈戰國楚簡文字研究的幾個問題——試讀戰國楚簡《語叢四》所錄《莊子》語暨漢墓出土《莊子》殘簡瑣記〉,古文字研究 23,2002 年 6 月,頁 121～125。

62. 許學仁,〈楚地出土文獻與《楚辭》研究之「宏觀」與「微觀」考察〉,《先秦兩漢學術》6,2006 年 9 月,頁 99～101。

63. 連劭名,〈周生簋銘文所見史實考述〉,《考古與文物》,2000 年 6 期,頁 42～45。

64. 郭仁成,《楚國經濟史新論》(長沙:湖南教育出版社,1990 年 8 月),頁 89～90、55～56、94、96。

65. 郭忠恕、夏竦編,《汗簡,古文四聲韻》(北京:中華書局,1983 年 12

月）。

66. 郭沫若，《奴隸制時代》（北京：人民出版社，1954 年初版，1977 年 11 月 3 刷）。

67. 郭沫若，〈矢簋銘考釋〉，《考古學報》，1956 年 1 期，頁 7～9。

68. 郭沫若，《十批判書》（北京：科學出版社，1956 年）。

69. 郭沫若，〈保卣銘釋文〉，《考古學報》，1958 年 1 期，頁 1～2。

70. 郭沫若，《兩周金文辭大系攷釋》（上海：上海書店出版社，1997 年 9 月）。

71. 郭沫若，《中國古代社會研究》（石家莊：河北教育出版社，2002）。

72. 郭沫若，《郭沫若全集》（北京：科學出版社，2002 年 10 月）。

73. 郭秋永，〈民主精英論及其政治平等概念〉，《正義及其相關問題》（臺北：中研院中山社會科學研究所專書，1991 年），頁 355。

74. 郭秋永，〈權力概念的解析〉，《人文及社會科學集刊》，18 卷 2 期，2006 年 6 月，頁 218。

75. 郭齊勇，〈關於「親親互隱」、「愛有等差」的爭鳴〉，《哲學研究》，2005 年 3 期，頁 1～5。

76. 郭齊勇，〈「親親相隱」、「容隱制」及其對當今法治的啓迪〉，《社會科學論壇》，2007 年 8 月，頁 93。

77. 郭齊勇、陳喬見，〈蘇格拉底、柏拉圖與孔子的「親親互隱」及家庭倫常觀〉，《社會科學》，2009 年 2 期，頁 110～116。

78. 郭錦，〈𤔲攸比鼎三則——兼論中國早期之法律觀念及其法律的性質〉，《第二屆國際中國古文字學研討會論文集 續編》（香港：香港中文大學，1993 年 10 月），頁 285～308。

79. 郭錦，〈西周刑罰理論〉，《第三屆國際中國古文字學研討會論文集》（香港：香港中文大學，1997 年 10 月），頁 485～516。

80. 郭錫良，《漢字古音手冊》（北京：北京大學出版社，1986）。

81. 郭錫良，〈介詞「以」的起源和發展〉，《古漢語研究》，1998 年 1 期，頁 1～5。

82. 陳公柔，〈西周金文中所載約劑之研究〉，《第二屆國際中國古文字學研討會論文集》（香港：香港中文大學，1993 年 10 月），頁 323～326。

83. 陳公柔，〈西周金文訴訟辭語釋例〉，《第三屆國際中國古文字學研討會論文集》（香港：香港中文大學，1997 年 10 月），頁 231～240。

84. 陳公柔，〈西周金文中的法制文書述例〉，《容庚先生百年誕辰紀念文集》（廣州：廣東人民出版社，1998 年 4 月），頁 307～325。

85. 陳永正，〈西周春秋銅器銘文中的聯結詞〉，《古文字研究》15，1986 年 6 月，頁 315～317。

86. 陳邦福，〈矢簋考釋〉，《文物參考資料》，1955 年 5 期，頁 67～69。

87. 陳來，〈儒家禮的觀念與現代世界〉，《孔子研究》，2001 年 1 期，頁 4～12。

88. 陳來，《古代思想文化的世界》（北京：三聯書店，2002 年 12 月），頁 192～193。

89. 陳來，《古代宗教與倫理》（臺北：允晨文化實業股份有限公司，2005 年 6 月）。

90. 陳其南，《傳統制度與社會意識的結構》（臺北：允晨文化實業股份有限公司，1998 年）。

91. 陳宗棋，《出土文獻中所見楚國官制研究》（南投：暨南大學中文所碩士論文，2000 年 6 月）。

92. 陳松長，〈嶽麓書院所藏秦簡綜述〉，《文物》，2009 年 3 期，頁 85～86。

93. 陳松長，〈「隸書」名義考辨〉，《第二十一屆中國文字學國際學術研討會論文集》，臺北：東吳大學中文系，2010 年 4 月 30 日～5 月 1 日，頁 370～371。

94. 陳直，〈關於兩漢的徒〉，《兩漢經濟史料論叢》（西安：陝西人民出版社，1980 年），頁 248～275。

95. 陳直，《居延漢簡研究》（天津古籍出版社，1986 年），頁 63。

96. 陳昭容，〈關於「甲骨文被動式」研究的檢討〉，《甲骨文發現一百週年學術研討會論文集》（臺北：文史哲出版社，1999 年 8 月），頁 63～91。

97. 陳昭容、內田純子、林宛蓉、劉彥彬，〈新出土青銅器〈琱生尊〉及傳世〈琱生簋〉對讀——西周時期大宅門土地糾紛協調事件始末〉，《古今論衡》16，2007 年 6 月，頁 33～52。

98. 陳美蘭，〈說琱生器兩種以字的用法〉，《古文字學論稿》（合肥：安徽大學出版社，2008 年 4 月），頁 300～314。

99. 陳英傑，〈新出琱生尊補釋〉，《考古與文物》，2007 年 5 期，頁 109～111。

100. 陳恩林，〈先秦兩漢文獻中所見周代諸侯五等爵〉，《歷史研究》，1994 年 6 期，頁 59～72。

101. 陳恩林、張全民，〈包山受期簡析疑〉，《江漢考古》，1998 年 2 期，頁 68～74。

102. 陳偉，《楚東國地理》（武漢：武漢大學出版社，1992 年 11 月）。

103. 陳偉，〈包山楚司法簡 131～139 號考析〉，《江漢考古》，1994 年 4 期，頁 66～71。

104. 陳偉，〈包山楚簡所見邑、里、州的初步研究〉，《武漢大學學報》，1995 年 1 期，頁 90～98。

105. 陳偉，《包山楚簡初探》（武漢：武漢大學出版社，1996 年 8 月）。

106. 陳偉，〈包山楚簡中的宛郡〉，《武漢大學學報》，1998 年 6 期，頁 105～108。

107. 陳偉，〈楚國第二批司法簡芻議〉，《簡帛研究》第三輯（桂林：廣西教育出版社，1998 年），頁 116～121。

108. 陳偉，〈楚簡與楚史研究〉，日本中國出土資料學會，2001 年。

109. 陳偉，〈關於包山楚簡中的弱典〉，《簡帛研究》二○○一上冊，2001 年 9 月，頁 14～18。

110. 陳偉，《郭店竹書別釋》，（武漢：湖北教育出版社，2003 年 1 月）。

111. 陳偉，〈張家山漢簡雜識〉，香港大學「第一屆中國語言文字國際學術研討會」，2002 年 3 月，又見《語言文字學研究》（北京：中國社會科學出版社，2005 年），頁 36～37。

112. 陳偉，〈包山 102 號簡解讀〉，武漢大學簡帛網，2007 年 2 月 17 日，http://www.bsm.org.cn/show_article.php?id=524。

113. 陳偉，〈讀〈上博六〉條記〉，簡帛網，2007 年 7 月 9 日，http://www.bsm.org.cn/show_article.php?id=597。

114. 陳偉，〈讀上博六條記之二〉，簡帛網，2007 年 7 月 10 日，http://www.bsm.org.cn/show_article.php?id=602。

115. 陳偉，〈《簡大王泊旱》新研〉，《簡帛》第二輯（上海：上海古籍出版社，2007 年 11 月），頁 267。

116. 陳偉、彭浩、工藤元男編，《二年律令與奏讞書：張家山二四七號漢墓出土法律文獻釋讀》（上海：上海古籍出版社，2007 年版）。

117. 陳偉，〈讀上博楚竹書〈景公瘧〉札記〉，《出土文獻與古文字研究・第二輯》（上海：復旦大學出版社，2008 年 8 月），頁 147。

118. 陳偉等編，《楚地出土戰國簡冊（十四種）》（北京：經濟科學出版社，2009 年）。

119. 陳偉武，〈戰國楚簡考釋斠議〉，《第三屆國際中國古文字學研討會論文集》，香港：香港中文大學，1997 年 10 月，頁 638～639。

120. 陳斯鵬，〈《柬大王泊旱》編聯補議〉，簡帛研究網，2005 年 3 月 10 日，http://www.jianbo.org/admin3/2005/chensipeng002.htm。

121. 陳斯鵬，〈唐叔虞方鼎新解〉，《古文字學論稿》（合肥：安徽大學出版社，2008 年 4 月），頁 180～191。

122. 陳登原，《國史舊聞》，第一分冊（北京：三聯書店，1958 年），頁 228～229。

123. 陳絜、祖雙喜，〈亢鼎銘文與西周土地所有制〉，《中國歷史文物》，2005

年 1 期，頁 19～27。

124. 陳絜、李晶，〈夆季鼎、揚簋與西周法制、官制研究中的相關問題〉，《南開學報》，2007 年 2 期，頁 101～112。

125. 陳絜，《商周姓氏制度研究》（北京：商務印書館，2007 年 6 月）。

126. 陳絜，〈關於「重」字本義的一個假說〉，《古文字研究》27，2008 年 9 月，頁 251～256。

127. 陳絜，〈包山簡「州加公」、「州里公」身分述論〉，劉澤華編，《中國思想與社會研究》（北京：中國社會科學出版社，2009 年），頁 204～214。

128. 陳絜，〈里耶「戶籍簡」與戰國末期的基層社會〉，《歷史研究》，2009 年 5 期，頁 23～40。

129. 陳絜，〈周代農村基層聚落初探〉，《新出金文與西周歷史》（上海：上海世紀出版股份有限公司，2011 年 5 月），頁 135。

130. 陳絜，〈珊生諸器銘文綜合研究〉，《新出金文與西周歷史》（上海：上海世紀出版股份有限公司，2011 年 5 月），頁 82～105。

131. 陳絜，〈竹簡所見戰國時期楚地居民的里居形態〉，「楚簡楚文化與先秦歷史文化國際學術研討會」，武漢大學舉辦，2011 年 10 月 29 日～31 日。

132. 陳夢家，《卜辭綜述》（臺北：明文書局，1985 年），頁 631。

133. 陳夢家，《西周銅器斷代（上冊）》（北京：中華書局，2004 年）。

134. 陳槃，《春秋大事表列國爵姓及存滅譔異三訂本》（臺北：中央研究院歷史語言研究所，1997），頁 14～15。

135. 陳漢平，〈僕䵼非僕庸辨〉，《古文字論集》（一），1983 年 11 月，頁 50～53。

136. 陳漢平，《金文編訂補》（北京：中國社會科學出版社，1993 年）。

137. 陳劍，〈上博簡《子羔》、《從政》篇的拼合與編連問題小議〉，簡帛研究網，2003 年 1 月 8 日，http://www.jianbo.org/Wssf/2003/chenjian01.htm。

138. 陳劍，〈甲骨金文戈字補釋〉，《古文字研究》，第 25 輯，2004 年 10 月，頁 43。

139. 陳劍，〈甲骨文舊釋「眢」和「盥」的兩個字及金文「覿」字新釋〉，《甲骨金文考釋論集》（北京：線裝書局，2007 年 4 月），頁 218～233。

140. 陳劍，〈金文字詞零釋四則〉，復旦大學出土文獻學古文字研究中心網站，2008 年 2 月 5 日，http://www.guwenzi.com/SrcShow.asp?Src_ID=335。

141. 陳劍，〈上博六孔子見季桓子重編新釋〉，復旦大學出土古文獻中心網站，2008 年 3 月 22 日，http://www.gwz.fudan.edu.cn/SrcShow.asp?Src_ID=383。

142. 陳劍，〈「邍」字補釋〉，《古文字研究》，27 輯，2008 年 9 月，頁 132。

143. 陳劍，〈楚簡「𡠥」字試解〉，「中國簡帛學國際論壇」，芝加哥大學東亞

語言與文明系，2008 年 10 月 30 日～11 月 2 日，頁 24～25。

144. 陳劍，〈試說戰國文字中寫法特殊的「元」和從「元」諸字〉，《出土文獻與古文字研究（三）》（上海：復旦大學出版社，2010 年 7 月），頁 152～182。

145. 陳麗桂，〈郭店儒簡的外王思想〉，《台大文史哲學報》，55 期，2001 年 11 月，頁 249～260。

146. 陳蘇鎮，《漢代政治與春秋學》（北京：中國廣播電視出版社，2001 年），頁 66～98。

147. 陳蘇鎮，〈漢初王國制度考述〉，《中國史研究》，2004 年 3 期。

148. 陳顧遠，《中國文化與中國法系》（臺北：三民書局，1969 年 4 月初版，1977 年 12 月 3 刷）。

149. 陶希聖，《食貨月刊·編者的話》，1971 年 1 卷 6 期，頁 343。

150. 麥可·桑德爾（Michael J. Sandel），《正義：一場思辨之旅》（臺北：雅研文化出版股份有限公司，2011 年 3 月）。

十二畫

1. 傅斯年，〈論所謂五等爵〉，《中央研究院歷史語言研究所集刊》，2 卷 1 期，1930 年，又見《傅斯年全集》（臺北：聯經出版事業股份有限公司，1980），頁 34～70。

2. 傅斯年著、董希平箋注，《傅斯年詩經講義稿箋注》（北京：當代世界出版社，2009 年 1 月），頁 122。

3. 傅榮珂，《睡虎地秦簡刑律研究》（臺北：商鼎文化出版社，1992 年）。

4. 傅榮珂，〈秦律民法所有權之研究〉，第一屆簡牘學術研討會，嘉義：嘉義大學中文所，2003 年 7 月 12 日。

5. 傅舉有，〈論漢代民嵗的登記及有關問題——兼答楊作龍同志〉，《中國史研究》，1988 年 3 期，頁 42～53。

6. 傅舉有，《中國歷史暨文物考古研究》（長沙：嶽麓書社，1999 年），頁 148～161。

7. 勞思光，《中國哲學史》（臺北：三民書局，1997 年 10 月增訂 9 版）。

8. 勞榦，《秦漢史》（臺北：中華文化出版事業委員會，1952 年）。

9. 勞榦，〈從漢簡中的嗇夫令史候史和士吏論漢代郡縣吏的職務和地位〉，《中央研究院歷史語言研究所集刊》，55 卷 1 期，1984 年，頁 12。

10. 喻遂生，〈甲骨語言的性質及其在漢語史研究中的價值〉，《甲金語言文字研究論集》（成都：巴蜀書社，2002 年），頁 19。

11. 富谷至，《秦漢刑罰制度研究》（桂林：廣西師範大學出版社，2006 年 4 月）。

12. 彭浩〈包山楚簡反映的楚國法律與司法制度〉,《包山楚墓》(北京:文物出版社,1991 年),頁 548～554。

13. 彭浩,〈談二年律令中幾種律的分類與編連〉,《出土文獻研究》第六輯,2004 年 12 月,頁 61～69。

14. 彭浩、陳偉、工藤元男,《二年律令與奏讞書》(上海:上海古籍出版社,2007 年 8 月)。

15. 彭裕商,〈保卣新釋〉,《考古與文物》,1998 年 4 期,頁 68～72。

16. 復旦大學出土文獻與古文字研究中心研究生讀書會,〈《上博七·吳命》校讀〉,復旦大學出土文獻與古文字研究中心網站,2008 年 12 月 30 日,http://www.guwenzi.com/SrcShow.asp?Src_ID=577。

17. 斯維至,〈釋「附庸土田」〉,《徐中舒先生九十壽辰紀念文集》(四川:巴蜀書社,1990 年)。

18. 斯維至,《中國古代社會文化論稿》(臺北:允晨文化實業有限公司,1997 年 4 月)。

19. 曾加,〈二年律令有關奴婢的法律思想初探〉,《西北大學學報》,2007 年 1 月,頁 43～47。

20. 曾加,《張家山漢簡法律思想研究》(北京:商務印書館,2008 年)。

21. 曾憲通,〈秦至漢初簡帛篆隸的整理與研究〉,《中國文字研究》3(桂林:廣西教育出版社,2002 年 10 月),頁 148～151。

22. 湖北省文物考古研究所、北京大學中文系編,《九店楚簡》(北京:中華書局,2000 年 5 月)。

23. 湖北省荊沙考古隊編,《包山楚墓》(北京:文物出版社,1991 年)。

24. 湖北省荊沙鐵路考古隊編,《包山楚簡》(北京:文物出版社,1991 年)。

25. 湖南省文物考古研究所等,〈湖南龍山里耶戰國秦代古城一號井發掘簡報〉,《文物》,2003 年 1 期,頁 4～35。

26. 湖南省文物考古研究所等,〈湘西里耶秦代簡牘選釋〉,《中國歷史文物》,2003 年 1 期,頁 8～25。

27. 湯餘惠,〈包山楚簡讀後記〉,首發於 1992 年第九屆中國古文字研究會,後收入《考古與文物》,1993 年第 2 期,頁 69～79。

28. 滋賀秀三,《中國家族法原理》(北京:法律出版社,2003 年)。

29. 程武,〈一篇重要的法律史文獻談儛匜銘文札記〉,《文物》,1976 年 5 期,頁 50～54。

30. 程發軔,《春秋人譜》(臺北:台灣商務印書館,1990 年)。

31. 程樹德,《九朝律考》(上海:上海書店,1989 年)。

32. 越智重明,〈孝思想の展開と始皇帝〉,載於《台灣大學歷史學報》,15

期，1990 年，頁 64。

33. 逸空，〈陝西寶雞市扶風縣新出土西周青銅器及其銘文釋讀〉，先秦史研究室網站，2006 年 11 月 24 日，http://www.xianqin.org/xr_html/articles/lgxd/432.html。

34. 雅斯培（Karl Theodor Jaspers）著，魏楚雄、俞新天譯，《歷史的起源與目標》（北京：華夏出版社，1989 年）。

35. 飯島和俊，〈秦漢交替期の傭關係〉，（日本）唐代史研究會編《唐代史研究》第 3 號，2000 年 6 月，頁 37。

36. 馮卓慧，胡留元，《西周法制史》（西安：陝西人民出版社，1988 年）。

37. 馮時，〈琱生三器銘文研究〉，《考古》，2010 年 1 期，頁 69～77。

38. 馮勝君，〈釋戰國文字中的夗〉，《古文字研究》，25 輯，2004 年，頁 283～284。

39. 馮爾康等著，《中國宗族社會》（杭州：浙江人民出版社，1994 年 11 月），頁 325。

40. 黃宗智，《民間審判與民視調解：清代的表達與實踐》（上海書店，2003 年）。

41. 黃東海、范忠信，〈春秋鑄刑書刑鼎究竟昭示了什麼巨變〉，《法學》，2008 年 2 期，頁 53～61。

42. 黃金山，〈論漢代家庭的自然構成和等級構成〉，《中國史研究》，1987 年 4 期，頁 81～89。

43. 黃俊傑、吳光明，〈古代中國人的價值觀：價值取向的衝突及其解消〉，《中國人的價值觀——人文學觀點》（臺北：桂冠圖書股份有限公司，1993 年），頁 1～33。

44. 黃俊傑，〈儒學與人權——古典孟子學的觀點〉，《儒家思想與現代世界》（臺北：中研院文哲所籌備處，1997），頁 37。

45. 黃俊傑，〈錢賓四史學中的「國史」觀：內涵、方法與意義〉，《台大歷史學報》，26 期，2000 年 12 月，頁 12。

46. 黃俊傑，〈東亞近世儒者對「公」「私」領域分際的思考：從孟子與桃應的對話出發〉，《東亞儒學：經典與詮釋的辯證》（臺北：台大出版中心，2007 年），第 15 章，頁 387～410。

47. 黃展岳，〈雲夢秦律簡論〉，《考古學報》，1980 年 1 期，頁 1～27。

48. 黃展岳，〈殷商墓葬人殉人牲的再考察〉，《考古》，1983 年 10 月，頁 935～949。

49. 黃展岳，〈中國古代的人牲人殉問題〉，《考古》，1987 年 2 期，頁 159～168。

50. 黃展岳，《中國古代的人牲人殉》（北京：文物出版社，1990 年）。

51. 黃展岳,〈中國古代的人牲人殉新資料概述〉,《考古》,1996 年 12 期,頁 53～61。

52. 黃偉嘉,〈甲金文中「在、於、自、從」四字介詞用法的發展變化及其相互關係〉,《陝西師大學報》,1987 年 1 期,頁 66～75。

53. 黃盛璋,〈保卣銘的時代與史實〉,《考古學報》,1957 年 3 期,頁 51～59。

54. 黃盛璋,〈雲夢秦簡辨證〉,《考古學報》,1979 年 1 期,頁 1～26。

55. 黃盛璋,〈駒父盨蓋銘文研究〉,《考古與文物》,1983 年 4 期,頁 52～56。

56. 黃盛璋,〈包山楚簡中若干重要制度發覆與爭論未決朱關鍵字解難、決疑〉,《湖南考古輯刊》第 6 輯,1994 年 4 月,頁 187～188。

57. 黃盛璋,〈晉侯墓地 M114 與叔夨方鼎主人、年代和墓葬世次年代排列新證〉,《晉侯墓地出土青銅器國際學術研討會論文集》(上海:上海書畫書版社,2002 年),頁 221。

58. 黃維幸,《法律與社會理論的批判》(臺北:時報文化,1991 年 11 月)。

59. 黃德寬,〈淮夷文化研究的重要發現——駒父盨蓋銘文及其史實〉,《東南文化》,1991 年 2 期,頁 145～147。

60. 黃德寬,〈「絲」及相關字的再討論〉,《中國古文字研究》第一輯(長春:吉林大學出版社,1999 年 6 月),頁 321～327。

61. 黃源盛,《中國傳統法制與思想》(臺北:五南圖書股份有限公司,1998 年)。

62. 黃錫全,〈肴服考辨〉,《江漢考古》,1991 年 1 期,頁 63～69、72。

63. 黃錫全,〈包山楚簡部分釋文校釋〉,《湖北出土商周文字輯證》(武漢:武漢大學出版社,1992 年)。

64. 黃錫全,〈楚簡譜字簡釋〉,《簡帛研究》二〇〇一上冊,2001 年 9 月,頁 6～13。

65. 黃錫全,〈士山盤銘文別議〉,《中國歷史文物》,2003 年 2 期,頁 60～65。

66. 黃錫全,〈西周「文盨」補釋〉,《古文字學論稿》(合肥:安徽大學出版社,2008 年 4 月),頁 21～26。

67. 單育辰,〈包山簡案例研究兩則〉,中國古文字研究會第十八次年會,北京,2010 年 11 月。

十三畫

1. 楊一凡主編,《中國法制史考證》(北京:中國社會科學出版社,2003 年 9 月)。

2. 楊一凡主編,《中國法制史考證續編》(北京:中國社會科學出版社,2009 年)。

3. 楊一民,〈戰國秦漢時期爵制和編戶民稱謂的演變〉,《學術月刊》,1982

年 9 月，頁 68～73。

4. 楊小召，〈春秋中後期晉國卿大夫家臣身分的雙重性〉，《中國史研究》，
2009 年 1 期，頁 19～30。

5. 楊五銘，〈西周金文被動句式簡論〉，《古文字研究》7，1982 年 6 月，頁
309～317。

6. 楊升南，〈商代人祭身份的再考察〉，《歷史研究》，1988 年 1 期，134～
146。

7. 楊升南，〈殷墟卜辭中「眾」的身分考〉，《甲骨文與殷商史》第 3 輯（上
海：上海古籍出版社，1991 年）；又見《甲骨文商史叢考》（北京：線裝
書局，2007 年），頁 167～209。

8. 楊日然，〈從先秦禮法思想的變遷看荀子禮法思想的特色及其歷史意
義〉，《社會科學論叢》23，1975 年 4 月，頁 13。

9. 楊向奎，〈宜侯夨簋釋文商榷〉，《文史哲》，1987 年 6 期，頁 3～6。

10. 楊有禮，〈秦漢俸祿制度探論〉，《華中師範大學學報》，36 卷 2 期，1997
年 3 月，頁 90～93。

11. 楊伯峻、何樂士，《古漢語語法及其發展》（北京：語文出版社，1992 年）。

12. 楊作龍，〈漢代奴婢戶籍問題商榷〉，《中國史研究》，1985 年 2 期。

13. 楊建，〈張家山漢簡《二年律令‧津關令》簡釋〉，《楚地出土簡帛文獻思
想研究》（武漢：湖北教育出版社，2002 年 12 月），頁 328～329。

14. 楊茂，〈楚人牲、人殉試探〉，《西南農業大學學報》，2009 年 10 月，頁
94～97。

15. 楊振之，〈大盂鼎銘受民身分問題〉，《四川師範大學學報》，1995 年 2 期，
頁 87～95。

16. 楊振紅，《出土簡牘與秦漢社會》（桂林：廣西師範大學出版社，2009 年
12 月）。

17. 楊際平，〈秦漢戶籍管理制度研究〉，《中華文史論叢》，2007 年 1 期，頁
1～35。

18. 楊寬，〈釋臣和鬲〉，《考古》，1963 年 12 月，頁 668～670。

19. 楊寬，《古史新探》（北京：中華書局，1965 年）。

20. 楊寬，〈春秋時期楚國縣制的性質問題〉，《中國史研究》，1981 年 4 期，
頁 19～30。

21. 楊寬，《戰國史》（上海：上海人民出版社，1991 年 11 月）。

22. 楊儒賓，〈人性、歷史契機與社會實踐——從有限的人性論看牟宗三的社
會哲學〉，《台灣社會研究季刊》，第 1 卷第 4 期，1988 年，頁 152。

23. 楊樹達，《積微居金文說（增訂本）》（北京：中華書局，1997 年 12 月）。

24. 楊樹達，〈古爵名無定稱說〉，《積微居小學述林全編》（上海：上海古籍出版社，2007），頁 386～396。

25. 楊聯陞，〈報──中國社會關係的一個基礎〉，《中國思想與制度論集》（臺北：聯經出版事業股份有限公司，1976），頁 362、364～365。

26. 楊鴻烈，《中國法律思想史》（臺北：台灣商務印書館，1964 年 11 月 1 刷，1993 年 3 月 8 刷）。

27. 楊鶴皋，《中國法律思想史》（北京：北京大學出版社，2000 年）

28. 溝口雄三，〈中國與日本公私觀念之比較〉，《二十一世紀》，1994 年 2 月號，頁 94～96。

29. 葉國良等，〈上博楚竹書《孔子詩論》箚記六則〉，《台大中文學報》17，2002 年 12 月，頁 15。

30. 葉達雄，《西周政治史研究》（臺北：明文書局，1982 年 12 月），頁 69～70。

31. 萬英會、彭浩，《楚簡帛文字編》（東方書店，1992 年）。

32. 萬英會，〈包山簡文釋詞兩則〉，《南方文物》，1996 年 3 期，頁 92～95。

33. 董珊，〈略論西周單氏家族窖藏青銅器銘文〉，《中國歷史文物》，2003 年 4 期，頁 40～50。

34. 董珊，〈談士山盤銘文的「服」字義〉，《故宮博物院院刊》，2004 年 1 期，頁 78～85。

35. 董珊，〈讀〈上博六〉雜記（續二）〉，簡帛網，2007 年 7 月 11 日，http://www.bsm.org.cn/show_article.php?id=608。

36. 董珊，〈侯馬、溫縣盟書中「明殛視之」的句法分析〉，復旦大學出土文獻學古文字研究中心網站，2008 年 1 月 15 日，http://www.guwenzi.com/srcshow.asp?src_id=309。

37. 董蓮池，〈也說包山簡文中的受期〉，《古籍整理研究學刊》，1999 年 4 期，頁 4～5。

38. 董蓮池，〈釋楚簡中的辯字〉，《古文字研究》第 22 輯，2000 年 7 月，頁 200～204。

39. 裘錫圭，〈談談隨縣曾侯乙墓的文字資料〉，《文物》，1979 年 7 期，頁 25～31。

40. 裘錫圭，《古文字論集》（北京：中華書局，1992 年 8 月）。

41. 裘錫圭，《古代文史研究新探》（南京：江蘇古籍出版社，1992 年）。

42. 裘錫圭，〈說殷墟卜辭的「奠」──試論商人處置服屬者的一種方法〉，《中央研究院歷史語言研究所集刊》，64 本 3 分，1993 年 12 月，頁 659。

43. 裘錫圭，〈從幾件周代銅器銘文看宗法制度下的所有制〉，《盡心集──張

政烺先生八十壽慶論文集》（北京：中國社會科學出版社，1996 年），頁 127～136。

44. 裘錫圭，〈西周糧田考〉，《胡厚宣先生紀念文集》（北京：科學出版社，1998 年），頁 221～227。

45. 裘錫圭，〈釋「厄」〉，《紀念殷墟甲骨文發現一百週年國際學術研討會論文集》（北京：社會科學文獻出版社，2003 年 3 月），頁 125～133。

46. 解惠全，〈談實詞的虛化〉，《語言研究論叢》4（天津：南開大學出版社，1987 年），頁 208～227。

47. 詹今慧，《先秦同形字研究舉要》（臺北：政大中文所碩士論文，2005 年 1 月）。

48. 詹今慧，〈《包山楚簡》法律文書封建／郡縣權力結構初探〉，高明教授百歲冥誕紀念學術研討會，臺北：政治大學中文系，2008 年 10 月 4 日～5 日。

49. 詹今慧，〈《包山楚簡》法律文書「平等意識」試探〉，《逢甲人文社會學報》18 期，台中：逢甲大學人文社會學院，2009 年 6 月，頁 21～44。

50. 詹今慧，〈從戰國秦漢簡牘看「舍人」制度的演變〉，國科會 97 年度研究計畫-楚系簡帛文字字典基礎工程」成果發表會，新竹：玄奘大學中國語文學系，2009 年 6 月 27 日。

51. 賈連敏，〈釋裸瓚〉，南京：中國古文字學研究會第九屆學術討論會，1992 年，頁 11。

52. 賈麗英，〈秦漢不孝罪考論〉，《石家莊學院學報》，2008 年，10 卷 1 期，頁 68～79。

53. 賈麗英，〈小議「隸」的身分〉，《中國社會科學報》，2009 年 9 月 10 日出土文獻版；又見武漢大學簡帛網，2009 年 11 月 23 日，http://www.bsm.org.cn/show_article.php?id=1179。

54. 賈繼東，〈包山楚簡中受期簡別解〉，《東南文化》，1996 年 1 期，頁 64～65。

十四畫

1. 漢語大字典編纂委員會編，《漢語大字典》（武漢：湖北辭書出版社；成都：四川辭書出版社；1986 年～1990 年），頁 1478。

2. 睡虎地秦墓竹簡整理小組編，《睡虎地秦墓竹簡》（北京：文物出版社，1990 年）。

3. 管東貴，〈我對「歷史」與「史學」的看法〉，《歷史月刊》第二期，1988 年，頁 10～17。

4. 管東貴，〈結構探討法在歷史研究上的時間幅度問題〉，《中央研究院歷史語言研究所集刊》60 本 3 分，1989 年 9 月，頁 683。

5. 管東貴，《從宗法封建制到皇帝郡縣制的演變：以血緣解鈕爲脈絡》（北京：中華書局，2010 年 9 月）。

6. 管燮初，《西周金文語法研究》（北京：商務印書館，1981 年）。

7. 蒲百瑞，〈春秋時代楚國政體新探〉，《中國史研究》，1998 年 4 期，頁 18 ～27。

8. 趙平安，〈戰國文字中的遊與甲骨文「𣦼」爲一字說〉，《古文字研究》第 22 輯，2000 年，頁 275～277。

9. 趙平安，〈「達」字兩系說──兼釋甲骨文所謂「途」和齊金文中所謂「造」字〉，《中國文字》新 27，2001 年，頁 51～63。

10. 趙平安，〈釋古文字資料中的「𪗓」及相關諸字──從郭店楚簡談起〉，《中國文字研究》第二輯（上海：華東師範大學中國文字研究與應用中心，2001 年），頁 82～83。

11. 趙平安，〈戰國文字中的「宛」及其相關問題研究──以與縣有關的資料爲中心〉，《第四屆國際中國古文字學演討會論文集》（香港：香港中文大學，2003 年），頁 529～540。

12. 趙平安，〈試釋包山簡中的「𥶶」〉，《簡帛研究》二〇〇二、二〇〇三，2005 年 6 月，頁 1～5。

13. 趙平安，〈妣佳、妣戲考〉，《清華大學藏戰國楚簡壹國際學術研討會論文集》，清華大學出土文獻研究與保護中心，2011 年 6 月。

14. 趙彤，〈楚簡中用作聲旁的「祭」〉，簡帛研究網站，2002 年 9 月 12 日。

15. 趙岡，〈中國歷史上的雇傭勞動〉，《漢學研究》，第 1 卷 2 期，1983 年 12 月，頁 489～520。

16. 趙苑夙，《上博楚簡〈孔子詩論〉文字研究》（台中：中興大學中文所碩士論文，2005 年 1 月）。

17. 趙雅麗，〈召公與孔儒思想〉，《唐都學刊》，2005 年 5 月，頁 74～78。

十五畫

1. 劉玉堂，〈楚國官營手工業作坊概說〉，《荊州師專學報》，1994 年 6 期，頁 57～62。

2. 劉宗漢，〈《叔夨方鼎》「王乎殷厥士賚叔夨」解〉，《歷史研究》，2003 年 3 期，頁 186～188。

3. 劉欣寧，《由張家山漢簡二年律令論漢初的繼承制度》（臺北：台灣大學出版委員會，2007 年）。

4. 劉俊文主編，《日本學者研究中國史論著選譯（二）・專論》（北京：中華書局，1993 年 10 月）。

5. 劉俊文主編，《日本學者研究中國史論著選譯（三）・上古秦漢》（北京：

中華書局，1993 年 11 月）。

6.　劉信芳，〈包山楚簡司法術語考釋〉，《簡帛研究》2，1996 年 9 月，頁 12
　　～34。

7.　劉信芳，〈楚簡文字考釋五則〉，《于省吾教授百年誕辰紀念文集》（長春：
　　吉林大學出版社，1996 年 9 月），頁 187～189。

8.　劉信芳、梁柱，《雲夢龍崗秦簡》（北京：科學出版社，1997 年）。

9.　劉信芳，〈包山楚簡職官與官府通考（上）〉，《故宮學術季刊》，15 卷 1
　　期，1997 年 9 月，頁 45～70。

10.　劉信芳，〈包山楚簡職官與官府通考（下）〉，《故宮學術季刊》，15 卷 2
　　期，1997 年 12 月，頁 139～162。

11.　劉信芳，〈蒿宮、蒿嫌與蒿里〉，《中國文字》，新 24，1998 年 12 月，頁
　　116。

12.　劉信芳，〈包山楚簡解詁試筆十七則〉，《中國文字》新 25，1999 年 12 月，
　　頁 158。

13.　劉信芳，〈是瑟朋友，還是殺朋友——關於郭店簡「瑟」字〉，《中國文物
　　報》，2000 年 6 月 7 日。

14.　劉信芳，《包山楚簡解詁》（臺北：藝文印書館，2003 年）。

15.　劉信芳，〈竹書《柬大王泊旱》試解五則〉，簡帛研究網，2005 年 3 月 14
　　日，http://www.jianbo.org/admin3/2005/liuxinfang001.htm。

16.　劉信芳，〈上博藏六〈景公瘧〉簡 4、7 試解〉，簡帛研究網，2007 年 7
　　月 28 日，http://jianbo.sdu.edu.cn/admin3/2007/liuxinfang001.htm。

17.　劉洪濤，〈说《上博五·弟子问》「延陵季子」的「延」字〉，簡帛網，2006
　　年 5 月 22 日，http://www.bsm.org.cn/show_article.php?id=351。

18.　劉家和，〈《書·梓材》人歷、人宥試釋〉，《古代中國與世界——一個古
　　史研究者的思考》（武漢：武漢出版社，1995 年），頁 172～173。

19.　劉桓，〈五年琱生簋、六年琱生簋銘文補釋〉，《故宮博物院院刊》，2003
　　年 3 期，頁 48～52。

20.　劉桓，〈關於五年琱生尊的釋讀問題〉，《考古與文物》，2008 年 3 期，頁
　　100～101。

21.　劉桓，〈釋甲骨文「遭、過」〉，《古文字研究》27，2008 年 9 月，頁 96～
　　99。

22.　劉海年，〈秦漢士伍的身分與階級地位〉，《文物》，1978 年 2 期，又見《戰
　　國秦代法制管窺》（北京：法律出版社，2006 年 3 月 1 版，2006 年 3 月），
　　頁 313～321。

23.　劉海年，〈傲匜銘文及其反應的西周刑制〉，《法學研究》，1984 年 1 期，

又見《戰國秦代法制管窺》（北京：法律出版社，2006 年），頁 449～462。

24. 劉海年、楊一凡編，《中國珍稀法律典籍集成》（北京：科學出版社，1994年）。

25. 劉釗，〈包山楚簡文字考釋〉，首發於 1992 年南京中國古文字研究會第九屆學術討論會，後收入《東方文化》，1998 年 1～2 期，頁 48～61。

26. 劉釗，〈利用郭店楚簡字形考釋金文一例〉，《古文字研究》，第 24 輯，2002年 7 月，頁 277～281；

27. 劉釗，〈釋「償」及相關諸字〉，《中國文字》新 28，2002 年 12 月，頁123～132。

28. 劉釗，《郭店楚簡校釋》（福州：福建人民出版社，2003 年 12 月）。

29. 劉釗，〈釋甲骨文耤、羲、蟺、敖，戕諸字〉，《古文字考釋叢稿》（長沙：嶽麓書社，2005 年 7 月），頁 13～17。

30. 劉彬徽，〈包山楚簡封君釋地〉，《包山楚墓（上）》（北京：文物出版社，1991 年），頁 569～579。

31. 劉彬徽、彭浩、胡雅麗、劉祖信，〈包山二號楚墓簡牘釋文與考釋〉，《包山楚墓》（北京：文物出版社，1991 年），頁 348～399。

32. 劉敏，〈張家山漢簡「小爵」臆解〉，《中國史研究》，2004 年 3 期；又見《張家山漢簡二年律令研究文集》（廣西師範大學出版社，2007 年 6 月），頁 94～104。

33. 劉敏，〈從《二年律令》論漢代「孝親」的法律化〉，《南開學報》，2006年 2 期，頁 91～98。

34. 劉翔等，《商周古文字讀本》（北京：語文出版社，1989 年）。

35. 劉華祝，〈關於秦律、漢律中的「三環」問題〉，《秦漢史論叢》（第九輯），（西安：三秦出版社，2004 年），頁 319～325。

36. 劉樂賢，〈楚文字雜識七則〉，《第三屆國際中國古文字學研討會論文集》（香港：香港中文大學，1997 年 10 月），頁 613～617。

37. 劉澤華，〈戰國時代的士〉，《歷史研究》，1987 年 4 期，頁 42～55。

38. 劉馨珺，《明鏡高懸——南宋縣衙的獄訟》（北京：北京大學出版社，2007年 9 月）。

39. 增淵龍夫，〈說春秋時代的縣〉，《日本學者研究中國史論著選譯‧第三卷上古秦漢》（北京：中華書局，1993 年 11 月），頁 189～213。

40. 廣瀨薰雄，《包山楚簡所見戰國時代的訴訟》（東京：東京大學人文社會系研究科思想文化領域碩士論文，2001 年 2 月）。

41. 廣瀨薰雄，〈包山楚簡受期「阩門又敗」再探〉，《簡帛》第二輯，2007年 11 月，頁 53～61。

42. 滕壬生,《楚系簡帛文字編》(武漢:湖北教育出版社,1995 年)。

43. 滕壬生、黃錫全,〈江陵磚瓦廠 M370 楚墓竹簡〉,《簡帛研究》二〇〇一 上冊,2001 年 9 月,頁 218～221。

44. 潘允中,《漢語語法史概要》(鄭州:中州書畫社,1982 年)。

45. 潘玉坤,《西周金文語序研究》(上海:華東師範大學出版社,2005 年 5 月)。

46. 蔡文輝,《社會學理論》(臺北:三民書局,2006 年 5 月 3 版)。

47. 蔡萬進,《張家山漢簡奏讞書研究》(桂林:廣西師范大學出版社,2006 年)。

48. 蔣年豐,《海洋儒學與法政主體》(臺北:桂冠圖書股份有限公司,2005 年 3 月)。

49. 蔣非非,〈史記中「隱宮徒刑」應為「隱官、徒刑」及「隱官」原義辨〉,《出土文獻研究》六,2004 年 12 月,頁 136～139。

50. 鄧飛,〈「余獻婦氏□壺」考辨〉,《古漢語研究》,2010 年 4 期,頁 63～66。

51. 鄭玉波著、黃宗樂修訂,《法學緒論》(臺北:三民書局,2005 年 9 月 16 版 1 刷)。

52. 鄭威,〈西周至春秋時期楚國的采邑制與地方政治體制〉,《江漢考古》,2009 年 3 期,頁 95～101。

53. 鄭剛,〈戰國文字中的「陵」和「李」〉,第七屆古文字學研討會,1988 年,後收入《楚簡道家文獻辨證》(廣東:汕頭大學出版社,2004 年),頁 61～75。

54. 魯家亮,〈張家山漢墓竹簡《具律》中所見影響「減刑」的幾個因素〉,《社會科學》,2008 年 3 期,頁 38～44。

十六畫

1. 穆海亭、朱捷元,〈新發現的西周王室重器五祀獸鐘考〉,《人文雜誌》,1983 年 2 期,頁 118～121。

2. 錢大群,〈秦律「三環」論考〉,見楊一凡編,《中國法制史考證》甲編第二卷《歷代法制考·戰國秦法制考》(北京:中國社會科學出版社,2003 年),頁 106～115。

3. 錢大群,〈秦律三環論〉,《南京大學學報》,1988 年 2 期,頁 69～74。

4. 錢杭,《中國宗族史研究入門》(上海:復旦大學出版社,2009 年 5 月)。

5. 錢穆,《秦漢史》(臺北:東大圖書公司,1985 年)。

6. 錢穆,《先秦諸子繫年》(臺北:聯經出版事業股份有限公司,1994 年)。

7. 錢穆,《政學私言》(臺北:台灣商務印刷館,1996 年 4 月)。

8. 錢穆，《中國歷史研究法》（北京：三聯書店，2007 年 2 月 8 刷）。

9. 錢穆，《國史新論》（北京：新華書店，2007 年 9 月 11 刷）。

10. 閻步克，《品位與職位》（北京：中華書局，2001 年 11 月，2009 年 7 月 2 刷）。

11. 閻步克，〈從《秩律》論戰國秦漢間祿秩序列的縱向伸展〉，《歷史研究》，2003 年 5 期，頁 86～99。

12. 閻步克，《從爵本位到官本位》，（北京：三聯書店，2009 年 3 月）。

13. 閻愛民，〈第二章 中古士族制與宗族〉，見馮爾康等著，《中國宗族社會》（杭州：浙江人民出版社，1994 年 11 月），頁 97。

14. 閻曉君，〈論張家山漢簡《收律》〉，《華東政法學院學報》，2006 年 3 期，頁 129～132。

15. 默頓（R.K. Merton），《社會理論和社會結構》（南京：鳳凰出版傳媒集團翻譯出版社，2006 年 7 月）。

十七畫

1. 龍宇純，《中國文字學》（臺北：學生書局，1987 年）。

2. 戴炎輝，《唐律通論》（臺北：國立編譯館，1964 年）。

3. 戴炎輝，《中國法制史》（臺北：三民書局，1966 年 6 月初版，2000 年 10 月 12 刷）。

4. 謝世民，〈政治權力、政治權威與政治義務〉，《政治與社會哲學評論》，第 1 期，2002 年 6 月，頁 33～35。

5. 謝維揚，《周代家庭形態》（北京：中國社會科學出版社，1990 年）。

6. 韓連琪，〈論春秋時代法律制度的演變〉，《中國史研究》，1983 年 4 期，頁 3～12。

7. 韓樹峰，〈秦漢徒刑論究〉，《秦漢法律文化研究》（北京：中國人民大學出版社，2007），頁 214～240。

8. 韓麗，〈〈五年琱生簋〉關鍵字詞集釋〉，《安徽文學》，2008 年 12 期，頁 303。

十八畫

1. 瞿同祖，《中國法律與中國社會》（北京：中華書局，2003 年 9 月 1 刷）。

2. 瞿同祖，《漢代社會結構》（上海：上海人民出版社，2007 年 4 月），頁 148～156。

3. 聶新民，〈人高辨正〉，《文博》，1985 年 4 期，頁 10～11。

4. 顏世鉉，《包山楚簡地名研究》（臺北：台灣大學中文所碩士論文，1997 年 6 月）。

5. 魏娟娥,〈𠉗匜新讀〉,《陝西歷史博物館館刊》8 卷,2001 年 6 月,頁 377 ～381。

6. 魏培泉,〈古漢語介詞「於」的演變略史〉,《中央研究院歷史語言研究所集刊》,62 本 4 分,1993 年 4 月,頁 726。

7. 魏德勝,《睡虎地秦簡語法研究》(北京:首都師範大學出版社,2000 年)。

十九畫

1. 羅俊揚,〈長沙縣北楚鑄錢處考〉,《金融經濟》,1997 年 8 期,頁 62。

2. 羅建中,〈大盂鼎銘文蠡度〉,《樂山師專學報》,1988 年 2 期,頁 45～49、72。

3. 羅建中,〈大盂鼎銘解讀〉,《四川師範大學學報》,1997 年 3 期,頁 83 ～84。

4. 羅新慧,〈上博簡《詩論》「甘棠」與上古風俗〉,《陝西師範大學學報》,35 卷 2 期,頁 21～24。

5. 羅運環,〈論楚國的客卿制度〉,《武漢大學學報》,1990 年 3 期,頁 78。

6. 羅運環,〈包山楚簡中的楚國州制〉,《江漢考古》,1991 年 3 期,頁 75 ～78。

7. 羅運環,〈古文字資料所見楚國官制研究〉,《楚文化研究論集 2》(武漢:湖北人民出版社,1991 年 3 月),頁 289。

8. 羅運環,〈釋「𠂤」〉,《古文字研究》,第 24 輯,2002 年 7 月,頁 345～346。

9. 羅運環,〈釋包山楚簡𢧢敔𠂤三字及相關制度〉,《簡帛研究》二○○二、二○○三,2005 年 6 月,頁 7～8。

10. 羅端,〈從甲骨、金文看「以」字語法化的過程〉,《中國語文》,2009 年 1 期,頁 3～9。

11. 羅慶雲,〈《詩經》的介詞「以」〉,《武漢大學學報》,2005 年 2 期,頁 212 ～217。

12. 羅衛東,〈讀《五年琱生尊》銘文札記〉,《北京師範大學學報》,2008 年 3 期,頁 129～132。

13. 羅衛東,〈琱生三器██、██、██字補釋〉,《第二十屆中國文字學國際學術研討會論文集》(高雄:中山大學,2009 年 5 月),頁 59～72。

14. 羅衛東,〈讀琱生尊銘文札記〉,先秦史研究室網站,2008 年 6 月 4 日。

15. 藤田勝久,〈包山楚簡及其傳遞的楚國信息──紀年與社會體系〉,《簡帛研究》二○○三、二○○四,2006 年 10 月,頁 28。

16. 譚戒甫,〈周初矢器銘文綜合研究〉,《武漢大學學報》,1956 年,頁 172 ～174。

17. 譚戒甫,〈周召二簋銘文綜合研究〉,《江漢學報》,1961 年 2 月,頁 43 ～52。

18. 譚戒甫,〈西周舀器銘文綜合研究〉,《中華文史論叢》,1963 年 3 輯,頁 67～90。

19. 譚黎明,《春秋戰國時期楚國官制研究》(長春:吉林大學中國古代史博 士論文,2006 年 12 月)。

二十畫以上

1. 龐懷清等,〈陝西省岐山縣董家村西周銅器窖穴發掘簡報〉,《文物》,1976 年 5 期,頁 31～34。

2. 寶雞市考古隊・扶風縣博物館,〈陝西扶風縣新發現一批西周青銅器〉,《考 古與文物》,2007 年 4 期,頁 3～11。

3. 蘇杰,〈釋包山楚簡中的阤們又敗——兼釋「司敗」〉,《中國文字研究》3 (廣西教育出版社,2002 年 10 月),頁 218～222。

4. 蘇建洲,〈郭店、上博二考釋五則〉,《中國文字》新 29,2003 年 12 月, 頁 209～226。

5. 顧久辛,〈楚國地方基層行政機構探討〉,《江漢論壇》,1993 年 7 期,頁 59。

6. 顧炎武著,黃汝成集釋,欒保群、呂宗力校點,《日知錄集釋》(上海: 上海古籍出版社,2007 年 9 月 2 刷)。

7. 顧棟高,《春秋大事表》(文淵閣四庫全書本,臺北:商務印書館,1983 年),頁 179～195。

8. 顧頡剛,〈春秋時代的縣〉,《禹貢》第七卷 6～7 合期,1937 年 6 月,頁 169～195。

9. 顧頡剛,〈周公制禮的傳說和〈周官〉一書的出現〉,《文史》,1979 年第 6 輯,頁 17。

10. 顧頡剛,《顧頡剛讀書筆記・讀左傳隨筆》(臺北:聯經出版事業股份有 限公司,1990 年),頁 8075～8077。

簡稱表

簡　　稱	著　　錄
《合集》	《甲骨文合集》
《集成》	《殷周金文集成》
《銘文選》	《商周青銅器銘文選》
《包山》	《包山楚簡》
《郭店》	《郭店楚簡》
《上博一》	《上海博物館藏戰國楚竹書（一）》
《上博二》	《上海博物館藏戰國楚竹書（二）》
《上博三》	《上海博物館藏戰國楚竹書（三）》
《上博四》	《上海博物館藏戰國楚竹書（四）》
《上博五》	《上海博物館藏戰國楚竹書（五）》
《上博六》	《上海博物館藏戰國楚竹書（六）》
《上博七》	《上海博物館藏戰國楚竹書（七）》
《清華簡》	《清華大學藏戰國竹簡》

附錄　〈第四章　第二節　戰國秦漢出土法律文獻所載「舍人」身分的雙重歸屬〉所有表格的「引用書目簡稱」

簡　　稱	著　　錄
包	《包山楚簡》
望山	《望山楚簡》
信陽	《信陽楚簡》
天卜	《天星觀楚簡・卜筮》
天策	《天星觀楚簡・遣冊》
郭 1.1	《郭店楚簡・老子甲》
郭 1.2	《郭店楚簡・老子乙》
郭 1.3	《郭店楚簡・老子丙》

郭 2	《郭店楚簡・太一生水》
郭 3	《郭店楚簡・緇衣》
郭 9	《郭店楚簡・成之聞之》
郭 10	《郭店楚簡・尊德義》
郭 11	《郭店楚簡・性自命出》
郭 12	《郭店楚簡・六德》
郭 16	《郭店楚簡・語叢四》
詩	《上海博物館藏戰國楚竹書（一）・孔子詩論》
性	《上海博物館藏戰國楚竹書（一）・性情論》
從甲、從乙	《上海博物館藏戰國楚竹書（二）・從政甲、從政乙》
昔	《上海博物館藏戰國楚竹書（二）・昔者君老》
容	《上海博物館藏戰國楚竹書（二）・容成氏》
周	《上海博物館藏戰國楚竹書（三）・周易》
中	《上海博物館藏戰國楚竹書（三）・中弓》
彭	《上海博物館藏戰國楚竹書（三）・彭祖》
昭毀	《上海博物館藏戰國楚竹書（四）・昭王毀室》
柬	《上海博物館藏戰國楚竹書（四）・柬大王泊旱》
曹	《上海博物館藏戰國楚竹書（四）・曹沫之陳》
競建	《上海博物館藏戰國楚竹書（五）・競建內之》
鮑	《上海博物館藏戰國楚竹書（五）・鮑叔牙與隰朋之諫》
姑	《上海博物館藏戰國楚竹書（五）・姑成家父》
弟	《上海博物館藏戰國楚竹書（五）・弟子問》
孔季	《上海博物館藏戰國楚竹書（六）・孔子見季桓子》
莊	《上海博物館藏戰國楚竹書（六）・莊王既成　申公臣靈王》
用	《上海博物館藏戰國楚竹書（六）・用曰》
天甲、天乙	《上海博物館藏戰國楚竹書（六）・天子建州（甲）、（乙）》
武	《上海博物館藏戰國楚竹書（七）・武王踐阼》
鄭	《上海博物館藏戰國楚竹書（七）・鄭子家喪》
吳	《上海博物館藏戰國楚竹書（七）・吳命》